永康文獻叢書

（正德）永康縣志
民國永康縣新志稿

【明】吳宣濟 胡楷 等 纂修
盧敦基 莊國瑞 校點

干人俊 纂
盧敦基 校點

圖書在版編目(CIP)數據

(正德)永康縣志 /(明)吳宣濟等纂修；盧敦基，莊國瑞校點. 民國永康縣新志稿 / 干人俊纂修；盧敦基校點. —上海：上海古籍出版社，2022.11
(永康文獻叢書)
ISBN 978-7-5732-0528-5

Ⅰ.①正… ②民… Ⅱ.①吳… ②干… ③盧… ④莊… Ⅲ.①永康－地方志 Ⅳ.①K295.54

中國版本圖書館CIP數據核字(2022)第208182號

永康文獻叢書

(正德)永康縣志

[明]吳宣濟　胡楷　等纂修
盧敦基　莊國瑞　校點

民國永康縣新志稿

干人俊　纂修
盧敦基　校點

上海古籍出版社出版發行

(上海市閔行區號景路159弄1-5號A座5F　郵政編碼201101)
　(1)網址：www.guji.com.cn
　(2)E-mail：guji1@guji.com.cn
　(3)易文網網址：www.ewen.co
浙江新華數碼印務有限公司印刷
開本710×1000　1/16　印張19.25　插頁7　字數241,000
2022年11月第1版　2022年11月第1次印刷
印數：1—2,300
ISBN 978-7-5732-0528-5
K・3293　定價：118.00元
如有質量問題，請與承印公司聯繫

永康文獻叢書編纂成員名單

指導委員會

主　任　　　章旭升　胡勇春

副主任　　　施禮幹　章錦水　俞　蘭　盧　軼

委　員　　　呂振堯　施一軍　杜奕銘　王洪偉　徐啓波　肖先振

　　辦公室主任　　施一軍
　　副主任　　　　朱俊鋒
　　成　員　　　　徐關元　陳有福　應　蕾　童奕楠

顧問委員會

主　任　　　胡德偉

委　員　　　魯　光　盧敦基　盧禮陽　朱有抗　徐小飛　應寶容

編輯委員會

主　編　　　李世揚

委　員　　　朱維安　章竟成　林　毅　麻建成　徐立斌

永康縣志序

自孫吳縣永康至趙宋陳昌年始為之志元陳安可及
國朝歐陽汶皆續為之然或舛或訛且闕隆有問正德辛巳令尹胡先生主壹訂之
增修之起自十月望日凡六閱月而成總之為目四十有六為卷八其發凡舉例要而盡直而下評扶樹教道而微於寫意如寬於隱惡而並存入風詳於入物而不附異教證於遺文

（正德）《永康縣志》序

民國永康縣新志彙目次

卷首
　序　目錄　凡例　圖說　歷代修志姓氏　樣張　照片

卷一
　沿革　疆域　面積　人口　土壤

卷二
　地形　山丘　河湖

卷三
　機關　團體

卷四

《民國永康縣新志稿》目次

總　　序

永康歷史悠久，人文薈萃。

據南朝宋鄭緝之《東陽記》載，永康於三國赤烏八年(245)置縣。建縣近1800年來，雖經朝代更替，然縣名、治所及區域，庶無大變，風俗名物，班班可考，辭章文獻，卷帙頗豐。

魏晉南北朝至隋唐，是中國經濟重心由北向南轉移的準備階段，永康的風土人情漸次載入各類典籍。北宋以降，永康即以名賢輩出、群星璀璨而著稱婺州。名臣高士，時聞朝野；文采風流，廣播海內。本邑由宋至清，載正史列傳20餘人，科舉進士200餘名。北宋胡則首開進士科名，爲官一任，造福一方；徐無黨受業於歐陽修，深得良史筆意，嘗注《新五代史》，沾溉後學。南宋狀元陳亮創立永康學派，宣導事功，名播四海；樓炤、章服、林大中、應孟明位高權重，憂國憂民，道德文章，著稱南北。元代胡長孺安貧守志，文采斐然，名列"中南八士"。明代榜眼程文德與應典、盧可久，先後講學五峰書院，傳播陽明之學，盛極一時；朱方長期任職府縣，清廉自守，史稱一代廉吏；王崇投筆從戎，巡撫南疆，功勳卓著；徐文通宦游期間與當時文壇鉅子交往密切，吟詠多有佳作。清初才女吳絳雪保境安民，壯烈殉身，名標青史；潘樹棠博聞強記，飽讀詩書，人稱"八婺書櫥"；晚清應寶時主政上海，對申城拓展、繁榮卓有貢獻；胡鳳丹、胡宗楙父子畢生搜羅鄉邦文獻，刊刻《金華叢書》，嘉惠士林。民國呂公望，早年投身辛亥革命，曾任浙江督軍兼省長，公暇與程士毅、盧士希、應均等人結社唱酬，引領一代文風。抗戰期間，方巖成爲浙江省政府臨時駐地，四方賢俊，匯聚於此，文人墨客，以筆代口，爲抗日救亡而呐喊，在永康文化史上留下濃重一筆。

據粗略統計，本邑往哲先賢自北宋到民國時期，所撰經史子集各類著作及裒輯成集者，360餘家，近千種。惜年代久遠，迭經兵燹蟲蠹、水火厄害，相當部分已灰飛烟滅，蕩然無存。現國內外公私圖書館藏有本邑歷代著作僅百餘部，其中收入《四庫全書》及存目、《續修四庫全書》者20餘部。這是歷代先賢留給我們的寶貴精神財富，也是我們傳承文化基因、汲取歷史智慧的重要載體，更是一座有待開發的文化寶藏。

爲整理出版《永康文獻叢書》，多年以來，我市有識之士不懈呼籲，社會各界紛紛提議，希望開展此項工作。新時代政治清明，百業興盛，重教崇文。爲弘揚優秀傳統文化，拓展我市文化内涵，提升城市文化品位，推進永康文化建設，永康市委市政府因勢利導，決定由市委宣傳部牽頭，文廣旅體局組織實施，啓動《永康文獻叢書》出版工程。歷經一年籌備，具體工作於2021年3月正式展開。

整理出版《永康文獻叢書》，以新時代中國特色社會主義思想爲指導，以中共中央《關於整理我國古籍的指示》爲指針，認真貫徹國務院《關於進一步加强古籍保護工作的意見》，繼承與發揚永康學派的優良傳統，着眼永康文化品位、學術氛圍的營造與提升，系統梳理傳統文化資源，讓沉寂在古籍裏的文字鮮活起來，努力展示本邑傳統文化的獨特魅力，積極推進永康文化建設。現擬用八至十年時間，動員組織市内外專業人士和社會各界力量，將永康文學、歷史、哲學、法學、經濟學、社會學、教育學諸方面的重要古籍資料，分批整理完稿；遵循"精選、精編、精印"的原則，總量在50部左右，每年五至六部，分期公開出版，並向全國發行。

《永康文獻叢書》原則上只收錄永康現有行政區域内，自建縣以來至中華人民共和國成立之前的文獻遺存。注重近代檔案及其他文史資料的收集整理。在永康生活時間較長，或產生過較大影響的外邑人士的著作，酌情收入。叢書的采編，以搶救挖掘地方文獻中的刻本以及流傳稀少的稿本、抄本爲重點；優先安排影響較大、學術價值較高、原創性較强的著作；對在永康歷史上產生過重大影響的家族譜牒，也適當篩選吸收。

本次叢書整理，在注重現存古籍點校的同時，突出新編功能。一些重要歷史人物的著述已經完全散逸，但尚有大量詩文見諸他人著作或志牒之中，又屢屢被時人和後人提及，則予以輯佚新編。一些歷史人物知名度不高，但留存的詩文較多，以前從未結集，酌情編輯出版。宋元以來，我邑不少先賢，雖無著述單行，但大多有零散詩文傳世，爲免遺珠之憾，也擬彙總結集。

歷史因文化而精彩，文化因歷史而厚重。把永康發展的歷史記錄下來，把永康的文獻典籍整理出來，把優秀傳統文化傳承下去，關乎永康歷史文脉的延續，關乎永康精神的傳承，關乎五金文化名城軟實力的提升。因此，整理出版工作必須堅持政府主導、社會支援、專家負責的工作方針，遂分別建立指導委員會、顧問委員會、編輯委員會，各司其職，相互配合，以確保叢書整理出版計劃的全面落實與高品質實施。

《永康文獻叢書》整理出版的品質，在很大程度上取决於編纂人員的學識、眼光、格局，也取决於編纂人員的工作態度和敬業精神。爲此，編纂團隊將懷敬畏之心、精品意識、服務觀念、奉獻精神，抱着"爲古人行役"的理念，以"功成不必在我"的境界和"功成必定有我"的歷史擔當，甘於寂寞，堅守初心，知難而進，任勞任怨，將《永康文獻叢書》整理好、編輯好、出版好。

《永康文獻叢書》是永康建縣1800年來，首次對本邑古籍文獻進行系統整理，是一套"千年未曾見，百年難再有"的大型歷史文獻，是對永康藴藏豐富的文化資源的深入挖掘、科學梳理和集中展示，是構築全國有影響的文化高地的有效途徑，對於推進永康文化的研究、開發和傳播，有着不可估量的可持續發展潛力。它是一項永康傳統文化的探源工程、搶救工程，是一項功在當代、惠及千秋的傳承工程、鑄魂工程，是一項永康優秀傳統文化的建設工程、形象工程。我們要在傳承經典中守好文化根脉，在扎根本土中豐富精神内涵，在相容並濟中打響文化品牌，爲實現永康經濟社會發展新跨越，爲打造"世界五金之都，品質活力永康"，提供强大的精神動力和文化支撑。

《永康文獻叢書》編委會
2021 年 10 月

目　　錄

總　　序 ·····················《永康文獻叢書》編委會　1

(正德)永康縣志

前　　言 ································· 盧敦基　3

永康縣志序 ······························· 葉　式　13

永康縣志凡例 ·································· 15

縣境之圖 ······································ 17

永康縣志卷之一 ································ 21

　沿革 ······································· 21

　形勝 ······································· 21

　疆域 ······································· 21

　驛程 ······································· 22

　城郭 ······································· 23

　坊 ··· 23

　巷 ··· 25

　市 ··· 25

　鄉里 ······································· 26

　區分 ······································· 27

風俗 28

永康縣志卷之二 29
公署 29
學校 33
壇廟 38
廬舍 39

永康縣志卷之三 41
山川 41
橋渡 49
水利 53
田土 61
物產 64
賦 65
課利 67
戶口 69
役法 69

永康縣志卷之四 72
歷官 72
名宦 88
補遺 89

永康縣志卷之五 90
進士 90
舉人 97
歲貢 102

薦舉 …… 109

　　雜進 …… 111

　　文廕 …… 117

　　武廕 …… 118

　　封贈 …… 119

　　旌義 …… 121

永康縣志卷之六 …… 122

　　名臣 …… 122

　　政事 …… 123

　　文學 …… 126

　　卓行 …… 128

　　忠義 …… 129

　　諫諍 …… 130

　　孝友 …… 131

　　遺逸 …… 131

　　遊寓 …… 132

　　貞婦 …… 133

　　補遺 …… 138

永康縣志卷之七 …… 139

　　古蹟 …… 139

　　宅墓 …… 143

　　義塚 …… 148

　　遺書 …… 148

　　遺事 …… 151

　　祥異 …… 152

寺觀	153
傳疑	157

永康縣志卷之八 ……… 159
遺文內紀	159
遺文外紀	173

民國永康縣新志稿

前言	盧敦基	181
序	千善韶	187
凡例		189
永康山水圖		191
永康道里圖		193
歷代修志姓氏		195

民國永康縣新志卷一 ……… 203
沿革	203
疆域	204
面積	204
人口	205
土壤	205

民國永康縣新志卷二 ……… 206
地形	206
河湖	213

民國永康縣新志卷三 ……… 215
機關　團體	215

民國永康縣新志卷四 …… 219
  土田 …… 219
  賦税 …… 220

民國永康縣新志卷五 …… 225
  物產(一) …… 225

民國永康縣新志卷六 …… 232
  物產(二) …… 232

民國永康縣新志卷七 …… 236
  物產(三) …… 236

民國永康縣新志卷八 …… 241
  交通 …… 241

民國永康縣新志卷九 …… 244
  商業 …… 244
  金融 …… 246

民國永康縣新志卷十 …… 247
  教育 …… 247
  衛生 …… 247

民國永康縣新志卷十一 …… 248
  防衛 …… 248
  救濟 …… 249

民國永康縣新志卷十二 …… 250
  古蹟 …… 250

民國永康縣新志卷十三 ······ 253
  藝文（一） 書錄 ······ 253
  永康縣志乘考略 ······ 259

民國永康縣新志卷十四 ······ 263
  藝文（二） ······ 263

民國永康縣新志卷十五 ······ 281
  藝文（三） ······ 281
  附楹聯 ······ 284

民國永康縣新志卷十六 ······ 290
  雜記 ······ 290

（正德）永康縣志

前　言

　　重視歷史,是中華民族的根本特點之一。自共和元年(前841)開始,中華民族有了明確的紀事方法,建立了清晰的紀事體系,自此以後的歷史井然有序,可以覆按。中華民族的這種基本特點不僅僅是技術性的,更是價值層面上的,即把歷史看成社會和人發展的學習對象,一切的經驗和教訓都可以由此覓得。這種觀念儘管遇到了現代化的巨大衝擊,但是至今仍然生生不息。地方志也正是在此背景下應運而生。由於中國版圖巨大,許多事件、人物、生活狀態、風俗等等通常難以上升到國家的層面,但它們與當地血肉相連,所以地方志的產生和展開就很好理解。當然,地方志的定型和成熟也經歷了一個長期的過程。今人一般認爲方志起源於漢,而體例趨向完善則在宋、元。①

　　永康建縣,始於吳赤烏八年(245)。《宋書》卷三十五《州郡志一》:"永康令,赤烏八年,分烏傷上浦立。"這應該是現存最古老的官方準確記述。永康有縣志,則始於南宋。此時的縣令陳昌年在嘉泰年間(1201—1204)編纂了首部永康縣志。接下來有跡可尋的是元代延祐年間(1314—1320)邑人陳安可,明代成化年間(1465—1487)訓導歐陽汶有所續修,然後就是這部正德年間的縣志。很遺憾,今天我們能看到的最早的永康縣志,就是這一部署名吳宣濟、胡楷等主纂的了。希

---

① 倉修良:《方志學通論》,華東師範大學出版社,2014年,第207頁。

望能有異常因緣，前幾部縣志可以重現人間。

關於正德《永康縣志》（以下簡稱"正德志"）修纂的過程，葉式序云：

> 正德辛巳，令尹胡先生壹訂定增修之。起自十月望日，凡六閱月而成。總之爲目四十有六，爲卷八。

陳泗跋云：

> 正德甲戌冬，郡守劉公……注意增修邑志，飭宣濟吳尹，以其事屬庠生趙懋功、徐訪、俞申、周桐、曹贊，而泗亦與焉。永康有縣始於吳，志則至宋嘉泰縣令陳昌年始爲之。元延祐邑人陳安可續爲之，俱過於略。明成化間，續修於訓導歐陽汶，又多失實。識者不無遺憾。諸生乃據宋、元二志，稽之先輩文集，並采諸故老之所傳聞，務求得實，以備其所未備。而於人物一節，尤加慎重，不敢自是，復質之楓山章先生，去取惟命。及更明春始脫稿。越七年，大尹胡先生楷欲梓行之，仍屬泗暨申，重加校讎，主教劉君楫、司訓艾君瓊、劉君珊刪定之，而總裁之者則先生。梓垂成，先生適去歸，會伯潤李公作縣，踵而成之。

結合序、跋的信息，此志的修纂，起於正德甲戌（1514），主事者爲知縣吳宣濟。初稿成於次年，即 1515 年。正德十四年（1519）胡楷新任永康知縣。正德辛巳年（1521），胡楷動了刊刻縣志的念頭。他讓人重新將稿本修訂一過，自己坐鎮把關，一共用了半年時間，於次年四月完工，然後付諸印刷。事在垂成時，胡楷因故突然去職，李伯潤接任，時在嘉靖二年（1523），此志隨後印出，主纂者又加上了李的姓名。

這部縣志之所以能够從稿本變爲印刷品，可能還有一個志中未曾提到的原因：正德十四年(1519)九月，那位酷愛旅遊的皇帝朱厚照到了南京，南方城市的繁華讓他流連忘返。於是他發出指令要閱讀這一帶的方志，孰料應天府没有方志。不僅應天府，連其所轄的江寧、上元兩縣也都没有。面對皇帝的旨令，衆位官員此刻怎能不膽戰心驚？宜興縣令在"日夜憂懼"中迅速完成了新志並呈覽。江寧知縣給了四十五天期限要求完成，所幸基礎文本不錯，可以馬到功成。績溪縣在兩年後的春天完成，還好，趕上給臨近病重駕崩的正德皇帝閱覽。① 從這個時間來看，正德《永康縣志》印刷告竣之日，正德雖已去世，但這部縣志之所以能够編定印成行於世，可能還是少不了皇家的這次推動吧？

正德志卷四有縣志主纂者的簡歷："吴宣濟，字汝霖，廬陵人。舉人。正德九年(1514)任。以憂去。""胡楷，字天則，望江人。舉人。正德十四年(1519)任。嘉靖元年(1522)冬以事去。民皆惜之。"同條下記載，下一任縣令李伯潤："字文澤，山海衛人。舉人。嘉靖二年(1523)任。"康熙《江西通志》卷二十一云："吴宣濟，廬陵人。官知州。"萬曆《望江縣志》卷五云："胡楷，字天則，中弘治戊午科。任河南嵩縣知縣。"

正德志編纂時，前面的三部縣志，主事者皆曾寓目。他們覺得宋、元的兩部太過簡略，而成化的那一部問題尤大："又多失實，難以取信。"所以此次修志的方針是："據宋、元二志，稽之先哲文集，並采諸故老傳聞，以備其未備。"用今天的話說，就是兼顧了文獻與田野調查材料。

由於此前的縣志今天已看不到，所以也很難斷言正德志比以前的縣志增添了哪些方面的內容。但從該志《凡例》中可以看出，正德

---

① 戴思哲：《中華帝國方志的書寫、出版與閱讀》，向静譯，上海人民出版社，2022年，第17—19頁。

志比起以前的縣志有了一些更新。一、科第人物類："今列其登科先後，叙其履歷。""其遺逸、遊寓亦表章其最者耳。"節孝類的記載亦更多更詳盡。二、自然及人文建築等景觀的記載下加上了碑記及文人的題詠。三、風俗的記載有善有惡，不完全遵循記善不記惡的編志宗旨。四、記錄了當地名人的一些墓葬地點。五、列出先賢著述書目。六、選錄了多篇與當地相關的名人詩文。

這裏必須特別指出的，是正德志卷首有凡例十則。單此一事，就可見當時永康修志的觀念處於全國前列。"對於地方性綜合著作的方志來說，明代開始有許多著作采用凡例，確實還是新鮮事。"倉修良先生專門論述過這個新現象，並舉明代十七種有凡例的府志、縣志爲例，①而永康正德志並不在此列，所以這裏拈出特作說明。

正德志共八卷，四十六子目。以下簡要介紹一下内容。

卷一，子目爲八，分別爲沿革、形勝、疆域、城郭、坊巷、市鎮、鄉里（區附）、風俗。

"沿革"叙述建縣以來的行政變遷。"形勝"言永康"形勢雄偉"，"爲錢塘、括蒼之衝"，點到了五峰、雙溪、密浦、石城等地名。"疆域"則劃出永康四境之至。"驛程"記錄了永康至金華、杭州、北京、南京等權力中樞的路程里數。"城郭"説的是永康城牆的情形以及興廢經過。"坊"記錄的是當時縣境内的街區及牌坊。"巷"指的是縣城中的巷，共十一條。"市"指民間集市之處，共十四處。"鄉里"，共十鄉，都四十七。"區分"載整縣設西北區、東北區、西南區、東南區、東區、西區，爲催糧税時用。"風俗"目下不到一百字，高度濃縮地介紹了永康的習俗。

卷二，子目爲四，分別爲公署、學校、壇廟、廬舍。

"公署"，説的是官方的辦公用房。首要是縣治，包括正堂、後堂、

---

① 倉修良：《方志學通論》，第273頁。

川堂等等。如以機構論,則有幕廳、徵糧廳,有吏、户、禮、兵、刑、工六房,還有土穀老爺祠以及監獄。可謂麻雀雖小,五臟俱全。此外,還有譙樓、儀門、更舍、庫房等等。永康還曾設浙東道、布政分司、府公館、孝義巡檢司等,華溪驛、醫學、陰陽學、僧會司、道會司、養濟院、倉庫等等,加起來也有相當多的官府機構。更有郵亭七處,除縣城外,分布縣境各地。

"學校"既是學習機構,同時也是祭祀所在。永康的儒學,由唐以前的先聖廟改建而來,歷代多次重修。中國古代政統與道統並立,所以學校是一個極爲重要的機構。其内有大成殿、明倫堂、饌堂等等,其間還有鄉賢祠、名宦祠等等,表彰對本地文教有傑出貢獻的人物。

"壇廟"是祭祀山川鬼神之地。如"山川壇",在"縣東二百步許",全名原是"風雲雷雨山川壇",鄉人省去前半段,今日仍沿用此名。社稷壇、城隍廟分别代表政權和信仰,必不可少,而邑厲壇和鄉厲壇,則祭祀平時無人管顧的孤神野鬼。至於當地由人到神的典範——胡則,還專門建有佑順侯祠。"廬舍"記載了永康從永樂到正德年間全縣的官、民房狀况。

卷三,子目爲八,分别爲山川、橋渡、水利、田土、物産、貢賦、户口、役法。

"山川"記載的主要是地理狀况。名爲山川,實際上包括了山(方巖山、歷山)、巖(如五指巖)、嶺(如八盤嶺)、坑源(如金城坑、永場源)、溪(如華溪)、洞(如桃花洞)、潭(如鳳凰潭),許多山名水名仍沿用至今。

"橋渡"則記録了衆多橋梁所在及其修建人和修建時間。有些地方行人不多或者修橋不便,則有渡,如西津渡。更有些地方,采用石步,即在溪流中豎立石塊,供人踏石而過,如李溪石步等。修橋鋪路是古代民間社會一大善事義舉。

"水利"分堰、塘、瀑、井泉四類。堰,没有堤壩那麽高大,但足以提高水位，便於引水灌溉。塘是低窪之處，足以蓄水，方便養殖和用水車踏水灌溉田地。今天還在説的"黄塘""高堰"，都出現在這裏。而瀑與泉，相對於井，應是自然産物了。這方面的記載比起前面兩類簡略很多。

"田土"記録了洪武至正德年間全縣田、地、山、塘的面積。

"物産"記録了永康當時的各類物産。古代讀書人，雖也有博物多識的要求，但不可能是專業的植物學家、動物學家，他們所記録的應該都是當下較爲大宗的物産。不過，細究起來，還是蠻有意思的。如在穀類和蔬類裏，你找不到玉米、番薯、辣椒這些後來遍地可見的農作物。穿山甲當時屬於藥類。而柏油、黄蠟、白蠟、桐油等著名的貨物，今人皆已陌生。至於木器、竹器、鐵器、磁器、鉛器、石器等，乃百姓日用不可缺少之物，當然在榜。值得注意的是，編者在此後鄭重加了一條按語："其有關於民生日用者，僅足取給而已。爲政者盍亦思所以撙節愛養之乎！"意思就是，上述種種物産，僅足果腹和實需而已，還遠稱不上豐饒，當官的人一定要牢記節約，不要濫取供國家所用，而要以養民爲主。

"貢賦"記録了宋代以來本縣給國家的貢賦種類和數量。宋、元的記載比較簡略，到本朝，除每年交夏稅麥和秋糧若干，尚有各種貢物，如"茶芽（二斤八兩。係正貢）"，原來永康也有好茶，但不知是何地出産、如何製茶。此類貢物多達四十種，如桑絲，如弓、箭、弦等以供兵器之用，如槐花（今天似乎只有北方人吃了），如梔子（今日仍常見），如豬、鷄、烏梅、前胡等，還有軟竹篾、黄棕毛、水牛皮，更可注意的是金箔、鐵錢等五金産品。課利則記録了各種税收，均爲現錢。

户口有宋、元及本朝的全境户口數。宋代主客丁爲四萬四千六百六十六。元代分南人、北人，南人丁爲五萬四千六十，北人丁爲六百六十二。本朝一萬六千七百零六户，七萬七千四百七十九人。

役法是貢賦以外的雜役，種類實際上還不少。

上述的記録尤其是貢賦、役法等,均是地方政治、經濟較爲可靠翔實的資料,在當時更爲關鍵,可以作爲國家行爲的依據。

卷四,子目爲二,分別爲歷宦、名宦。

"歷宦"記載的是在永康做過官的歷任官員姓名。自晉始,終於本志刻印之李伯潤。官員以縣令當頭,輔以縣丞、主簿、縣尉、典史、教諭、訓導、巡檢、驛丞、務大使等。選有政聲的官員略述其政績,爲"名宦",凡五位:梁、唐、宋各一,本朝二。標準甚高,遴選甚嚴。

卷五,子目爲四,分別爲科貢、薦舉、雜進、恩賜。

本卷記録了永康科舉選拔的人才以及獲得恩賜的其他人等。其中的"科貢",以進士開頭,胡則赫然名列榜首,據說他爲八婺之地首位進士。繼之是舉人和歲貢。每條按年份排列,先列姓名,後記字號及家居何處。"薦舉"和"雜進"不是定時的,僅記録某朝何途授何官,更爲簡略。"恩賜"是朝廷授予的官職或稱號,分文蔭、武蔭、封贈,最後的旌義,指的是正統四年(1439)永康災荒,本縣六位百姓出粟千石用於賑濟,官府公示旌爲義民。

卷六,子目爲十,分別爲名臣、政事、文學、卓行、忠義、諫諍、孝友、遺逸、遊寓、貞婦。

本卷子目最多,記載的多是永康歷史上傑出人物的事蹟。《論語·先進篇》記孔門弟子卓越者,分爲四類:德行、言語、政事、文學。社會發展日益複雜化,品評人物優劣的標準自然逐漸增多。志中"名臣"單列林大中一人,"政事"列胡則、應孟明等六人,"文學"列徐無黨、陳亮等五人,"卓行"列徐木等六人,"忠義"列應純之等四人,"諫諍"列章徠等三人,"孝友"列吕源等三人,"遺逸"列胡侃等三人,"遊寓"列王焕之、聞人夢吉等四人。"貞婦"所列人數最多,共四十人。另有補遺,應該是限於刻印技術,無法增補,只能列於卷末。

卷七,子目爲八,分別爲古蹟、宅墓、義塚、遺書、遺事、祥異、寺觀、傳疑。

"古蹟"記錄了永康與古代有關的一些遺蹟,其中相當多的是建築物或建築物舊址,如敕書樓、仁政樓、道愛堂、宣詔亭等等,也有山洞如小崆峒洞,書院如龍川書院等。

"宅墓"應該是本志的創新亮點之一,記載了本縣名人的墓葬、舊居及其地點。如徐無黨故居在五崗塘,陳亮故居在龍窟。又如林大中墓在火爐山南,陳亮墓在龍窟山。雖隻言片語,却彌足珍貴。

"遺書"一目,用意是爲日後有意尋訪地方文獻者提供一個目錄。古代印刷不易,所以此志儘量列出邑人著述書目,以便留存痕跡。哪怕到了今天,這都是一份可貴的書目指南。當然,相當一部分著述已經不可能再現人間,這也是歷史上正常的憾事。

"遺事"記載了本縣歷史上的九則故事,多具道德色彩,值得後人學習。特別是鄉人馬文韶,在陽武侯府辦事。適逢永康歉收,貧民有侵犯富家的情狀,皇帝命陽武侯前往剿之。馬文韶陳述鄉里實情,稱貧民並無造反叛亂之意,還是應該先瞭解實際情況再說,不好妄動干戈。陽武侯聽取了他的意見,永康得保無恙。陽武侯,爲明代薛祿(1358—1430),跟隨朱棣"靖難"有功,並主持修建北京城。此事細節,估計很難從其他材料中得到佐證,但馬文韶敢於擔當、勇於直言的品德躍然紙上。

"祥異"則記錄了重大的天災如蟲災及氣候異常等情形。始於唐代,關於明朝的記錄則略詳。

"寺觀"記載了六十四處佛寺和兩處道觀,可見此時佛教信仰已遠勝道教,在民間有極爲廣泛的信衆。通觀寺庵,創建於兩晉南北朝時期的共二十八處,唐朝十六處,五代八處,兩宋六處,修建年代無記載的四處,元代兩處皆爲庵。可見江南地區佛教信仰傳播之早和廣。而"傳疑"一目,尤有意味,羅列了一些較爲怪異的事件或有傳聞未能確證的人物與事蹟,因不能確切落實,並附於此。

卷八,子目爲二,分別爲遺文內紀、遺文外紀。

"遺文内紀"收歷代永康名人的著名作品或與永康相關的作品。其間詩十三首,作者爲胡則、聞人夢吉等。論一篇,陳亮作。説一篇,應孟明作。書一通,作者吕皓。傳一篇,胡長孺作。銘一則,徐無黨作。跋兩篇,陳亮、吕溥作。疏一篇,趙艮作。

"遺文外紀"收非永康本地人之作,有范仲淹詩兩首,歐陽修序一篇,范仲淹胡公墓誌銘一篇。最後是元朝永康縣令俞希魯的勸農文,該文應作於元至正四年(1344)。

本志的整理工作,乃受《永康文獻叢書》編輯委員會委托,由筆者與剛剛一起完成《〈龍川文集〉選注》的合作者莊國瑞負責完成。底本爲寧波天一閣藏本。筆者初作標點,莊國瑞覆按,並對勘志中所引各種文獻,其中尤以卷六和卷八爲多。由於在現存的永康縣志中,此志保存狀態最爲不佳,漫漶難辨處所在多有,很難辨認,所以在相關部分大量使用正史、總集、別集等文獻校改。

感謝標點工作中同事趙鵬團的幫助指點,感謝永康李世揚、麻建成等對前言的指正。由於水平有限,加上底本不佳,本志的整理定有不當之處,誠望高明垂教。

盧敦基

2021年7月15日初稿畢

2022年4月25日修訂

永康縣志序

自孫吴縣永康,至趙宋陳昌年始爲之志,元陳安可及國朝歐陽汶皆續爲之。然或略或訛,且闕墜有間。正德辛巳,令尹胡先生壹訂定增修之。起自十月望日,凡六閱月而成。總之爲目四十有六,爲卷八。其發凡舉例,要而盡,直而不訐,扶樹教道而微於寓意,如寬於隱惡而並存人風,詳於人物而不附異教,謹於遺文而不貴無益。若此者,皆妙得良史法意。永康之志,至是而詳實有體矣。夫一邑之設,上下千數百載,官斯地者不知凡幾何人,而有事於志者止是;四境之内其所宜志,殆攷歷所不盡,而所存止是,又必至于今而始詳實,然則前政得無遺憾,而後之賢者得無有所法戒哉!余嘗竊論志之失二:古者國皆世守,而史皆世業。世守故前思紹而後思傳,世業故聞見洽而法意善。後世郡縣多逆旅其官,朝任而塗人合爲父子,夕改而心膂隔於秦越。俛首簿書,日不暇給,顧於志何有?良史代不數見,而志無宿規,類集於造次,則於善何有?必有賢豪博雅之士,處官如家而才宜述作者,然後能善其志而考慎焉以美其政化。若胡先生者,將所謂賢豪博雅者非耶!頃余以告來歸,道永康,相與善譚者彌日。已而,吾友陳、俞二子自其邑膠來,致先生之意,以志序是屬。余代罪史氏,復喜斯志之得法意也,乃不自量而爲之辭。先生名楷,家世望江,以賢科來官。觀所爲志,蓋已從容簿書而加意政化者。陳子名泗,俞子名申,皆有功斯志,法宜牽聯書之。

嘉靖壬午歲仲春既望,賜進士出身翰林院國史編修永嘉葉式謹序。

永康縣志凡例

一、永康有縣，始於吳。宋嘉定縣令陳昌年始有志，元延祐邑人陳安可續有志，然皆略而未詳。國朝成化間訓導歐陽汶雖續修之，又多失實，難以取信。今據宋、元二志，稽之先哲文集，並采諸故老傳聞，以備其未備。其間遺失尚多，惟後之君子補之。

一、歷官，宋、元志著其履歷先後，今因之。其政績有可稱者，列爲名宦，庶啓來者之景仰云。

一、科第人物，宋、元志各以姓附履歷行實書其下。今列其登科先後，叙其履歷，取其行實之尤著者，因其所長，分科以表章之。其遺逸、遊寓亦表章其最者耳。

一、節孝，凡蒙旌表者，不敢不錄。有經先哲品題及鄉閭嘉嘆者亦志之。

一、山川、公署、橋渡、古蹟、宅墓，舊有紀述碑文與夫先哲題詠，皆分注其下，不別出也。

一、志中紀善不紀惡，惟風俗雜書之者，所以備興且觀也。

一、志凡八卷，其間條目先後，各以其類。寺觀不附於壇廟，仙釋不附於人物，亦崇正闢邪之意。

一、志邑之宅墓，所以啓景行先哲之意。其墓在他方者，恐歲久湮没，故併附焉。

一、先哲遺書，散逸居多，存異目以備訪求。

一、遺文不能盡錄，姑選其有關名教者志之。

縣境之圖

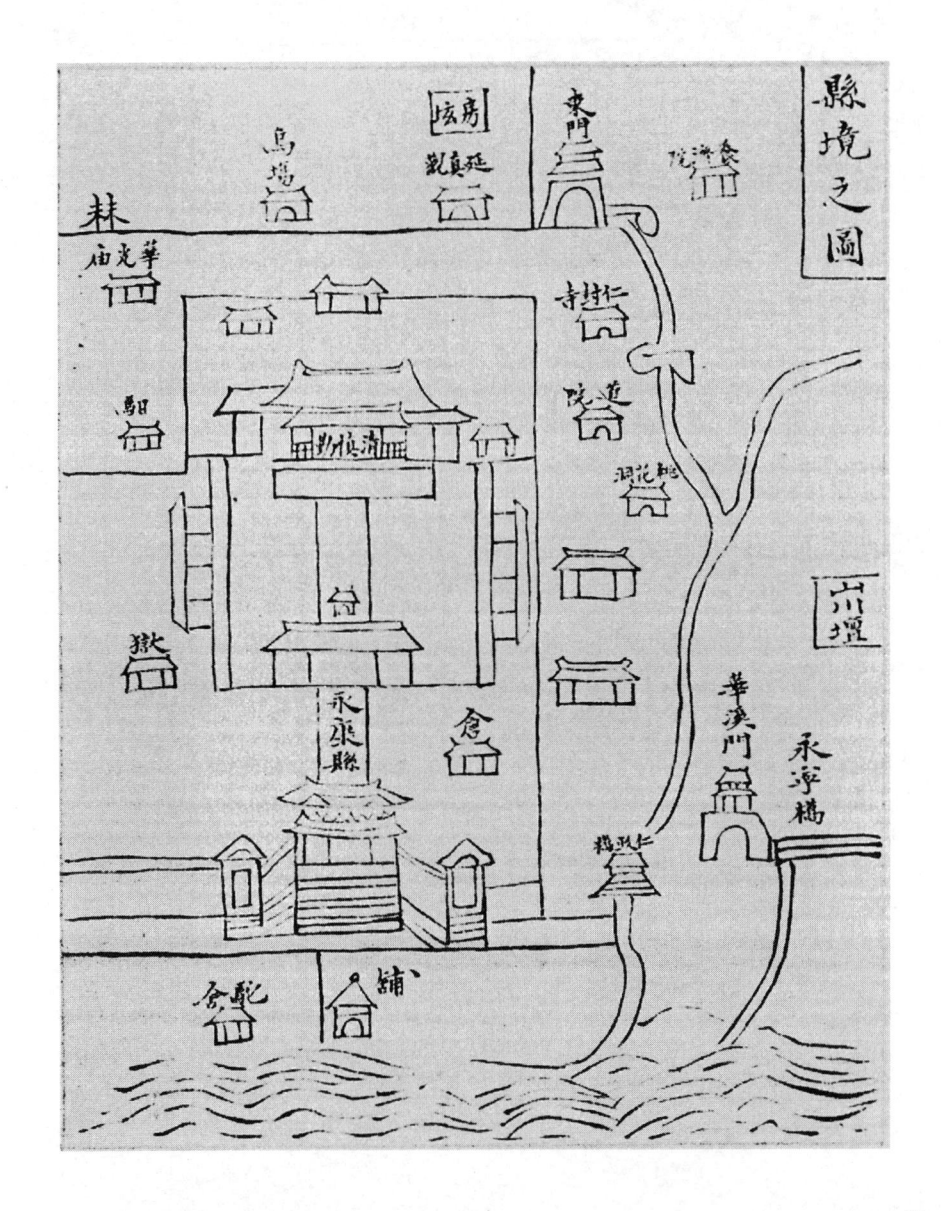

(正德)永康縣志　民國永康縣新志稿

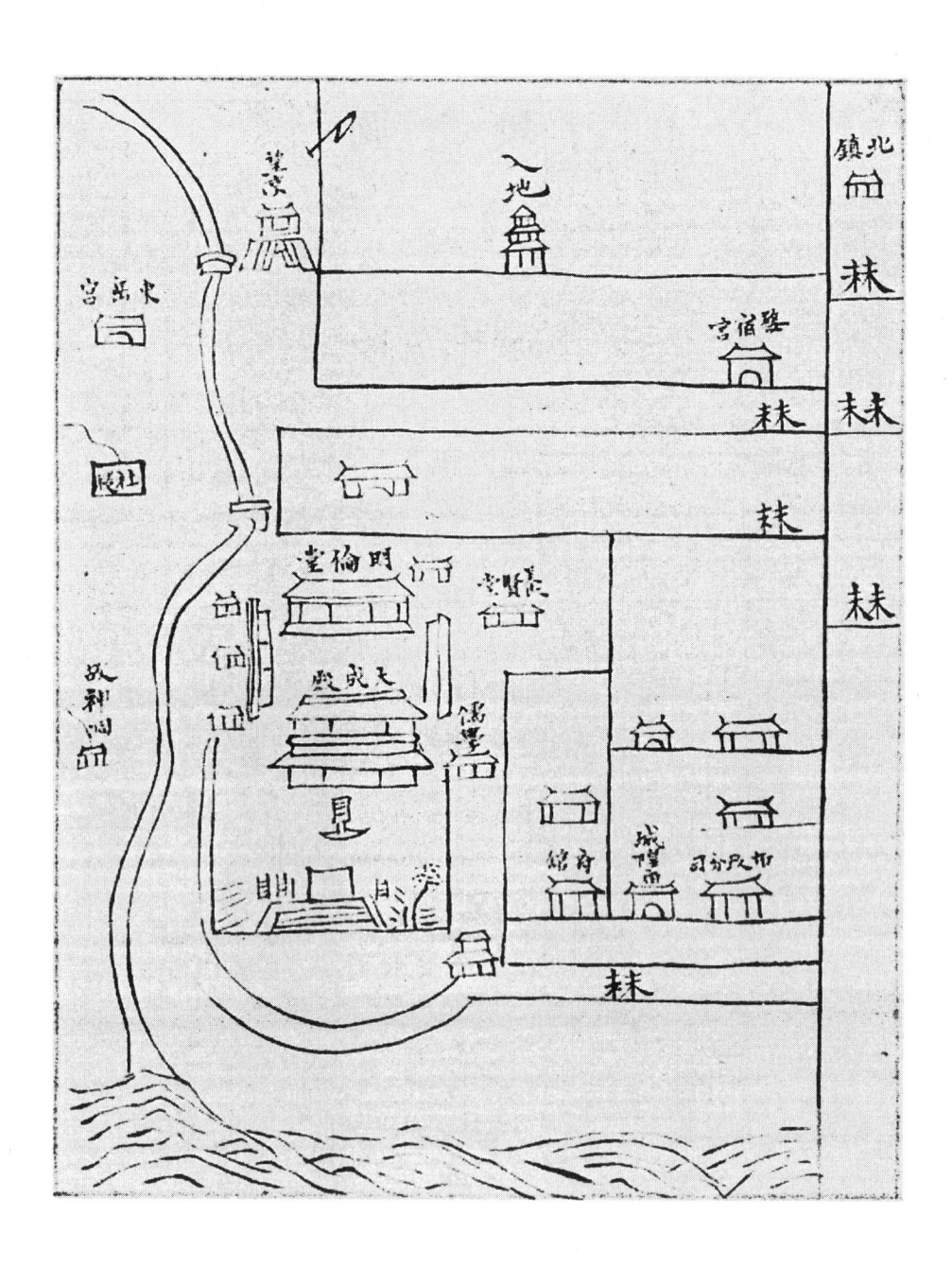

縣境之圖

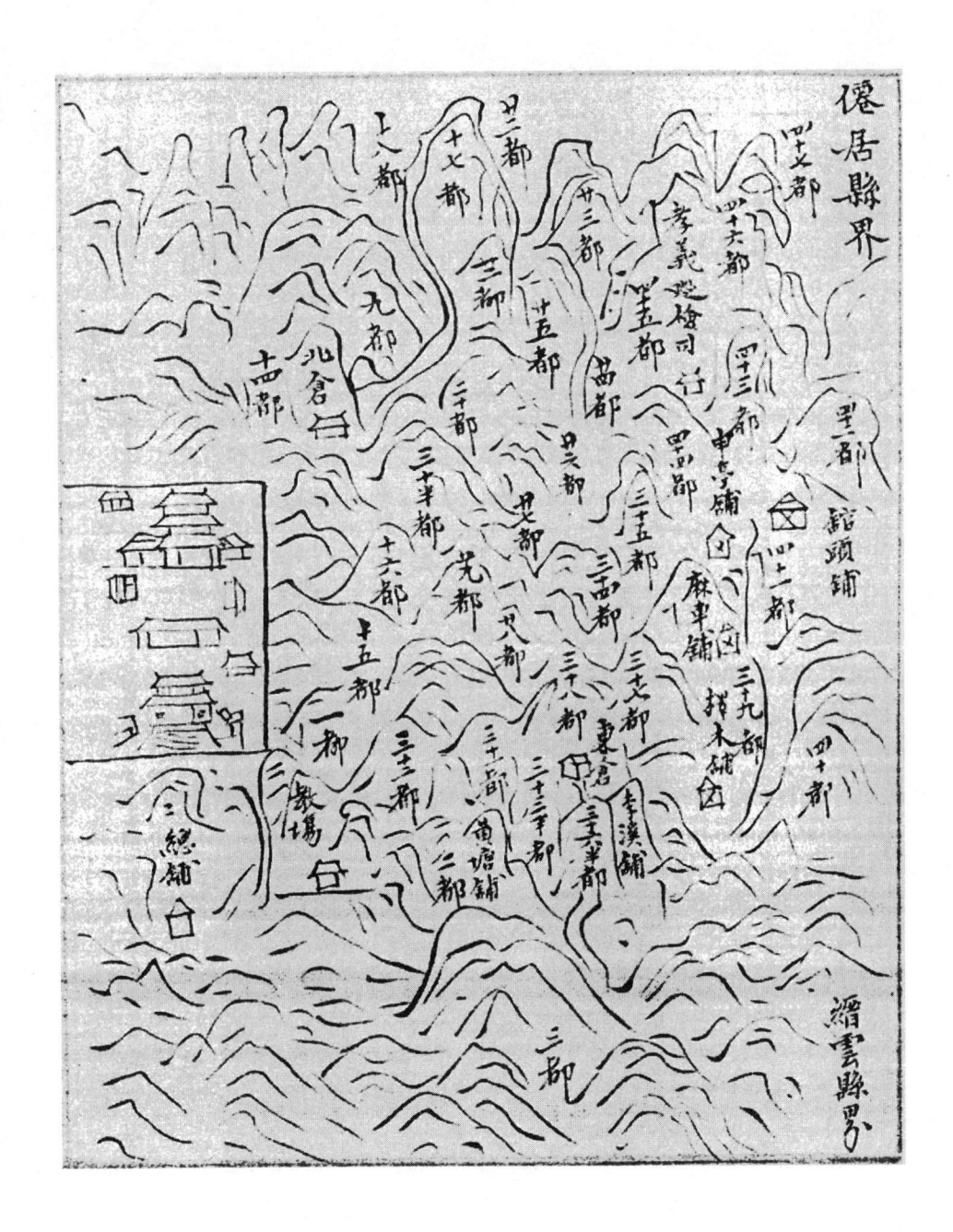

(正德)永康縣志　民國永康縣新志稿

永康縣志卷之一

沿　革

　　永康爲金華屬縣，去府城東南一百一十里，在禹貢揚州之域，蓋荒服地也。天文爲女宿分野。春秋時爲越西界，越七世爲楚所并。秦滅楚爲會稽郡。漢以來名烏傷縣。吳赤烏八年，分烏傷之上浦鄉爲永康，寶鼎元年分會稽置東陽郡，而縣隸焉。晉、宋、齊、梁、陳因之。隋開皇九年，入革吳寧縣。即今金華縣。隋末復爲永康縣。唐武德四年，即縣地置麗州，徙縣治於城之北。八年，州革，縣復舊治，隸婺州。天授二年，分縣之西境立武義縣。大曆十二年，升爲望縣。《九域志》爲繁縣。元爲中縣，屬婺州路。國朝改婺州路爲金華府，縣仍屬焉。沿革之大略如此云。

形　勝

　　永康爲錢塘、括蒼之衝。據崇山而五峰峙其北襟清流而雙溪會其南。舊志云云。密浦、石城，映帶左右。《譙樓記》云云。形勢雄偉，《學記》云云。蓋壯邑也。

疆　域

　　東西相距二百六十五里，南北相距一百里。
　　東至台州府仙居縣界二百四十里。以馬騣嶺爲界，自界至仙居縣四十里。

西至武義縣界二十五里。以銅擎西堨爲界，自界至武義縣三十里。

南至處州府縉雲縣界四十五里。以黃碧封堨爲界，自界至縉雲縣三十五里。

北至義烏縣界五十五里。以杳嶺爲界，自界至義烏縣九十七里。

東南到縉雲縣界四十里。以南崗嶺爲界，自界至縉雲縣三十五里。

東北到東陽縣界六十里。以尚書塘東堨爲界，自界至東陽七十里。

西南到武義縣界四十里。以小窑嶺爲界，自界至武義四十里。

西北到武義縣界三十里。以內白東堨爲界，自界至武義三十五里。

驛　程

西北至本府　陸路一百一十里，水路一百八十里。

西北至浙江布政司　陸路五百三十里，水路六百二十里。

西北至順天府　陸路四千六百里，水路四千七百六十八里。

西北至應天府　陸路一千四百三十里，水路一千五百一十里。

邑至本府驛程：水經白溪，陸路茭道而豫□于金華。白溪密邇武義縣治，茭道即其縣□，先年使客往來，夫船迎送至界，厥後武義人民設詐，賂太府而除之，上下交替，皆越其境，有勞佚不均之嘆。正德十五年，知縣胡楷憫吾民困於役，具以彼此利病申呈合于上司，以爲均一縣與驛也，均一衝要地方也，在此則越境迎送，在彼則水陸兩不應付。一勞一逸，恐非朝廷均力役之意。撫按等衙門皆是之，會業行府，立爲定制，命武義每年出免役銀九十三兩，內取六十四兩貼補雇倩，以金華亦有夫船之費，而里分多，乃以其所餘者補之。自此勞佚少均，民受其賜矣哉。

城　郭 _{閱武場附}

　　元《志》云：縣城周一里十九步，高一丈八尺，厚一丈五尺。吳赤烏八年築，宋嘉定壬戌拓之，周三里三十步，門七：東曰華溪，曰迎春，曰東城，曰迎曦；西曰西津，曰由義，曰望京。嘉泰間，東曰迎恩，南曰觀風，北曰永安。後漸湮沒。元至元十三年，環築以墻，今則無復故迹矣。然設險守國，亦爲治之急務，繼而築之，不無望於將來云。

　　閱武場　縣東二里，地名黃荆塔。正德七年，主簿黃維明奉部檄，選練民兵始建之。□□□東西相距百六十步，所□□凡九十步。周圍植木爲界，中築□臺而□其上。

坊

　　宣明坊　縣西三十步。
　　皇華坊　縣西北三十步。
　　仁化坊　縣西北一百三十步。
　　訓化坊　縣西四十步。
　　迎恩坊　縣西北一百八十步。
　　古麗坊　縣東北四十步。
　　儒效坊　縣東北六十步。
　　清節坊　縣東北八十步。
　　澤民坊　縣東北一百步。
　　積慶坊　縣東北一百二十步。
　　福善坊　縣東北一百四十步。
　　北鎮坊　縣北一百七十步。
　　永寧坊　縣東四十步。
　　仁政坊　縣東，即今大沿河。
　　撫字坊　縣治前，舊名永安，今名小沿河。

叢桂坊　縣西北四十步。

由義坊　縣西北八十步,通武義縣,故俗名武義巷。

狀元坊　縣東北一百五十步,因宋陳亮中首選,故名。

以上係隅坊,歲久頹弛。正德十五等年,知縣胡楷悉加修建,樹以門,而鎖鑰之。

雲衢坊　中市,為謝沈立。

進士坊　縣西十步,□□□立。

登科坊　驛門右,為孫明立。

□□坊　□□,為□□□。

繡衣坊　上市,為謝沈立。

京闈俊士坊　□□華坊,□□信立。

瀛洲吉士坊　青雲坊下,為童璲立。

三世青雲坊　縣門左,為童珪立。

進士坊　譙樓西,為徐沂立。

都諫坊　古麗坊右,為趙艮立。

進士坊　譙樓東,為程珪立。

進士坊　後吳,為吳寧立。

進士坊　由義坊左,為徐讚立。

進士坊　上市,為胡瑛立。

旌淑坊　北鎮廟前,為節婦胡氏、孝子應綱立。

清修吉士坊　府公館門東,為戊辰進士李滄立。

進士坊　華光廟右,為俞敬立。

奎璧坊　縣西十五里,為汪吉立。

進士坊　石門,為童璲立。

繡衣坊　英山,為周琦立。

鳴鳳坊　十三都,為胡傑立。

擢桂坊　李溪,為章安立。

世科坊　李溪，爲章嵩立。

擢桂坊　十三都，爲胡良立。

科第聯芳坊　石門，爲童信、童璲、童珪立。

已上科第坊。

巷

馬坊巷　縣治南，通天溪。

沿城巷　自浙東道門左直通古麗坊內。

烏傷巷　縣東北百五十步，中有趙侯祠。

黃泥巷　縣西北一百五十步。

龍鬚巷

太平巷

馬站巷

櫺星巷

尼姑巷

毛亭巷

善化巷

按元《志》，巷額十有一。今有沒於居民者，仍舊志之，以備參考。

市

縣市　自仁政橋至西橋二里許。

高堰市　縣東八里，在二都。

李溪市　縣東二十里武合，三十六半都。

前倉市　縣東四十里，在四十都。

净心市　縣東五十里，在四十三都。

可投市　縣東五十里，在三十四都。

四路口市　縣東五十里，在二十二都。

巖下市　縣東五十里,在三十五都。

芝英市　縣東三十里,在三十一都。

胡堰市　縣東二十里,三十三半都。

龍山市　縣北三十里,在十九都。

清渭市　縣北二十里,在十四都。

楊公橋市　縣西三十里,在九都。

太平市　縣東北五十里,在十七都。

鄉　里

義豐鄉　里曰上林,轄隅都九圖二十二。

東隅　一圖。　　西隅　一圖。　　南隅　一圖。

北隅　一圖。　　一都　四圖。　　二都　二圖。

三都　四圖。　　四都　三圖。　　五都　四圖。

長安鄉　里曰温泉,轄都四圖十三。

六都　三圖。　　七都　三圖。　　八都　三圖。

九都　四圖。

承訓鄉　里曰清明,轄都三圖九。

十都　二圖。　　十一都　三圖。　　十二都　四圖。

昇平鄉　里曰松山,轄都四圖十。

十三都　二圖。　　十四都　二圖。　　十五都　三圖。

十六都　三圖。

太平鄉　里曰宗仁,轄都五圖十一。

十七都　三圖。　　十八都　二圖。　　十九都　二圖。

二十都　二圖。　　三十半都　二圖。

義和鄉　里曰新康,轄都七圖十一。

二十一都　二圖。　　二十二都　二圖。　　二十三都　二圖。

二十四都　二圖。　　二十五都　一圖。　　二十六都　一圖。

二十七都　二圖。

遊仙鄉　里曰石門,轄都八圖十五。

二十八都　一圖。　二十九都　三圖。　三十半都　一圖。

三十一都　二圖。　三十二都　二圖。　三十三半都　二圖。

三十四都　二圖。　三十五都　二圖。

合德鄉　里曰永泉,轄都四圖七。

三十三半都　二圖。　三十六半都　一圖。　三十七都　二圖。

三十八都　二圖。

武平鄉　里曰碧湍,轄都七圖十四。

三十六半都　一圖。　三十九都　二圖。　四十都　三圖。

四十一都　二圖。　四十二都　二圖。　四十三都　二圖。

四十四都　二圖。

孝義鄉　里曰咸泰,轄都三圖五。

四十五都　二圖。　四十六都　二圖。　四十七都　一圖。

區　分

第一西北區　管催十七、廿一、廿二、廿六、三十五都糧稅。

東北區　管催廿二、廿三、廿四、廿五、四十五、四十六、四十七都糧稅。

西南區　管催遊仙三十三半,合德三十三半、三十四,武平三十六半,合德三十六半、三十七、三十八、三十九都糧稅。

東南區　管催四十、四十一、四十二、四十三、四十四都糧稅。

第二東北區　管催廿七、廿八、廿九,太平三十三半,遊仙三十三半、三十一都糧稅。

西北區　管催十四、十六、十八、十九、二十都糧稅。

東南區　管催一都、十五都、三十二都糧稅。

西南區　管催坊隅二都、三都、四都糧稅。

第三東區　管催五都、六都、七都、十二都、十三都糧税。

西區　管催八都、九都、十都、十一都糧税。

風　俗

俗勤耕織。《方輿勝覽》。信鬼神，重淫祀。出《漢志》。君子尚禮，庸庶敦厖。見《隋志》。輕躁，少信行。見《郡國志》。急於進取，善於圖利。《宋·地理志》。風聲氣習，一變醇厚。《東陽志》云。尚儉素，不務浮華，雖無甚富，亦無甚貧。士知學而吝嗇，好義而使氣。元《志》云。

自漢至元，風俗純駁，大略如此。自今日言之，其可取者：男務耕讀，女勤紡績。內外別嫌，妻妾有序。薄於自奉，豐於延賓。重慶生吊死之禮，無賭博遊佚之爲。士則畏清議而尚氣節，輕勢利而崇行檢。蓋有盛時之遺風焉。其薄惡者，多強悍，喜誇詐，惡者凌善，富者吞貧。專好爭訟，雖破家而不恤；動輒聚衆，雖忘身而不顧。爭貲產而兄弟乖，挾歌妓而廉恥喪。懼乏妝奩則溺其女，懼乏聘娶或溺其男。喪用浮屠，葬從火化。可爲長太息者此也。爲政者因而勸懲之，寧不反薄而歸厚哉！

永康縣志卷之二

公　署

　　縣治　城南隅。其制：正堂三間，扁曰"清慎勤"。後堂三間，中爲川堂。正堂之左爲幕廳，扁曰"贊政"；其右爲徵糧廳，堂之前爲露臺。甬道東廊爲吏、户、禮三房；西廊爲承發司，爲兵、刑、工三房，而土祇之祠則在工房之下，又其下則禁獄之門。　吴赤烏八年始建。唐武德四年即縣地置麗州，徙縣治於城之北。八年州革，復舊治。宋宣和庚子毁于睦寇。紹興辛酉縣令强友諒建之。嘉泰辛酉復建於縣令陳昌年。元至元丁丑又爲寇毁。二十二年乙酉花赤孟伯牙可又建之。大德八年，縣尹李榮創後堂，扁曰"愛思"。延祐八年，花赤沙班縣尹范儀開拓舊址，復新其制。乃更後堂扁曰"道愛"。至正間，處寇侵境，悉爲灰燼。國朝知縣吕兼明重建。正統己巳又盡毁於處寇，知縣何宗海復建焉。成化十三年，知縣高鑑以規模卑隘，一撤而新之。

　　譙樓　儀門外。正德十六年二月毁於火。

　　儀門　譙樓内。

　　戒石　儀門内。

　　吏舍　譙樓内西偏。弘治間知縣王秩架樓，十一年毁於火，知縣上官崇重建，今廢。

　　縣獄　西廊後，爲至東、西、南各三楹。

　　縣留舍　川堂西，舊在縣西六十步。

　　儀仗庫　川堂東。

架閣庫　禮房下。

知縣宅　後堂之後。其制：正屋三間。成化間知縣高誼重建寢室三間、傍屋六間。弘治間知縣上官崇重建。

縣丞宅　知縣宅東。其制：正屋三間，寢室三間，傍屋六間。

主簿宅　知縣宅西。其制如縣丞宅。

典史宅　縣丞宅前，舊在譙樓内東偏，成化間知縣高鑑遷于今所。其制：正屋、寢室各三間。

浙東道　縣治東十步許。其制：正廳三間，後堂三間，儀門三間，東西廊房各三間，卷房一間，厨房三間，外門三間。

洪武三年知縣魏處直建，名曰按察分司，後更今名。成化間重建於知縣高鑑。正德十五年知縣胡楷從而葺之。十六年門毁於火，司而復建。

布政分司　縣治西五十步。其制：前門三間，儀門三間，正廳三間，翼以東、西厢各二間，廳之後川堂一間，正寢三間，左右列屋八間。

正統二年知縣葉應誠建于儒學門左。弘治四年知縣王秩以淺陋弗稱，改建今所。邑人應尚德董其事○本司右參政東吴陸容《記》略云：浙江各府縣按察分司，設于洪武中，而布政分司之設，則昉於正統初年，大率即官廢棄地爲之，故其規制視按察多淺陋弗稱。永康布政分司介乎城隍廟、儒學門廡之間，其卑隘視他縣尤甚。按部者至，集衆聽政，病弗能容，每就按察司居之。弘治己酉六月，知縣王秩始蒞任，見而陋之，議以分司爲府館，撤府館之舊而改爲之。屬時未可爲，且有待焉。越三年辛亥，歲豐人和，適左參政周公分守其地，秩曰："此其時矣。"然又以公帑無贍，將哀之民，慮民之弗堪也，遂以勸募之謀白公。公曰："是亦仁之術、義之宜也。"乃令訪邑之高資而向義者，得若干人，進於庭，獎勸之。衆翕然樂從，願出所有，無後者。且擇其才而良者曰應尚德，俾董其事。舊有民居植前，則買以闢道，下臨通衢，然後聚材鳩工如式。興作僅閱月，而事以就緒。蓋昔所無而今創見者也。既落成,懼無以昭上德紀衆善也,伐石狀事,請予記之。予惟公署之設,上匪利此以自奉,下匪藉此以奉上也。朝廷之體統於是乎立,藩省立政令於是乎施,群有司率下承上稟受法度之旨於是乎萃,其所繫亦重矣!然則因時制作,以爲民若其可後哉。是故《詩》詠躋芉,喜君子聽政之得所,而公孫僑壞晉之館垣,所以爲有辭也與!矧兹經營之始,王尹有仁民之心,而其上能倡之,周公樂成人之所美,而其下能應之。上下之間相與如此,此所以功易成而民不勞也。傳曰:未有上好仁而下不好義者,未有好義其事不終者也。是舉有焉,誠不可以無記。周公名季麟,字公瑞,南昌寧縣人,成化壬辰進士。嘗與予爲職方舊僚。秩字循伯,成化丁未進士,與予皆蘇州崑山人。故不以不文辭。諸效義者,名不可泯,則列之碑陰,爲來者勸云。
十一年,門毁于火,知縣張鳴鳳建。正德十五年,知縣胡楷悉加葺之。

府公館 儒學門左,舊布政分司故址。其制:正堂三間,堂之左右廊各三間,寢堂三間,庖湢之所各二間,門屋三間。

成化四年知縣高誼建於城隍廟之左。弘治三年知縣王秩即今所爲之。十一年毁于火,知縣張鳴鳳重建。正德十五年知縣胡楷又從而修之。 宋府同知沈鈺詩:"兩度華溪驛裏樓,重來移館驛亭西。便誇景勝乾坤別,莫怪年來屋宇低。坐執簿書銷舊案,閑收風月入新題。悠然清興誰能會,正是前山雪漲溪。""小館初成粉墨新,軒窗明净頗堪人。客途風月誰爲主,夫子宮墻好作鄰。地狹豈容荆棘長,化行終見虎狼馴。恐來暮夜懷金者,背着城隍廟裏神。"

孝義巡檢司 孝義鄉,地名靈山,即舊鎮守百户所址。

洪武七年知縣李顒建。 按:宋衢、婺、溫、處都巡檢司在李溪寨,熙寧七年建,革于元。元合德鄉巡檢司,即舊地爲之。義豐鄉巡檢司,縣南十里。俱至元間置,今革。

華溪驛 縣治西,舊名延賓。其制有前後堂、東西廊,與夫庖湢之所皆備焉。

洪武三年知縣魏處直建。

馬坊　縣治南十步，爲屋十楹。

驛丞舍　馬坊南。其制：正屋、寢屋各三間，廊屋三間。

醫學

洪武十八年開設。

陰陽學

洪武十八年開設。

僧會司　在興聖寺。

洪武十五年設。

道會司　在延真觀。

洪武十五年設。

申明亭　仁政橋東十步。

洪武六年縣丞黃紹卿建。　每都各一所，凡民有過犯者，耆民里長並斷于其間，□其名罪，以寓懲惡之意。

旌善亭　申明亭東，與申明亭並列。

洪武八年知縣宋顥建。　每都各一所，居民有孝子順孫、義夫節婦，書其實行，揭于亭中，以寓勸善之意。二亭正德八年毀于火，基存。

養濟院　縣東二里，地名東庫。其制：正屋三間，東西屋各五間。

洪武三年知縣吳弘道建。

惠民藥局　布政分司西。

弘治四年知縣王秩建。　舊在縣治西七步，後遷今所，弘治十一年毀于火。

郵亭　十處。

縣前總鋪　譙樓前。

黃塘鋪　縣東十里。

李溪鋪　縣東二十里。

擇鋪　縣東三十里。

館頭鋪　縣東南四十里。

麻車鋪　縣東三十里。

新亭鋪　縣東四十里。

烈橋鋪　縣西十里。

二十里鋪　縣西二十里。

界嶺鋪　縣西三十里。

預備倉　五處。

中倉　譙樓內東偏。其制：正廒三間。按：元常平倉，在縣西五十步。　國朝洪武二十四年，知縣洪孟綱遷于□事後。弘治間，知縣王秩遷于今所。

東倉　縣東二十里，地名李溪寨。

西倉　縣西十里烈橋鎮東，舊在縣西，地名缸窑。弘治三年知縣王秩遷于今所。

南倉　縣南十里四都。

北倉　縣北二十里，地名清渭。自東倉下俱廢。

學　校

儒學　縣西三十步。中爲大成殿，翼以兩廡。殿之前爲戟門，爲泮池，爲欞星門。殿之後爲明倫堂，翼以兩齋。齋之東爲饌堂、號房。齋之西爲廨宇。堂之後爲尊經閣址。

本縣自唐以來有先聖廟。宋崇寧四年，始即廟建學。政和四年，縣令周虎臣以廟貌弗稱，重建。　周虎臣《記》略云：詔復鄉舉里選之法十有三年矣，黨庠術序，應時營繕，無有遠近，咸務極宏麗，以侈上之賜，獨永康前襲卑陋，規制狹冗，惕然不寧，大懼不足以本邑之風化。越明年春，有事于上丁，牲幣既陳，樽俎不得成列，退而嘆曰："此豈有司上承詔者哉？"乃度地慮庸，請于提舉學事，既得請，即敷告于邑之士民，不待訪山擇木，而椅桐杞梓之材合沓四集，於是範金凝土，攻木礱石，逾月而殿成。煒煒翼翼，使人不戒而有肅心。爰輒吉日，以十月戊辰奉安宣聖神位，而以配享從祀次焉。越三日辛未，虎臣率諸生而進之曰："子毋美其輪奐，而入室在寢之志，是進是力。子毋安其道思，而鑽仰步趨之念，是務是勤。子毋耽其文閱乎口耳，而務著乎心，於吾夫子之道死生以之，然後爲能稱天子作成之意，而有司與有榮焉。"於是諸生咸唯唯，釋于心，見于色，且曰不可無志。

紹興十一年復修建廟學於知縣强友諒　洪清臣《記》略云：永康舊嘗有學。宣和三年兇寇作難，祠宮齋館一變而爲飛煙烈焰。越十有一年，再建大成殿。又七年，草創一齋，堂廡不立。紹興辛酉之仲秋，强公友諒初佩邑組，備儀告至，退而傍徨感慨，乃謂先王之時，國有學，遂有序，黨有庠，所以明人倫而申孝弟。化民成俗，必有於此，誠不可一日廢於天下也。於是有刻舊繕治之意，謀畫間，工未及作，會朝廷交鄰修睦，息馬論道，追復成均，遴選師儒，務作新人才以文中興之治。公欣然曰："黌舍之成，斯其時乎？"治事之餘，親董其役。可因者葺理之，可革者剔除之，建爲重門，植爲畫戟，分爲四齋，列爲兩廡，更修舊像，圖寫先儒，殿屹其中，堂故其後，不侈不陋，制作一新。計其廢壞不振，歷二十餘年，一旦工役告成，曾未逾月，何其易且速也！公之所以自盡略可見矣。後之藏修于斯者，當知公之自盡非徒輪奐其居，以務世俗之耳目，誠欲學者敦詩閱書，明禮習樂，業成于勤，行成于思。用我則行其志而爲忠臣，捨我則善其身亦不失爲孝子。日漸月摩，孰非由聖人之道而爲君子之儒者乎？庶幾公之所覬者得矣。學成，進士吕真卿屬清臣爲文以志之。辭不獲已，乃盡其復興之由云。

乾道三年縣尉孫伯虎增學田以贍士。　春坊應材《記》略云：人之在官，有一善可書，則其不可書者未必皆善。終一政無可書之善，然後知一政無非善，書之則不勝也。孫公伯虎來尉我邑，士民之大惠無日無之。添置學糧，亦吾儒所當爲者，宜不書之以隱蔽孫公爲善之大概。然學糧無碑，不可傳久，異日有萌攘取之心，何所據依？主教導姚公龍興甲申來視，勾稽掾屬，意於學戮力克終其事，不可没其實，即不可無書。學者葉儔以二公添置者，乞丈立石材，謹俾其具元所有學田并刊之，爲永康縣庠不刊之定額，非敢輕記孫公之善也。

　　紹熙五年縣丞陳駿復於廟學而新之。寶祐四年，方夢玉嗣縣又改其舊焉。　　安撫司參議吴遂《記》云：寶祐四年春，東嘉方君來攝永康邑事，載見於學。顧齋廡仰漏俯濕，拜弗容膝，蹙然曰："政有先是者耶？"吏環廳而駭，帑廩四壁立，爾急急之符旁午若此何？君子舉願以祿入，朝經暮營，若償重負，縉紳學士弗勸而集，斧斤争先之，不動有司，閲月七，告厥成。乃更繪從祀群賢之像于屋壁，又祠邑之先正襄靖樓公炤、正惠林公大中、文毅陳公亮，以致高山景行之仰，揖諸生而策之曰："古麗山秀水腴，斯文之符也。自胡公則開科於端拱，徐公無黨冠南省于皇祐，先後以學行顯，文風日起。逮于南渡，有迭位樞莞，爲國柱石者；有持崇臬，登臺省，歷郡麾，表表以名節炤世者；有首唱廷陛，抗夷夏之大義，爲社稷吐氣者。其他魁偉傑出，磊磊相望，固不止於三賢而已，蓋天子所嘗褒諡以風厲方來者也。當乾道、淳熙間，巨儒元夫，或自武夷，自金華，自臨川，自永嘉，來遊于靈沼蕭寺之下，糲食疏酒，累晷浹夕，相與講明聖賢之深緒，一草一木，經其盻矚者猶有光彩，聲績寖遠，風旨尚存，得有漱餘芳叩逸嚮者乎？"咸拱手曰："敢弗力於是。"諸生轉相語，重請於予，願有述也。予乃言曰："邑大夫游刃動中窾節，日劊千牛，無難也。然遽廬其身，而棟宇厥士，可不謂知所先後乎哉！繼自今吾黨入肆於學，弗孝弟謹信是務，出仕於時，弗修潔忠直是邵，其何顏見邑大夫耶？遽嘗切聞之，先生長者，爲學之要，不過明辨義利而已。辨義利者，莫要於一念之初。孟子指鷄鳴而起爲學者一大期會，截然分舜蹠善利之間，二者何？一念將分之際也。鷄鳴之先，萬慮俱寂，一念纔分於毫芒，善惡已判於天壤，吁！可畏哉！唤醒群迷之路端，無切於此矣。《書》謂之幾，《中庸》謂之獨，《孟子》謂之間，周子謂之動未形，一也。有能存夫靜以極動之所，察察夫動以見靜之所存，一念微差，勇鉏勾蔓，去其不如舜者，就其如舜者，庶乎誦《詩》讀《書》，光紹前哲，目溪山而有權，對邑大夫而無慙色，顧吾黨其進焉。"方君名夢玉，永嘉人，以《春秋》擢第，當路方交薦其人。助斯役者，趙侯必遽、林侯子廑、松陽丞樓泳、定遠宰呂撫、制僉方焯、運幹方庫、嶀丞方羨、國學生陳雷奮、正奏名趙由鎮、國子進士趙興鐔，而吳邃亦與末云。

　　元至元二十九年修建於縣令苗廷瑞。　四十三年寇毀。

　　延祐五年花赤沙班又大其規焉。國朝景泰間知縣孫禮重建。正統十四年毀于處寇故也。堂之造，邑人應仕濂與有力焉。

　　成化七年侍御劉珂拓尊經閣址。　市民胡處實地。

　　弘治四年知縣王秩撤齋廡而新之。

　　廟之重建，則知縣張鳴鳳、縣丞程溫。　時弘治十四年也。督造則邑人應尚端、王良敬，而尚端之力居多。本府同知鄭蕃《記》略云：永康舊有文廟弗稱。弘治庚申，憲副新安洪公遠按節至縣，展謁廟貌，慨然更新，屬縣令松江張君鳴鳳圖之。張君義激經費，付之耆民應尚端，薦工聚材，百需孔良，拓舊比二丈許，衡半之，棟增一尋，重簷疏櫺，彰施貌像以及諸哲。始事於歲辛酉秋七月，訖工於丙寅秋八月。尚端之子天成，又資以覆之。訓導盧潭率諸生請記。予惟吾人宮室以居，冠裳以遊，穀粟以食，君臣、父子、夫婦、長幼、朋友以相親睦者，聖道之賜也。永康為婺壯邑，素號多材，若陳同甫、胡汲仲諸賢，皆業聖道而有所得者。吾徒遊焉，息焉，而日孜孜焉，其亦講明體驗，知之必求其精，行之必求其至乎！否也，苟徒漫衍華縟，以諧科祿，不無負於聖學、負於諸賢哉？爾諸生以為何如？

　　堂之重建，則邑人應天澤焉。　時正德八年也。兄天祥、弟天文助而成之。侍郎永嘉王瓚《記》略云：永康於婺居上游，故有儒學在邑治西。正統己巳焚於寇，邑人應仕廉建之。成化中，其孫尚道重加修葺。既久，傾圮，僅遺敗礎，幾至十年莫有復之者。尚道子天澤請獨任其役，爰出白金二百餘兩，其兄天祥、弟天文繼輸翼之。總爲堂五間，中三間高三十餘尺，旁高微殺之。經始癸酉之冬，越明年春訖工。庠生陳泗輩謂不可無述，屬舉人周正、趙懋德、徐昭赴春闈，請予記其事。夫彝倫之道，性所固有，其有明不明者；講究踐履，有至興不至耳。故聖王設教，惟聚士之俊秀者訓迪之，居之以館舍，食之以餼廩，專之四書五經以定其志，博之諸史百家以究其識，而又臨之以師儒，董之以憲臣，示之以條格矩矱，凡可以成德達材者無復遺餘，而愚民不及焉。聖王豈有棄民者哉？《詩》曰："爾之教矣，民胥效矣。"是知欲衣之整，則齊其領；欲目之張，則提其綱。學也者，稊民之綱領也，其所以聳其耳目，一其觀聽，以端其嚮往者，舍學言之，爲教奚先哉。堂曰明倫，固其所也。永康自胡則、徐無黨、陳亮以來，文學名於東南。迨入國朝，涵濡長養，號爲多賢，邇歲登科第、躋仕版，記拔茅彙征較昔彌衆，悉皆出是學者也。學之所從事，豈徒誦詩作之以媒利祿而已邪？必窮理飭德以致明倫之實，由是進而顯榮，天下有以被其澤；退而晦處，里黨有以薰其良。此堂之建與堂扁之揭，庶幾非虛設者。然皆承流宣化之首責，而天降兄弟能仗義成之，其秉彝好德之心出於其性者懿矣。於戲！是豈可不備書以爲勸哉！　正德十四年侍御吳華、同知張齊重新饌堂。　即舊址爲之，中爲饌堂三間，相向爲講堂三間，東西爲號房十八間。董其事者，應天澤、天成也。

　卧碑　明倫堂東。

　元封謐碑　鄉賢祠前。

　科貢題名碑　（闕）之，因書以記歲月云。

　教諭宅　西齋之西。

　訓導宅　二所：一在教諭宅前，一在教諭宅後。

　射圃　欞星門外。東西相距二十八步二尺五寸，南北相距六十步。其地東偏，逼于民居，本府同知張公齊奉侍御吳公華命撤而拓之。

鄉賢祠　戟門東,爲屋三楹。

宋寶祐四年知縣方夢玉建。　祀樓炤、林大中、陳亮。　國朝成化間重建。　增祀胡則、徐無黨、胡長孺。正德初增祀應孟明。十五年增祀吳思齊、呂皓。祀田乙十三畝四分六釐,計三十三號;塘二畝八分九釐,計三號;山五畝五分,計二號;地一畝三分三釐,計二號。坐合德三十三半都上六保和字土名五個鎖小。

名宦祠　戟門西,爲屋三楹。

社學

正德十六年知縣胡楷建。　舊志不載。以興聖寺西偏隙地爲之。其址東西南北各七步,其制:正堂三間,前門一間。

壇　廟

社稷壇　縣西二里,地名西山頭。洪武十一年知縣李均建。其制:東西相距一十七步,南北相距二十六步。按元《志》,在縣西一百四十步,遷縣西五十步,又遷儒學門外西園,今遷今所。

風雲雷雨山川壇　縣東二百步許。洪武十六年知縣李均建。其制:東西相距二十八步,南北相距二十五步。

邑厲壇　縣北一里,地名延真觀後。洪武三年知縣魏處直建。其制:東西相距十四步,南北相距一十一步。

里社壇

鄉厲壇　俱洪武八年建。每里各一所。今廢。

城隍廟　縣西百步。其制:正殿三間,兩廊各五間,三門三間,二門一間,前門三間。宋建,元因之。

國朝洪武三年知縣吳弘道建。正統十四年火于寇。景泰三年知縣何宗海復新之。　弘治十一年,前門毀于火。十七年建。兩廊傾圮,正德十四年重建。洪武二年敕封,制曰:"帝王受天明命,行政教于天下,必有生聖之瑞,受命之符,此天示不言之妙,而人見聞所及者也。神司淑慝，爲天降祥，亦必受天之命，所謂明有禮樂，幽有鬼神。天理人心，其致一也。朕君四方，雖明智弗類，代天理物之道，實罄于衷，思應天命，此神所鑒而簡在帝心者。君道之大，推典神天，有其舉之，承事惟謹。永康縣城隍，正直聰明，聖不可知，固有超於高城深池之表者，世之崇於神者則然，神受於天者，蓋不可知也。茲以臨御之初，與天下更始，凡城隍之神，皆新其命。睠此縣邑，靈祇所司，宜封曰監察司民城隍顯祐伯。顯則威靈丕著，祐則福澤溥施，此固神之德，而亦天之命也。司於我民，鑒于邑政，享茲典祀，悠久無疆。主者施行。"

佑順侯祠　方巖。宋宣和二年庚子，妖賊魏九，嘯聚其上，仰汲池水。一夕，夢巨人跨白馬飲于池。遲明水涸，乃驚潰，王師一舉克之。廉訪使王道以爲胡公神□，問于□。四年封佑順侯，仍于池傍立祠。制曰：天道□□，□□害盈。蘖寇敗常，幽冥共債。爾神協應，是□□魁。策馬飲池，泉源乃涸。兇徒沮駭，王旅奮□。殄殲庶頑，罔有逸罰。悉緊陰相，敢後褒崇。宣錄侯封，冠以嘉號。建祠其側，用赫厥靈。益介福釐，以答寵命。宜特封佑順侯。祠廢，入廣慈寺，邑人亦於縣北立祠祀之，名曰北鎮。其制：正殿三間，前樓三間。正德十六年知縣胡公楷扁曰"仰高"。

故鄉祠　縣西二里。梁縣令何公，唐縣令周公、王公皆有德政。民不能忘，因立祠以祀之。

廬　舍

國朝洪武

官房屋　七百四十二間。上半年折麥一十九石七升二合四勺，下半年折米一十九石三斗五合一勺。

永　樂

官房屋　一十三間。上半年折麥二十五石三斗六升六合，下半年折米一十九石二升四合。

成　化

官房屋　七間。上半年折麥三斗三升二合,下半年折米三斗五升七合。

民房屋　瓦一萬一千一百二十間,草一萬一十間。

弘　治

官房屋　七間。上半年折麥三斗三升二合,下半年折米三斗五升七合。

民房屋　瓦二萬四千五十二間,草二萬七千間。

正　德

官房屋　七間。上半年折麥三斗三升二合,下半年折米三斗五升七合。

民房屋　瓦三萬七千七十二間,草二千九十五間。

學倉　尊經閣基東。

祭器庫　西齋下。正德十五年建。舊祭器:火爐瓶一,爵二千,銅;籩一百八十四,竹;豆一百八十四,簠四十一,俎五十九,篚九,匣二,木;罇三十,鉶十,磁。新祭器:大爐瓶一副,中爐十五,小爐二十九,罇二,毛血盤九,爵一百七十三,盥盆二,鉶十,登五,磁;籩十二,竹;豆四,簠三,簋四,大燭臺一對,小燭臺五十對,牲卓二,木。十六年。

知縣胡楷《記》略云:王祀宣聖,報德報功之盛典也。然祀有常品,則器有常數。器皿不備,不敢以祭。楷奉命來知縣事,三日謁廟,問及祀事。器之竹木者僅缺壞,而器磁百無一二。乃捐俸,謀諸學諭劉揖,司訓艾瓊、劉珊,命生員王鑑、俞申、易久補。

永康縣志卷之三

山　川

山

石翁山　縣東四十里。高一百丈許,周十五餘里。上有二石壁立,遥望如人,俗云公婆巖。

石城山　縣南十四里。高百餘丈,周十五餘里。遥望山際,四圍崘岈如城,故名。

歷山　縣南三十五里。高一百丈許,周四十餘里。望之如覆釜然,天欲雨,有雲罩其巔。上有田,有井,有潭,皆以舜名,里人因建祠以祀舜。

方巖山　縣東五十里。高二百餘丈,周六里許。其山四面如削,駕飛橋石梯而登,將至絶頂,有兩巖相峙爲關,一夫守之,萬夫莫開。關上有亭曰透關。自亭而入,地皆平衍,有井曰硯井,有池,廣畝餘,池傍有祠曰佑順侯祠,右有佛廬曰廣慈寺。寺後有巖,高數仞,曰屏風閣。其下有石室,深二丈許,廣數丈,僧構室於旁居之。寺門之左有坑,廣二三尺,深二百餘丈,曰千人坑。坑之側有小徑,緣崖而登,行二百餘步,有石穴,曰讀書堂,俗傳胡侯弦誦之地,誠一方之形勝也。宋胡則《别方巖詩》:"寓居峰頂寺,不覺度炎天。山叟頻爲約,林僧每出禪。虛懷思往事,宴坐息諸緣。照像龕燈暗,通宵磬韻傳。冥心資寂寞,琢句極幽玄。拾菌寒雲下,烹茶翠竹前。遠陰臨嶽樹,清響落巖泉。僻徑無來客,深秋足亂蟬。松風生井浪,溪雨長苔錢。自省隨浮世，終難駐永年。遍遊曾宛轉，欲別重留連。明日東西路，依依獨黯然。"本朝徐孟璣詩："百折飛橋依日月，一方嵬石戴星辰。"

壽山　縣東五十里。中有石洞高六丈許，廣五丈餘，因建爲寺。前有臺，名曰兜率巖，上有兜率二字，俗傳宋朱子所書。臺之右，又有小石洞，爲羅漢堂。旁有瀑布泉，一派從後峰及覆釜峰相交，中流而下；一派從桃花峰下注巖石間，濺沫如霧，可望而不可近，亦奇觀也。義烏黃溍詩："鑿開混沌是何年，一石垂空一髮懸。飛瀑化爲天下雨，老僧長伴白雲眠。舊遊不改桃源路，化境能同杞國天。回視人間秦壞相，無端劫數正茫然。"東陽胡翰次："一峰橫闢五峰連，巖屋層臺勢絕懸。日月只從空外擲，雲煙渾似洞中眠。泉飛玉雪常清暑，木落軒窗始見天。四十餘年黃太史，足音兩度走跫然。"義烏朱廉次："講筵陳說記當年，須念蒼生急倒懸。曾奪鴻儒重席坐，却分老衲半床眠。玉堂雲霧真成夢，石室煙霞別有天。明日紛紛塵土裏，可憐回首一淒然。"邑人李曄詩："雙澗橋邊五老峰，分明朵朵翠芙蓉。半空絕壁開金像，石道飛泉噴玉龍。怪石倚來斜聽鳥，曲欄憑處倒看松。平生自倚凌雲筆，不愧山僧飯後鍾。"

白雲山　縣南十五里。危峰百餘丈，延袤十里許，對縣治儒學。時有白雲繚遶其上，故名。俗傳葛洪煉丹之處，石鼎猶存，鄉人因立祠以祀之。

靈巖山　縣東南四十里。高四百餘丈，周五里許。其山壁立。駕石梁，曲折而上，至一里許，中有一洞，前後相通，高丈餘，廣五丈，深二十丈，形勝奇絕，出自天然，是亦東南之奇觀也，因爲福善寺。朱廉詩："不到靈巖二十年，重來風景固依然。三光每隔須彌頂，一竅誰穿渾沌先。佛向壺中開净域，僧從井底觀青天。玉堂無復金蓮夢，暫借僧床半日眠。"何子舉詩："靈巖之境最超卓，高隱翠微浸碧落。迢迢一徑倒青松，壁立危門敞虛閣。敞虛閣，見寥廓，萬疊青山連海角。山田疏密布棋文，行看遠近分鳧雀。入虛堂，真遼寬，太山以來天所鑿。上如屈曲老龍腰，下似空明巨鰲殼。豁然平鋪如琢削，低不礙人高可摸。洞徹中開戞籟傳，虛通遠映飛光鑠。煙嵐前後如簾幙，洞戶東西無鎖鑰。明月宵涵兩玉壺，白雲曉度長銀索。壺天春秋長不惡，瓊室夏涼冬燠若。老僧雪夜不親爐，童子炎天尚狐貉。夜静風清冰露薄，天碧境寒河漢爍。冷冷風吹叱斗牛，浩浩清聲生萬壑。我欲飛王喬之舄，呼丁令之鶴，架羽仗之輕車，奏雲臺之妙樂，披星機繪素以為衣，舉金莖沆瀣以為酌，因結友呼群仙以遨遊，將來休此巖而宴樂。或叱石以為羊，或指松而化鶴。酒客漁父之參，棋許樵夫而着。殊不知烏之東飛、兔之西躍，相將遠逐無窮濱，逍遥永脱塵緣縛。"

閗牛山　縣東北四十里。高一百丈餘，周十里許。山背有兩石如牛閗，故名。

密浦山　縣東北五十里。高一百丈許，周十餘里。上有仙壇，鄉人祈禱之所。邑之華溪發源於此。

箭山　縣東北四十五里。高百餘丈，周五里許。中有箭竹，故名。

桃巖山　縣東五十里。高百餘丈，周十里許。有石赤白相間，狀類桃花，故名。下有洞，可容數百輩。有朱吕講讀遺蹟，頂小洞曰栖真。黄溍詩："立石平如削，飛雲近可梯。莫窮千古勝，但惜衆山低。靈草經年長，珍禽隔樹啼。人言舊朝士，感事有留題。"

三峰山　縣東北四十五里。高三十餘丈，周三十里許。三峰屹立，故名。

桂巖山　縣西十五里。又名桂香巖。中有木樨，故名。

金豚山　縣南五里。高二十丈許。《太平寰宇記》云：昔有人得金豚於此，故名。舊有趙炳祠。

青石山　縣東四十里。高一百餘丈，周五十餘里。山色蒼翠，故名。

絕塵山　縣南二十九里。高百餘丈。其山嶮巇出塵，故名。

石室山　縣東南三十里。高百餘丈。緣崖而上，有石洞，南北相通,可容數百輩,因建爲寺,名曰洪福。李曄詩:"石室初從混沌分,呀然一竅氣氤氳。山僧慣住黿黿窟,野老能穿虎豹群。行怪帽簷常礙蘚,坐驚衣袖忽生雲。幾時更借禪床臥,六月松聲絕頂聞。"

華釜山　縣東北五十里。高一百餘丈,周二十餘里。其上平曠,四圍頗高,狀如釜,故名。下有妙净寺。

石牛山　縣北二十里。山巔有石如牛,故名。

古山　縣東四十里。高三十餘丈,周五里許。二十七都。

魁山　縣東二十里。高一百丈許,周十餘里。合德三十二半都。

峰峴山　縣東三十里。高一百餘丈,周五里許。衆山排列,其峰峭拔,亦一方偉觀。

橙尖山　縣東五十里。高二百餘丈,周圍二十里。其山峰巒峭拔,一方之巨鎮也。

龍虎山　縣西三里。其勢環顧,鎮縣治水口。又名霞裏山。在六都。

塔山　縣西三十里。高七十餘丈,周三里許。在四都。

東山　縣東南三十里。高百餘丈,周十里。一方之巨鎮也。崇福寺在其巔。

方山　縣東南五十里。高百餘丈,周十餘里。

大滁山　縣南三十里。高百餘丈,周八里。三十九都。

南山　縣東南四十里。峭拔而秀,高百餘丈,在遊仙鄉。

柏巖山　縣西三十五里。昔有人植柏于其上,故名。下有善祥觀。

靈山　縣東九十里。在孝義鄉。

華山　縣西十五里。因爲永光寺。

巖

白眉巖　縣東北五十里。僧居其上,即巖爲室,中可容數百輩,景像尤佳。山腰有白石如眉,故名。

　　石倉巖　縣東北五十里。緣崖而上,有石室玲瓏,俗傳洪推禪師棲之。而高崖之上有石倉,出米穀,給僧餉。後有僧鑿而大之,米遂不出。

　　鷄兒巖　縣東南三十里。三十七都。

　　五指巖　縣東北五十里。其下有祠。

　　郭公巖　縣東南三十五里。合德鄉。

　　道士巖　縣東南三十里。三十七都。

　　烏峰巖　縣東南三十五里。三十七都。

嶺

　　八盤嶺　縣東八十五里。四十七都。其勢高嶮,石道迢迢,通天台縣。

　　杳嶺　縣北五十里。石路崎嶇,通義烏縣。

　　馬駿嶺　縣東二百四十里。四十七都。仙居界。

　　牛筋嶺　縣東南一十五里。在二都。

　　檡睦嶺　縣東南三十里。三十九都。

　　館頭嶺　縣東南四十里。四十一都。

　　五木嶺　縣東二十五里。三十七都。

　　小窖嶺　縣西南一十四里。三都。武義縣界。

　　小界嶺　縣西二十七里。八都。

　　大界嶺　縣西三十里。八都。通金華。嶺及半,有自然石,廣袤數丈,其文采仿佛如錦,名曰花錦地。

　　油樹嶺　縣北五十里。十八都。

　　白窖嶺　縣西北三十里。十一都。嶺上有祠,其山勢起伏,望東南屈曲而來,至華溪而止。

　　岡谷嶺　縣南十八里。三都。嶺上有泉,其地平坦。正統十四年，處寇竊發，里人作寨于上以禦之。

挂紙嶺　縣西北五十里。在十三都。

伏翼嶺　縣南十五里。三都。半嶺有石穴，多棲伏翼，因以名之。

銅山嶺　縣東五十里。三十五都。

紫鳳嶺　縣南四十里。四十都。通縉雲。

紀家源嶺　縣東南四十里。三十七都。

坑　源

豐坑　縣北五十里。在十都。

滌坑　縣南三十五里。三十九都。

柘坑　縣西北四十里。十都。

椒坑　縣西北四十里。十都。

金城坑　縣東五十里。二十六都。

峽源坑　縣東北五十里。二十都。

獨松坑　縣東五十里。三十五都。

銅坑　縣東五十里。三十五都。

峰峴坑　縣東三十里。三十一都。

錢王坑　三十五都。中有錢王廟。

槳坑　縣東五十里。三十四都。

石霞坑　縣東一百二十里。

柯陽坑　縣東五十里。三十半都。

石湖坑

後渠坑

油樹坑

吳坑　縣西北三十里。在六都。

峽裏坑　縣東五十里。三十五都。

三十里坑　縣西北四十里。自白窖嶺至菱道相去三十里，故名。

永塲源　縣南十五里。在三都。

紀家源　縣東四十里。四十三都。

溪

華溪　縣治東。清淺可愛。方春,桃紅李白,夾堤似錦,故名。發源自密浦山。陳璪賦云:"諒□區以俯仰,觀萬物之屈伸。人紛紛而往來,事寥寥而古今。惟山川之不改,並宇宙以長存。揆華溪之所由,爲古麗之美稱。歷于今以不朽,兹必有所以名爾。其漣漪東迤,會流南江。波泓澄而顯渙,勢縈紆而悠揚。結神仙之奧宅,呀石洞而深藏。泛長春之桃英,何有無之渺茫。泝其源則不出百里,循其流則滔滔而靡量。南望白雲之峰,並歷山之岡,盤薄連屬,峻屹鬱昂。籠曉烟而凝翠,聳夜月而浮光。比枕一闤之市,實古麗之陽。人烟櫛比,地勢龍驤。矗爾樓閣,突乎輿梁。大野箕拱于前,官道直趨其旁。合二流以會通,屏萬山之崒崔。鍾秀毓奇,英才輩出。胡侯廟食,樓林相國。拔儒林之秀者,前已不可得而枚舉;魁文場之選者,後又豈可以智億!所謂地靈人傑,亦可觀夫世運之通塞。故觀夫山光水色,相繆蒼蒼,洞桃春暖,巖桂秋芳。則有文人碩士,志氣洋洋。以才德自負,而翼勳業之揚。又如南園月朗,北澗風清。挹汀蘭之幽馨,聞野鶴之長鳴。亦有逸士狂客,遠慕神仙,而興遺世獨立之情也。嗟予生之遲絶,逢斯世而蹉跎。豈窮通之有命,聊舒笑以詠歌。念英靈於夙昔,觀風景之時新。古爲神仙之境,今爲途路之津。誰謂山川之有常,慨有然感於升臨。"

南溪　縣治南。與華溪合流,謂之雙溪。

北溪　縣北東門外。源出石佛山,入華溪,以其自北而南,故名。

蘇溪　縣東八里,一都。會于華溪。

大銅川溪、小銅川溪　縣西北十七里。八都。小銅川水入大銅川,合流西南,入武義界。

李溪　縣南二十里,會于南溪。

鶴鳴溪　縣東二十五里。俗傳梁時,石翁山下有望氣者以爲異,鑿之,有雙鶴飛鳴過此,因以名之。

烏江溪　縣東四十里。

仙溪　縣西南七里。發源於縉雲馬嶺之北谷,會于華溪下流。

櫸溪　縣東二百四十七里。四十七都。其源出靈山,流入仙居縣。

洞

桃花洞　古麗坊外。俗傳昔有桃花從洞浮出,故名。

潭

鳳凰潭　縣西二里,俗傳鳳凰飛鳴其上,故名。

石龜潭　縣南十三里。有大石如龜伏潭側,故名。

石鱉潭　金豚山下。其中有大石如鱉,故名。

歷山潭　在歷山嶺。歲旱,邑人於此取水禱雨。

日月潭　縣東一百三十里,地名石霞坑。其上石壁,赤白相間,圓各二三尺許,如日月狀,故名。又名百丈潭。

斗潭　縣東南五十里。

三長官潭　縣西二里。有何、周、王三長官祠在上,故名。

烏石潭　縣西四十里。赤巖之下,廣袤數丈,清冷如鏡,俗傳歲旱迎龍以禱,有應。

英山潭　縣南十五里。石龜潭上。其水清澈,潭上巖石嶄然,道出巖腰,有小洞。

俞公潭　縣東六十里。俗傳有龍蜃潛其中,歲旱迎以禱雨,或有驗焉。

天井潭　縣東南三里。

蜃洞潭　縣東南四十里。

橋　渡

　　仁政橋　縣東南三十步，舊名大花橋。元至元五年改建，以石爲三虹，仍覆以屋，易今名之。國初，屋毀于火。洪武三十五年，知縣張聰重蓋之。景泰乙亥，橋盡傾圮，復建於知縣劉珂。侍郎縉雲李棠《記》略云：永康縣東南三十步，有水匯而爲淵，涵浸汪濊，名曰華溪。溪當處、婺之交，行旅輻輳。舊以木爲橋，起而隨廢，往來病涉焉。勝國至元間，改石橋，覆之以屋，揭名仁政。國朝洪武中，屋毀於火，知縣張聰重建之。景泰乙亥，橋圮於水，僉憲馮公誠行部過之，視橋之廢，惻然興嗟，遂以贖刑之金，庀材命工。悉將就緒，而馮弭節他郡，厥功未就。明年春，安城劉君珂以進士來宰是邑，治民事神，動必師古。屬橋未就，乃毅然曰：'此有司責也，賢使者作之於前，我可不成之於後哉！'遂殫力竭思，窮日夜經營之，不數月而落成。其長若干，廣若干，石以方計若干，工以日計若干，屋凡若干楹。完美壯固，有加於舊。費出自公，不取於下。衆德之，請予記其事。嗚呼！有位者心乎愛人，而無其政，是爲徒善而已。故以乘輿濟人者，而君子譏之。今橋之費，不啻數百金，而民不知，其濟人也博，其垂後也遠。由一念之發，而利澤無窮。仁政名橋，豈虛語哉！予嘗以巡撫爲職，每思安民之術，無他，在賢守令而已。永康得劉君，興廢舉墜，幾復承平之舊，可謂賢宰也。善始而善終，君其勉之。正德十六年，橋屋火毀者半，縣丞李景軒復建之。

　　永寧橋　縣東一百三十步，舊名小花橋。元至順元年，主簿赤琖榮祖疊名重建。國朝永樂間新於驛丞胡義。弘治間，市民徐得銘復建之。正德十六年，其子漳因圮復大其規焉。

　　梁風橋　縣東北一百五十步。永樂間上封寺僧苦海募衆力重建，後壞，又建於應尚道。

　　東橋　縣東北二百步，通東陽。

西橋　縣西三百步,通金華。

和讓橋　縣西北一百五十步,一名小西橋,通武義。永樂間,縣丞歐陽齊重建。

李溪橋　縣東南二十里,道當衝要。景泰間,僉憲馮公誠命本府趙同知督造,邑人李思傑、施孟達與有力焉。成化十九年圮於水。正德己卯,里人章德明衷衆力經始重建。

蘇溪橋　縣東北八里,廢久。弘治間,市民陳良七衷衆力助以己貲重建。

下江橋　縣東二十里,元至正間里人邵與耕建。縣尹俞希魯《記》:"婺爲郡,處浙東一道之中,而永康爲縣,又當一郡之要。凡取道溫、處、台、越者,必由是而達焉。然嶺嶠之間,又必有深溪鉅壑爲之阻。其橋梁之當驛道者,有司治之。旁溪曲徑,趨捷鶩近者,則每有病涉之患。邑東二十里,溪曰下江,源出東峴,西行百餘里,石厲湍激,衆流奔湊,至是則演迤紆徐,融爲平川。歲構徒杠,未久輒壞,潦水驟至,舟楫不時,須躋步懸隔,揭厲以渡,往往漂墊淪溺。邑邵姓曰與耕者,惻然憫焉,曰:'吾窮,不爲世用,而無以益於人也,然力足以有爲者,其能已乎!'念橋之久且固,莫若易以石,因召匠揆之,廣尺者八,褒丈者十有一,靡錢爲緡萬五千。度資弗能給,乃躬耕壟畝,歲之所入,計口而食,有贏則儲以備用。里人金德夫等聞而義之,各捐金穀爲之助。于是取材於山,輦石于谷,梵址既堅,駕虛斯壯,環洞參列,釃流爲三,虹垂兩堤,若踐鰲背。植欄防險,創亭以息勚。凡行旅之往來于上者,莫不徘徊瞻顧,以爲力微而功鉅,志立而願行,爲之難而成之不易也。經始於至正改元辛巳之冬十月,訖工于三年癸未之夏四月。鄉之耆艾來請記。余謂與耕其產不踰中人,無勢位足以誰何當世,又非老釋氏驚動禍福以鼓其衆,時出一時惻隱之心,以成久遠不易之利,非篤厚有餘者其能若是乎!昔子產以乘輿濟人溱洧,孟子譏其惠而不知爲政。使與耕達而用於世,其必有以擴其所爲矣。

吾爲邑長於斯也，而視與耕或有愧焉，故筆而弗讓。"

烈橋　縣西十里。永樂間里人陳伯達重建。
五錦橋　縣西十里。正德十三年武義十七都尤高七妻□氏重建。
顧陳橋　縣東北四十里。
烏江橋　縣東四十里。
龍窟橋　縣東北五十里。宋陳亮建。國朝成化又建於朱彥蔡。
諸杜橋　縣東十五里。
太平橋　縣東十里。
章村橋　縣東二十里，石牛山側，里人童德盛建。
上降橋　縣東北二十里。
羅樹橋　縣東二十里。
苦竹橋　縣東五十里。
杉板橋　縣北十里。
三板橋　縣西十五里。
平安橋　縣東北三十五里。
楊公橋　縣西三十里。
仙遊橋　縣東三十五里。
櫸木橋　縣南六里。葉宗盛造。
崟橋　縣西十里。
東濟橋　縣北二十里。
中降橋　縣東北二十里。
普渡橋　縣東北三十五里。鍾希孟重建。
巖前橋　縣北四十里。施季康建。
水東橋　縣東北四十里。呂子珍建。
水西橋　縣東北四十里。
清河橋　縣東北四十里。
南新橋　縣東北四十里。

永安橋　縣東一里。

新橋　縣東十三里。

倉口橋　縣西十四里。

大依橋　縣北二十里。

華溪浮橋　縣西一里。久廢。

東錦橋　縣南十里。里人陳錦文建。

黃渡橋　縣西南十三里。里人葉盛宗建。

鳳聖橋　大依橋下。

沈家橋　縣北四里。在六郡。

俞家橋　縣北六里。

下溪橋　三十七都。正德十四年，里人陸大、陳山建。

蝦蟆橋　五錦橋下。

羅橋　縣東南四十五里。

銅擎渡　縣西二十里。

李溪渡　縣東二十里。

西津渡　學前。

當渡　縣東四十里。

楊渡

青龍渡　縣西十里。

西津以上三渡，弘治間知縣王公秩曾造舟及僉渡夫以濟。厥後渡夫往往謀僉於豪猾，有濟人之名而無濟人之實，良可慨也。

李溪石步　縣東南二十里。因李溪橋廢，弘治間善塘李恩建於上流。本縣學教諭馮琨《記》略云：永康為婺支邑，當台、處、衢、嚴衝要通道也。去城二十里，有水界道中，曰李溪。夏漲則洪濤山倒，冬寒則流澌刺骨。行者病涉，莫有甚焉。天順間，僉憲安城馮公道經於是，因而慨之，乃以贖刑白金計命石梁於其上，人始便之。成化間，復為洪水所壞，而遺績不復有存焉者。前令王公秩雖設舟濟之，亦不勝其煩。況天台一道，尤有不便。善塘李君文惠因感，首發帑藏，邑之聞者莫不樂爲之助。然視其故址，既不可復橋，爰卜其上游百步許，創爲石步一百三十四垛。盡時宜之制，於時爲美，履道坦坦，不越月而舉，是豈一朝之利哉！

交溪石步　李溪橋下。上安寺僧行福玄建。

厚仁上石步　縣南三十里。僧行福玄建。

厚仁下石步　縣南二十九里。李厚建。

仙溪上石步　五都。里人陳道源建。已上皆衷衆力而爲之者。

溪下石步　五都。里人陳克用建。

水盛石步　里人□奇建。

按：石步之設，原其卯造之力不半于橋，要其濟人之功不亞於橋，亦因時制宜，有裨於王政之一事也。鄉之君子誠知是之便且益爲，過津處則舉而行之，斯民無復有病涉者矣！

水　利

堰

回回堂堰

後清堰　徐栓德美雙錦人開築。

下馬堰

蘇溪堰　一都。

高堰

江公堰

石龜堰

上林堰

洰沙堰　二都。

水碓塘堰

巖塔堰

岑家堰　三都。

長峰堰

金堰

新秋堰　四都。

仙溪堰

中堰

杜溪塘堰　五都。

崆橋堰

大塘堰　六都。

五錦堰

東青堰

大丘角堰　七都。

陳大堰

章堰　八都。

陳堰

六百堰　九都。

呂家邊堰　十一都。

黃青堰　十二都。

西堰

柳墅堰　十三都。

楊木堰

金婆堰　十四都。

華歷堰

紫柏堰

友陳堰

下邵堰

郭公堰　十五都。

章公堰　十六都。

金畈堰

下陳堰　十七都。

石湖口堰

大橋下堰　十八都。

黃堰　廿一都。

前金堰　廿八都。

車馬湖堰

赤溪堰　遊仙卅三半都。

苦竹堰　三十四都。

金竹堰　三十五都。

李溪堰　合德卅六半都。

石宣堰

西柘堰　三十八都。久塞，正德十五年知縣胡楷開。

上黃堰

下黃堰

石馬堰　三十九都。

黃公墓堰

黃杜嶺堰

官堰　四十都。

館頭堰

巖前山堰　四十一都。

金仙堰　四十六都。

李村堰　四十七都。

塘

郭坦塘

亭塘

新塘

鯉魚塘　一都。

官塘

黃塘

車口塘

札塘　二都。

仕貴塘

大路塘　三都。

蘆塘

西郭塘

黃塘

大塘　四都。

杜溪塘

茭塘

道士塘

萬工塘　五都。

金大塘

鵲烏巢下塘

青塘

上餘塘

爐塘　六都。

童塘

東塘　七都。

華山塘

烏石橋下塘

鷺鷥塘

周木塘
學院塘
黃牯塘　八都。
登塘
石臼塘
新塘
水閣塘　九都。
胡公塘
雙蓮塘　十都。
樟塘
南坑塘
龍宿塘
闊塘　十一都。
龍門塘
烏色塘
長塘
章塘　十二都。
宅青塘
青塘　十三都。
康湖塘
穴塘
胡塘
丁塘
五崗塘　十五都。
東青塘　十六都。
蔣塘
下園塘　十七都。

太平塘

平安塘

中蓮塘　十八都。

牌塘

墩塘　十九都。

尚書塘

橫路塘

馬古塘

高塘　二十一都。

菱塘　二十二都。

火塘

石砌塘

施公塘　二十四都。

朱義塘

上桐塘

胡孫塘

蓮塘　二十五都。

楊枝塘

五采塘　二十六都。

前如塘

吞塘

姚嶺塘　二十七都。

雪塘

大塘

李塘

盧計塘　二十九都。

金松塘　太平卅十半都。

弓塘　遊仙三十半都。

崇塘

方口塘　三十一都。

由溪塘

八口塘　三十二都。

洪杜塘

川山塘　遊仙卅三半都。

葛塘

魁山塘

南塘　合德卅三半都。

孔大塘

寨坑塘　三十四都。

橙塘　三十五都。

四十塘

龍眼塘

莊塘　合德三十六半都。

吳塘　武平三十六半都。

凍塘

瓦窯塘

放生塘　三十七都。

莘大塘

姑塘

麻車塘　三十八都。

石塘　三十九都。

穿塘

西塘

葵塘

王塘　四十都。

染塘

深塘

大迪塘　四十一都。

雲青塘　四十二都。

石塘　四十三都。

柘塘　四十五都。

古楓塘

金仙塘　四十六都。

瀑

壽山瀑　詳見壽山下。

西巖瀑　縣東五十里。其巖壁立，有泉飛噴而下。韓循仁詩："雲根飛瀑瀉巖隈，松壑砂泉響似雷。誰謂人間無此境，五老峰前曾看來。"

井泉

龍泉井　縣西南三十步。居民數百家皆仰給之。歲旱不竭。

大寺井　興聖寺內。深十餘丈，半以下鑿石為之。

永泉井　在永泉里，里人仰汲者多。李曄銘："爰藉於經，井義是作。生巽下坎，收而弗幎。維茲永泉，淵注澄渟。不射于鮒，不贏其瓶。其永伊何，源泉混混。人知其流，孰探其本。動而不括，君子以之。泥污不食，去道遠而。如鏡之平，如玉之瑩。返觀其心，其心若靜。邑改而瘵，井存不移。既飲而壽，其樂無涯。我作斯銘，豈其不宜。子子孫孫，永遠無斁。"

石井　靈巖山側。鑿石為之，深二十餘丈。

福元井　上封寺前。

堂前井　峰峴坑口。

大井　縣東北三十里。其地因名大井頭。

胡公井　縣東五十里。地名胡庫。

三眼井　清節坊外。近華溪，冬夏不竭。

蕭泉井　永寧橋東。

白龍井　延真觀內。

金鼓井　長安鄉。其泉混混，雖歲旱不竭。灌田千餘畝。

烏樓泉　縣南三里。

李家泉　縣東四十五里。

按：舊志井泉弗記。今采其大者錄之，餘弗能悉也。

田　土

洪武二十四年

田　四千三百六十四頃八十七畝七分一釐二毫二絲四忽。

地　六百一十六頃一十一畝一分五釐。

山　一千四百一十頃十四畝三釐七毫。

塘　四百二十九頃二十畝一分九釐五毫。

永樂十年

田　四千三百六十五頃六十四畝九分三釐二毫二絲四忽。

地　六百一十六頃一十一畝三釐。

山　一千四百一十頃六十畝五分三釐七毫。

塘　四百三十二頃六十三畝五釐。

成化八年

田　官一百八十九頃三十二畝一分四釐。民四千一百八十一頃八十四畝四分三釐。

地　官二十二頃一十一畝五分七釐。民六百七頃五十八畝七分五釐六毫。

山　官三十五頃九畝一釐。民一千三百七十四頃五十七畝三分九釐。

塘　官一十七頃七十四畝三分七釐。民四百三十五頃二十畝九分五釐五毫。

弘治五年

田　官一百八十九頃三十二畝一分四釐。民四千一百八十二頃一十四畝四分。

地　官二十二頃一十一畝五分七釐。民六百七頃七十八畝七分五釐六毫。

山　官三十頃五十九畝一釐。民一千三百七十四頃五十七畝三分。

塘　官一十七頃七十四畝三分七釐。民四百三十五頃二十畝九分五釐五毫。

按：國初遣官經量邑之田土，將各鄉各都一一編畫魚鱗圖籍以記之，則經界明、賦稅均，而民受其惠矣。厥後民僞滋熾，弊端百出：有田者不稅，有稅者無田，又有田畝無着而概加押配之稅，民何以堪哉！弘治四年，縣令王公秩既欲清理，乃役民之善方田者履畝量之，自是田得其實，稅有所歸。至五年造冊，而前弊去矣。翰林侍講長洲吳寬《覈田記》云："永康令王君爲縣之三年，廉慎有爲，賦平訟息，縣大稱治。君謂吾所爲至此者，其勞亦甚矣。蓋縣爲里百二十有奇，田所出糧賦爲石萬八千有奇，皆立之長以司其事。自國初至於今日，每十歲一造版籍。司其事者更易數輩，其人良則已，否則轉相爲弊。蓋以田可隱也，則有詭寄之術；糧不可除也，則有洒派之方。豪家鉅室有收穫之利，而無徵斂之苦，其害悉歸之小民。於是其賦既無所出，往往毀屋廬、鬻男女償之。弱者忍不敢發，稍強而自立者始訴于官，而訟所由起，皆坐是也。其事不獨永康，而永康爲甚。君既數爲清治之，嘗曰：'今爭者雖小息，然彼豪且鉅者終賄其長，能保其不更起而訟乎？且弱者獨不能訟，又何忍其終無所伸乎！吾將躬往視之，以究其弊。'則移于上，以示其事之不敢專；復誓于神，以示其事之不敢慢。至其里則召其長若胥役輩，操版藉緣丘壠從事，悉按圖式，求其主名。有爭辨者輒復驗之，無不帖服。歷半年而事畢。疆界既分，罔敢踰越。凡諸弊事，一旦皆去，而賦始平，訟始息。人以君公且明，亦無敢怨者，而小民則相與感之曰：'吾其自是勞吾力、耕吾田，以出吾賦矣，顧何以爲侯報哉！'欲生祠君，君不欲，乃止。會縣學生應綱貢於京師，乃托之請文，以述君政績而揚之。予曰：君之賢，予固知者，是宜其政之美也。然小民感而祝之則已，何事於文哉。文之又恐非君所欲也。應君曰：'民欲之，奚暇爲君計耶？'乃書以遺之。君名秩，字循伯，蘇州崑山人，成化丁未進士。其美政甚多。巡按御史嘗奏清旌異，朝廷行將召之矣。"

正德七年

田　官一百八十九頃三十二畝一分四釐。民四千一百八十二頃一十四畝四分。

地　官二十二頃一十一畝五分七釐。民六百七頃七十八畝七分五釐。

山　官三十頃五十九畝一釐。民一千三百七十四頃五十七畝三分。

塘　官一十七頃七十四畝三分七釐。民四百三十五頃二十畝九分五釐。

按：田土自王公丈量，奸蠹雖云去矣，歷年寖深，弊端由起，寧不復有詭寄隱匿之奸也耶？則夫十年造册,司其事者,不可不加之意。

物　產

穀類　早禾。中禾。晚禾。早糯。寒糯。晚糯。大麥。小麥。苁麥。黍。早豆。赤豆。芝蔴。稷。田豆。綠豆。刀豆。蠶豆。

蔬類　薑。葱。瓜。茄。芥。韭。蒜。芋。莧菜。莙蓬。絲瓜。薯藥。油菜。苦蕒。蘿蔔。萵苣。

果類　梅。李。棗。梨。桃。杏。栗。柿。枇杷。林檎。

花類　葵。薔薇。鷄冠。鹿葱。菊。芙蓉。杜鵑。鳳仙。郁李。木槿。

草類　茅。蓼。萍。菖蒲。艾。蘆。藻。萱草。苔蘚。狗尾。

木類　松。桑。槐。檡。樟。桐。柚。柳。楓。楝。

竹類　猫竹。雷竹。水竹。班竹。筆竹。石竹。

藥類　半夏。蔓荆子。穿山甲。山梔子。前胡。薏苡仁。天門冬。牛膽南星。

貨類　絲。棉。棉花。桐油。絹。紬。苧蔴。柏油。棉布。黄蠟。茶。柴。苧布。白蠟。酒。炭。牛皮。

羽類　鶯。鷄。鵝。鴉。燕。鴨。鵲。鷺。鳩。布谷。黄雀。□。百舌。博勞。

毛類　牛。猪。貓。驢。馬。羊。犬。騾。

鱗類　白魚。松魚。鰻。鱔。青魚。鯉魚。鰭。鮎。

甲類　龜。蟹。螺。鱉。蚌。蝦。

蟲類　螢。蚊。蟻。蝶。蠶。蟬。蜂。蠅。蜻蜓。蟋蟀。

器類　木器。竹器。鐵器。磁器。鉛器。石器。

按：以上諸物,皆邑之所出也。其有關於民生日用者,僅足取給而已。爲政者盍亦思所以撙節愛養之乎！

賦

宋

夏稅　紬一千七百三十九疋一丈六尺,絹二千七百八十四疋二丈四尺,錦二萬八千二百三兩三錢。

秋稅　苗米一萬一千七百六十二石三斗三升五合一抄二撮。

元

夏稅　中統鈔四百八十二錠四百八兩五錠五釐。

秋糧　米一萬三石七斗五升。

國朝

洪武

夏稅麥　一千三百八十石三斗五升八合四勺。

秋糧米　二萬二百一十四石三斗二升三合。

牛租米　一百三十三石。

永樂

夏稅麥　一千三百八十三石六斗七升八合一勺。

秋糧米　一萬三百五十九石四斗一合五勺。

宋

茶租　爲錢七十四貫四百文。

元

貂皮　七十五張。

鐵鎖　其數未詳。

國朝

茶芽　二斤八兩。係正貢。

段疋　民納荒絲七百四十二斤十四兩,送本府織染局織造。正額八十五斤十四兩七錢,閏月五十七斤一兩三錢。

桑絲　桑叁萬一千三百六十株,每株科絲三分三釐三毫,該絲六十五斤五兩三錢四分,折絹五十八疋二丈二寸。洪武間,覈民桑株出絲以爲定法。厥後桑株彼減此增,而徵絲一循舊規,致有不均之嘆。正德間,民有言於巡按,始均賦之,亦未盡得中也。爲有司者誠能每十年一覈於民間,使有桑則有絲,民受其惠矣。

弓　一百六十張。

箭　二千六百竿。

弦　一千三百條。

翎毛　二萬七千根。

槐花　一百十五斤。

梔子　顔料七十斤,藥材三十三斤。

川山甲　七兩二錢。

烏梅　二百五十斤。

薏苡仁　五斤八兩。

半夏麴　三斤。

前胡　四十五斤。

蔓荆子　一斤十兩。

天門冬　三斤。

牛膽南星　一斤三兩。

曆日紙　白七萬五千六百六十一張。黃二千九百五十五張。以上係額辦。

黃熟銅

紅熟銅

黃蠟

白臘

肥鵝

肥猪

肥鷄

火肉

銀硃

生漆

硇硝

桐油

黃棕毛

貓竹

笙竹

軟竹篾

白銷麂皮

水底牛皮

綾紗

金箔

鐵綫

竹掃帚　以上係派辦。

按：額辦、派辦，各色非一，然額辦供於常歲，派辦取于一時，皆所以供國用者也。但其間或侵盜於經收，或逋員于解户。以斯民之膏脂，實奸宄之囊橐，而朝廷不獲實用。惜哉！

課　利

宋

酒務　額收二千六百十四貫二千九十二文。材坊一十一處一界，爲錢一萬八千八百三十六貫二百八十文。

銅課　元祐中每年十二萬八千斤。宣和中廢。紹興十三年以二千七百五十六斤爲額。後銅場□脉微渺，采辦不及，遂廢。

課利錢　每月一百一貫五百七十文。

稅務　額收一千六百六十四貫一百七十文。

牙契税錢　額收五千九十九貫九百七十八文。

茶課　比歲發九千七百斤,爲錢二千一百三十四貫。

比歲住賣　九千七百斤,錢二千一百三十四貫。

礬　比歲四百二十斤,爲錢四十貫。

鹽　比歲一十八萬九千五百斤,爲錢六萬三千四百四十貫。

元

酒課　中統鈔一百七十二錠四十四兩四錢五分四釐。

醋課　中統鈔三錠四兩八錢四分。

茶課　中統鈔一十八兩一錢四分。

鹽　歲賣食鹽一千二百五引三百斤。

秋租地利錢　歲收中統鈔二十七錠七兩六錢八釐。

商稅務　歲辦歲課中統鈔一百二十六錠一十四兩七錢四分八釐。

國朝

歲辦課程　共鈔二千五百五十錠三貫九百八十八文。

歲辦課鈔　三百八十三錠八百五十五文。

酒醋課鈔　一百九十九錠二百八十文,正額一百八十三錠三貫七百二十文,閏月一十五錠一貫五百六十文。

鹽　官吏每口食鹽十二斤,市民每口食鹽六斤,每斤納鈔一貫。鄉民每口食鹽二斤二兩五錢,每斤納米四升八合一勺二抄五撮。

茶課鈔　四十五錠一貫四百八十文,正額四十一錠四貫六十文,比附三錠二貫二百二十文。

窰竈課鈔　一百十一錠一貫四百八十文,正額一十一錠一貫七十六文,閏月四貫三百一十文。

碓磨油榨課鈔　九十錠四貫一百八十七文,正額八十三錠一貫八百五十文,增羨二貫四百文,閏月六錠四貫九百三十七文。

茶引由工墨鈔　正額三十五錠三貫。

果柏價鈔　一錠八百八十二文,正額一錠六百六十六文,比附二十二文。

税課局歲辦課鈔　二千一百六十七錠三貫一百三十三文。

商税課鈔　一千二十九錠一貫三百三十文,正額九百六十五錠四貫三百三十一文,閏月七十一錠一貫五百文。

税契課鈔　一千一百二十七錠二貫二文,正額一千三十四錠一百六十九文,閏月九十三錠一貫八百三十二文。

契本工墨鈔　正額四貫八百文。

門攤課鈔　四百一十四錠。

户　口

宋

主客户　二萬一千三百五十二。

主客丁　四萬四千六百六十六。

元

南人　户一萬一千六十三,丁五萬四千六十。

北人　户二百二十九,丁六百六十二。

國朝

民户　一萬六千三百五十一。

各色人匠　一百九十二。

軍户　一百二十九。

捕户　六。

窑竈户　二。

醫户　一。

馬站户　二十五。共户一萬六千七百六,口七萬七千四百七十九。

役　法

宋

免役　歲收錢九千八百一十一貫二百二十文。

元

弓手　尉司、巡檢司各三十名。

曳剌祇候禁子　十名。

縣獄禁子　四名。

站夫　七十名。

里正　每鄉一名。

主首　四名。

鋪兵　八十二名。麻車、净心各六名，其餘鋪分各八名。

社長　每都以五十户爲一社，設社長一人。

國朝

糧長　本縣十區，每區正一名、副二名，共三十名。後以其役繁重，始有一名析而爲二爲三者焉。

里長　本縣一百二十三里，每里歲役一名，共一百二十三名。今則一百十七里焉。

甲首　共二千二百三十名，今則二千一百七十名。

老人　每里役一人，其數如里長。

總小甲　各隨所居市鎮鄉村，五十人立總甲一名，其中十人立小甲一名，餘爲火夫，所以防火盜也。

直堂皂隸　本府三名，本縣十名。

獄卒　布、按二司各一名，本府三名。

皂隸　南京額班三名，布政分司官員下一名，按察分司官員下一名，改僉處州府官員下一名，本府照磨所一名，改僉武義縣縣官員下八名，本縣典史直所一名。

門子　布政分司四名，浙東道四名，公館二名，迎接使客四名，本縣公堂二名，儒學四名，山川等三壇各一名，鄉賢祠一名，館頭鋪一名。

禁子　本縣七名。

庫子　本府儀仗、架閣、昌濟庫各一名，織染局一名，本縣直堂、儀仗、架閣各一名，儒學二名。

斗級　本府永濟倉一名，本縣際留倉二名，預備中倉二名，儒學倉二名。

馬夫　本縣官各三十丁。

膳夫　府學二名，縣學八名。

齋夫　府學二名，縣學六名。

射圃夫　一名。

鼓夫　五名。

鐘夫　一名。

防夫　三十名。

館夫　八名。

運夫　三十名。

馬頭　華溪驛四名，遠方七名。

驢頭　五名。

渡夫　二名。

巡攔　二名。

鋪司　縣前等一鋪各一名。

鋪兵　縣前等鋪兵七十八名。

驛使　一名。

柴夫　館頭鋪一名。

甲首　鎮守府一名。

水手　鎮守府一名。

歲貢甲首　本府每歲一名，本縣間歲六名。

民壯　弘治五年，本縣奉部檄，每里僉點二名，通計二百三十六名。因各方騷動，每里僉事三名。通計六百七十九名。

永康縣志卷之四

歷官
縣令

晉

張彥卿　武義人。

齊

蕭　清　宗室子。

庾仲容　字子仲，鄢陵人。

梁

何　炯　字士光，詳見名宦。

唐

顧德藩　詳見名宦。

李士先　東陽人。

竇知節　洛陽人。

張師老

顏師謙

周　□

王　□

宋 更名知縣。

姚　遂　天聖間任。

何嗣衡

田　載	武義人。
耿　璜	
雍元之	
陳繼琰	
王有象	東魯人。
閔餘慶	
張成新	
賀溫其	建德人。
王　骍	
顏　復	
姚　勔	
許　原	
張　祖	
孟　繹	
張　常	
胡志寧	附籍。
呂　袞	
劉進卿	
俞　最	
杜　植	
元　發	
王　腴	
王　澤	
徐嘉言	字味道，建憩堂。
張　著	
周虎臣	政和間任。
李　愚	

李處靖

李好古　本縣人。

王　從

王良孺　建炎間任,遂家焉。子煥之,後徙武義。

姚　渙

張　沆

趙公珦

強友諒　毗陵人,紹興間任。

陳　鼎

黃　謨

王日接

趙伯杲

穆　平

宋　授　青社人,紹興間任。

張　介　紹興間任,差監潭州南嶽廟。

胡　方　隆興間任。

謝　仿　乾道三年任。

劉　巖　乾道四年任。

沈正路　乾道四年任。

陳許國　乾道八年任。

徐　峴

王　淪　淳熙元年任。

林秀穎　淳熙三年仕。強敏有幹略,邑人以爲三十年所未有。

趙伯彬　字德全,淳熙六年任。未幾,以憂去。

范直質　淳熙六年任,差監潭州南嶽廟。

張　咸　淳熙七年任,差監潭州南嶽廟。

翁孟麟　淳熙八年任。

余　桌
王　恬
韓莘叟
任仲志
柴國光
陳昌年　嘉泰間任。
周駿昇
趙文彬
徐榮叟　浦城人。
陳夢弼
陳　勻
尹　煥　字惟曉，號梅津山人。
史華之　明州人。
安溫恭
方夢玉　溫州人，寶祐間任。
周　于　處州人。
周　晟　溫州人，景定間任。
魏　□
徐　□
趙良健　徽州人，咸淳間任。
呂躍龍　以後係權攝。
陳文印　山陰人，咸淳間任。
戚繼祖　宣城人。

元　更名縣尹。

徐德濂　本邑花園人。至元十三年軍前差，死於寇。
呂　鑰　至元十五年本路差。
李　敬

王　恩

王　仁

張　澄　忠翊校尉。至元十七年任。

孫梓材　至元十八年宣慰司差。

高光祖　從事郎，至元十八年任。

寶文禮　至元二十九年任。

苗廷瑞

王　琰　大德九年任。

吳從龍　大德四年任。

李　榮　大德七年任。

房　浩　大德十年任。

粘合完者都　皇慶間任。

范　儀　延祐間任。

鄭　炳

李德元

劉　隆

時治安

胡正己

俞希魯　用中。京口人。能文，有善政。

丁從正　彥端。至正乙酉任。

周　濬　字深伯，號靜淵。括蒼人。

馬　誠

劉完者都

霍正卿

趙師貞

王廷鈺　子固。

劉　逢

國朝 復名知縣。

吕兼明　本縣人,以禦寇功授。奉公守職,民信服之。重建縣廨。

吕文燧　本縣人。詳見雜進。

吳　貫　字弘道。吉水人。洪武元年任。撫民有道,蒞事公平,民懷之。

宋　埜　字耕夫。長於詩。有惠政。

魏處直　字公平。詳見名宦。

宋　顯　梗介有爲。

李　均

紀　齊

傅元信

張　貞

彭子安

官德名

洪孟剛

吳　圯　監生。

梁天佐　廣州人。監生。

徐　叟

劉　瑜　南昌人。進士。洪武十七年任。處己廉謹,治民有惠政。升衡州知府。

張　聰　閩縣人。進士。平易近民,建仁政橋,時稱賢令。

魏　廉　江浦人。監生。

韓　貞　河南人。進士。

翁　哲　海豐人。監生。

李　選　河南人。監生。

劉　吉　真定府人。監生。

李　敬　江西人。監生。

閻　充　河南人。監生。以廉謹稱。

計　澄　浮梁人。進士。開誠布公,民心向慕。升監察御史。

文　生　建安人。監生。

葉應誠　大寧人。監生。廉慎得民。

陳　昱　無錫人。監生。升知州。

何宗海　吳江人。吏員。

孫　禮　宿遷人。監生

楊　軾　湖廣人。監生。

劉　珂　詳見名宦。

高　誼　字時中。裕州人。舉人。

高　鑑　字克明。山陽人。舉人。成化十二年任。有治才。嘗建縣治。

李　參　江陰人。進士。成化十五年任。博學能詩。

王　秩　見名宦。

袁　珍　陽穀人。舉人。成化廿二年任。

張鳴鳳　字世祥。上海人。進士。弘治十年任。廉以律己,勤以蒞政。升監察御史。

上官崇　字達卿。吉水人。進士。弘治十五年任。升徐州知府。

申　綸　字廷言。永年人。進士。正德四年任。

黎　鐸　字文明。陽朔人。舉人。正德五年任。蒞官清謹。

吳宣濟　字汝霖。廬陵人。舉人。正德九年任。以憂去。

胡　楷　字天則。望江人。舉人。正德十四年任。嘉靖元年冬以事去,民皆惜之。

李伯潤　字文澤。山海衛人。舉人。嘉靖二年任。

達魯花赤

元

歐　興　至元十三年任。死于寇。

傅　興　至元十三年任。
孟伯牙歹　至元十四年敕授。
別舍別　至元二十三年任。
阿合馬　麗水人。大德間任。
朵魯不歹　至大間任。
禿千帖木兒　皇慶間任。
伯　顏　延祐二年任。
沙　班　延祐四年任。
不　朵
答木丁
張朋安答兒
伯也歹
馬合謀
沙不丁
乞答歹
伯顏帖木兒
沙不丁
也速達兒
李朵　至治間任。
野士弘

縣　丞

宋

徐　壽　宣和間任。
洪清臣　長樂人。紹興間任。
杜　冰　乾道間任。
陳　駿　紹興間任。

劉仲光　字茂實。永嘉人。

國朝

趙存誠　名學信，以字行，本縣西街人。見雜進。

黃紹欽　見名宦。

周召南　南昌人。人才。

鐵　定　丹徒人。監生。

歐陽齊　臨川人。

徐　勉　河南人。

譚　敏　大庾人。舉人。

朱　俊　廣東人。吏員。

鄧永恭　江西人。

余仕溫　撫州人。人才。

姜得豪　玉山人。監生。

栗　恕　潞州人。監生。

何　淵　湖廣人。監生。

成　秩　無錫人。監生。

陳　宣　鳳陽人。

孫　□　正統間任。

劉　肇　字季木。歐寧人。成化七年任。

張　貴　深澤人。監生。成化七年任。

田　寬　海康人。監生。成化二十年任。

盧　洪　高安人。監生。成化三十三年任。

于　清　虹縣人。監生。弘治五年任。

王　祐　高苑人。監生。弘治十一年任。

程　溫　上饒人。監生。弘治十四年任。

陳　聰　泰州人。監生。弘治十八年任。

林　吉　廣東人。監生。正德四年任。

黃　臻　字天祥。豐城人。吏員。正德九年任。
李景軒　字世華。侯官人。吏員。正德十四年任。

主　簿

宋

姚　松　乾道間任。

胡坦元　本縣人。

元

田　仔　至元三年任。

赤　踐　字榮祖。至元間任。曾建永寧橋。

胡崖孫　至元十六年任。

馬合謀　至元二十四年任。

王秀實　至元二十七年任。

彭　聚　元貞間任。

慈　鼎　大德六年任。

孛　羅　大德九年任。

張　□　至大元年任。

馬德秀　至大四年任。

王惟一

樊世顯　延祐元年任。

王立義　延祐三年任。

丁景恭　延祐五年任。

陳　淵　至正間任。

潑　剌　至正壬午任。

國朝

金　□　休寧人。永樂間任。

陳　忠　淮安人。人才。

何啓明　饒州人。人才。

陳永寧　湖廣人。監生。

陳　斌　廣平人。

賈　正　汶上人。吏員。

陳　璧　南昌人。吏員。

周顯章　貴溪人。吏員。

王　禮　吳江人。

丁復道　九江人。

薛　瑶　北直隸人。

荊　熙

丘　源　孝感人。吏員。

劉　瑾　魚臺人。

李　傑　字士賢。樂亭人。監生。成化五年任。

莊　端　潮陽人。吏員。成化十九年任。

施　璲　福州人。吏員。弘治十五年任。

王　忠　清江人。監生。弘治十年任。

趙思濟　巴縣人。吏員。弘治十五年任。

李　增　曹縣人。監生。弘治十八年任。

黃雅明　字孔昭。清江人。吏員。正德三年任。

曹　健　湯江人。監生。正德八年任。曾捐俸造大成四配神牌、大成門扁。

徐　淇　貴溪人。監生。正德十二年任。

易　智　南漳人。監生。嘉靖二年到任。

縣　尉

宋

張　文　乾道間任。

孫伯虎　見名宦。
謝景安　字達可。長溪人。
吳　芋　字允成。升東陽知縣。

元

胡愈謙

趙　佐　至元二十一年任。死于寇。
楊　泰　至元二十五年任。
徐　立　至元三十年任。
田　進　大德元年任。
周　均　大德三年任。
周伯清　大德六年任。
趙賢良　大德九年任。
程良能　至大元年任。
成　賢　至大四年任。
元也光　延祐五年任。

典　史

元

陳　顏　景淵。吏員。本縣人。

國朝

郭　興

傅　維　南安人。
蘇　祥　南陽人。生員。
方友賢　漳州人。
章正源　晉江人。由進士左遷，尋升禮部主事。
房　蘭　博羅人。
江仲仁　山東人。

劉　澄　山東人。

劉　清

王　暹　潁上人。

顧　忠　崑山人。

向　鑑　揚州人。

羅　信　清流人。

江　浩　湖廣人。

田　制　涿州人。

紀　能　字文通。蓬萊人。吏員。成化五年任。以廉稱。

曹　恭　都昌人。吏員。成化十五年任。

洪　浩　貴池人。吏員。弘治六年任。

陳　珪　華亭人。吏員。弘治十二年任。

艾　虎　安仁人。吏員。正德二年任。

張　霙　宿州人。吏員。正德六年任。

王　訓　字廷振。鉛山人。吏員。正德九年任。

華　祥　字由之。懷寧人。吏員。正德十六年任。

教　諭

元

陳僧祐　本縣人。至元十七年任。

陳幾先　本縣人。至元二十五年任。

薛居仁　本縣人。至正十二年任。

李庚孫

周菊存

李繼孫　元善。本邑人。至正二十年任。

國朝

唐以仁　金華人。寓居魁山。洪武間任。

孔仕安　本縣人。
彭均澤　石首人。舉人。
齊　瑄　瀋陽人。舉人。
梅仲昭　建昌人。舉人。
鄭　瑛　閩縣人。儒士。
鄭　源　永樂辛丑進士，擢戶部員外郎，乞恩授。
馬　□　應天府人。舉人。
朱　芹　崑山人。舉人。
趙孔蔓　吉水人。儒士。
吳　清　吳縣人。監生。
顏　昱　蘇州人。舉人。
陳　奎　九江人。舉人。
劉　敏　字勉行。泰和人。舉人。升教授。
盧　皞　字逢堯。東莞人。舉人。成化七年任。
劉　冠　永豐人。舉人。成化十七年任。
李　璀　南昌人。舉人。弘治二年任。
馮　琨　字君美。崑山人。舉人。弘治三年任。升蘇州知府。
成天章　字天章。無錫人。監生。弘治十八年任。以憂去。
藍　貴　字天爵。荔浦人。舉人。正德五年由知縣改授。
鄭元吉　懷安人。舉人。正德十二年任。
劉　楫　字濟之。新淦人。舉人。正德十五年任。

訓　導

元

陳　璪　本縣人。運使登之曾孫。
胡仲勉　本縣人。淹貫經傳，學者尊之。所著有《石屏集》。
黃元善　俱至正間任。

國朝

呂　熒　詳見薦舉。

胡　復　本縣人。儒士。

姚彥仁　本縣人。儒士。

呂文燧　本縣太平人。

楊應甫　長泰人。舉人。

姜　誠　丹徒人。舉人。

金　法　休寧人。監生。

楊　瑾　應天府人。監生。

吳　繪　吳縣人。舉人。升户科給事中。

鄭　珊　福建人。舉人。

宋　賢

鄧　建　閩縣。舉人。

蕭　彪　廬陵人。儒士。

楊　清　延平人。儒士。

女伯衡　吳江人。監生。

鄧　佐　新會人。舉人。

歐陽汶　字伯魯。分宜人。儒士。

田　麟　字仁瑞。建安人。監生。成化五年任。

林　申　莆田人。監生。成化二十年任。

蒲　雄　晉江人。監生。成化十年任。

羅　徽　福清人。監生。成化二十年任。

張　璽　滁州人。監生。弘治元年任。

蔣　源　壽州人。監生。弘治五年任。

蘇　璉　滁州人。監生。弘治五年任。

張廷槐　字文相。莆田人。舉人。弘治六年任。十五年中康海榜進士,授潮陽知縣。

林　岫　字汝房。監生。弘治十七年任。升伴讀。
盧　潭　字文潔。南平人。監生。正德元年任。
張　麒　字元應。新淦人。監生。正德六年任。升教諭。
艾　瓊　字廷美。郴州人。監生。正德九年任。
劉　珊　字國音。丹徒人。監生。正德十四年任。
張　銳　字進之。甌寧人。監生。嘉靖元年任。

巡　檢

國朝

賈　禹　廣平人。
馬　鶴　直隸人。
蘇　昇
史　謙　山東人。
李　堅　樂安人。
龍　瑩　德平縣人。

驛　丞

國朝

胡　義　永樂間任。曾建永寧橋。
余　興　龍巖人。吏員。成化間任。
王永真
王　剛　黃縣人。承差。
范得鰲　大同人。
邵　紀　東昌人。
田福興　山東人。
吳興鷟　連城人。
翁世綽　莆田人。

劉　倫　樂安人。
龔　晨　金鄉縣人。

務大使

國朝
張　英　連城人。吏員。成化間任。
楊　僎　弘治間任。

名　宦

梁
何　炯　字仕光。臨民寬厚，處事有條，當時以和理稱，民不能忘，嘗立祠於霞裏山以祀之，而唐令周某、王某亦與焉。但周、王皆失其名，政績無考。惜哉！

唐
顧德藩　大中間領邑事，拳拳以養民爲務，嘗作三堰以防旱潦，高堰乃其一也。政有恩惠，民皆德之。

宋
孫伯虎　乾道間尉縣事。文章清古，議論正當，臨機明敏，苊政公方，化頑猾而有條，處繁劇而不亂。民有訟皆請於州，願決之於尉。及攝邑事，民相戒毋以曲事至庭。陳同甫嘗存於周參政葵，曰："伯虎置之繁難之地，必能隨機處置，井井有理。倘薦之於朝，天下將翕然以爲得人。若伯虎者，當今人才中可以一二數者也。"

國朝
魏處直　字公平。益都人。洪武十年知縣事。廉以處己，勤以苊事。嘗正役法，緩催科。修葺學宮，不煩民力。且善剖決，不爲奸欺所蔽。民歌之曰："父母何在在我庭，華溪之水如公清，下民不欺無隱情，我公摘伏如神明。"又歌曰："我邑大夫賢且仁，惠養坐息熙如春。魯恭卓茂炳青史,誰謂昭代無其人。"

　　黃紹欽　交州吳川人。洪武十六年由明經丞縣事。愷悌寬厚,愛民如子,不爲貨利所動。民有役於官而所輸不足者,輒代以己俸而不責其償。事苟可以利民,必熟思而審處之,然於法令之重輕,銖兩不可假借。民稱之不容口焉。義烏朱濂嘗曰:"若紹欽者,真廉且惠,其古循吏之徒歟!"

　　劉　珂　字□□。江西安福人。以進士領縣事於景泰間。廉介無私,勤恤民隱,理繁治劇,綽有餘裕,徵賦不假鞭朴。嘗建仁政橋,民不知勞。且喜推鞠,時有妻妾爭寵而謀殺其夫者,人不知其故,而公得其情。又有平民被豪右誣爲盜者,公廉其枉而釋之。類此者甚衆。其於學校,則時課諸生而振作之,甚得士民心。未幾,以憂去,留之不能得也。侍郎李公棠嘗以賢宰稱之。

　　王　秩　字循伯。崑山人。成化乙未進士,弘治初知縣事。于時庶事頹弛,公莅政未幾,而翕然具舉。抑豪强,扶貧弱,作興士類,選民間子弟以增益之。憫民困於倍輸,乃覈土田以清稅賦,均復其惠。弘治四年大侵,設法賑濟,且肅以威,民不敢爲盜。義所不當得者不取,蓋廉而有爲、惠而有威者也。歷六年,被召而去,士民懷之。

補　遺

　　齊　宣　字永叔。鄱陽人。明《春秋》,旁通各經。永樂間來主教事,誨論諸生當先德行而後文藝,夙夜磨淬,多所成就。善知人,卜諸生柄用無不驗者。秩滿,升溫州府教授。

　　金　□　字叔夜。休寧人。業儒,善詩。永樂間以人材徵爲邑主簿。廉潔無私,淡泊自奉,布衣蔬食,有其門如水之謠。馭下不事鞭朴,民敬重之,而事亦集。去後,嘗見思云。

永康縣志卷之五

進 士

宋

端拱二年 己丑科陳堯叟榜。

胡　則　詳見政事。

慶曆二年 壬午科楊寘榜。

樓　閱　閩縣令。

慶曆六年 丙戌科賈黯榜。

樓定國　仕至職方員外郎，贈少保。

皇祐元年 己丑科馮京榜。

樓　觀　仕至漳州判官。

皇祐五年 乙未科鄭獬榜。

徐無黨　幼名光。五崗塘人。事見文學。

嘉祐二年 丁酉科張衡榜。

徐無欲　幼名明。無黨弟。郡博士。

治平四年 丁未科許安世榜。

陳　愷　仕至部使者。

熙寧九年 丙辰科徐鐸榜。

徐思安　郡博士。

元豐五年 壬戌科黃裳榜。

陳治中

元豐八年 乙丑科焦蹈榜。

陳汝功　仕至縣令。

元符三年 庚辰科李釜榜。

陳次中　愷之子。郡胥倅。

崇寧二年 癸未科霍端友榜。

陳樂天　侍御史。

嚴挺民　仕至縣令。

政和五年 乙未科何㮚榜。

樓　炤　詳見政事。

政和八年 戊戌科王昂榜。

何　同　郡博士。

建炎二年 戊申科李易榜。

胡邦直　忠佐。龍山人。仕至知州。

紹興二年 壬子科張九成榜。

章　服　詳見政事。

徐若納　仕至縣令。

施　爾　仕至縣令。

紹興五年 乙卯科汪應辰榜。

盧　燦　縣丞。

紹興十二年 壬戌科陳誠之榜。

應仕礪　仕至郡守。

何　紳　仕至縣丞。

紹興十八年 戊辰科王佐榜。

周　紹　碧湍里人。

紹興廿一年 辛未科趙逵榜。

劉大辨　寺丞。

紹興廿七年 丁丑科王十朋榜。

應　材　靈巖山北人。仕至太子春坊。封安國公。

趙公丑　縣丞。

紹興三十年 庚辰科梁克家榜。

林大中　詳見名宦。

章　渭　孟容。服子。從政郎。

葉秀實　字廷宗。縣令。

陳公亮　治中從子。仕至右司郎中。

隆興元年 癸未科木待問榜。

應孟明　詳見政事。

乾道二年 丙戌科蕭國梁榜。

胡達可　字行仲。仕至黃州錄事。

徐　木　事見卓行。

乾道五年 己丑科鄭僑榜。

徐　總　必用。無欲子。仕至郡守。

淳熙二年 乙未科詹騤榜。

陳志同　澄江倅。

章　程　郡博士。

俞　厚　郡博士。

淳熙八年 辛丑科黃由榜。

陳之純　治中曾孫。臨安知縣。

陳之綱　治中曾孫。杭州上幕。

李　寀　縣丞。

范九疇　郡博士。

李　翶　通判。

淳熙十一年 甲辰科衛經榜。

章　狹　字敬則。渭之子。事見諫諍。

應雄飛　袁州教授。

劉景修　大辨子。總戎儲屬。

紹熙元年　庚午科余復榜。

胡　槃　德載。邦直子。仕至吏部郎中。

王　碩　主簿。

紹熙四年　癸丑科廷對第一名。

陳　亮　事見文學。

慶元二年　丙辰科鄒應龍榜。

應　淡　材之子。府教授。

方　璿　禮部郎中。

慶元五年　己未科曾從龍榜。

胡　儼　字子溫。邦直從孫。知金溪縣事。

林　愷　字仲顧。羅源主簿。

潘有開　郡教授。

潘子高　秘書，擢郡守。

趙傅霖　字澤民。德清主簿。

應茂之　孟明子。四川都大茶馬。

嘉泰三年　壬戌科傅行簡榜。

陳　殊　無爲軍教授。

陳　振　樂清縣主簿。

應純之　見人物。

章時可　服子。知鄱陽縣。

陳　登　字幼度，號介湖。仕至湖南轉運使。

嘉定元年　戊辰科鄭自誠榜。

呂　殊　字愚仲。皓從子。通判。

嘉定七年　甲戌科袁甫榜。

胡巖起　字伯巖。邦直孫。詳見人物。

李　衛　朝奉郎。

胡　似　字子有。邦直孫。隆興軍通判，至國子通典軍事。

洪　毅　字立之。桂陽軍教授。

嘉定十年　丁丑科吳潛榜。

胡鳴鳳　字仲儀。華亭縣令。

李　采　字伯清。縉雲縣令。

寶慶二年　丙戌科王會龍榜。

胡　佐　字子先。邦直孫。見人物。

章大醇　字景孟。服之孫。集英殿修撰。

應松鑑　謙子。翰林權院。

盧子安　德州判官。

嘉熙二年　戊戌科周恒榜。

趙時範　字西用。魏王後。湖南運幹。胡《志》作湖州。

方嘉錫　將仕郎。

邵　忱　居實。賈魏公薦云："學可造微，才能致遠。"仕至沿江制置司參議。

呂　撫　遠文。武舉渭次子。仕至資政殿大學士。封永康縣開國男。

淳祐元年　辛丑科徐儼夫榜。

陳謙亨　謹獨。浙江提刑。

趙艮夫　必逌從子。司徒寺丞。

淳祐七年　丁未科張淵微榜。

胡居仁　孟博。邦直曾孫。仕至朝散郎。號靜齋先生。

何子舉　號寬居。朝散大夫倫子。樞密院都承旨，知贛州。諡文直。

寶祐元年　癸丑科姚勉榜。

胡雲龍　君遇。邦直曾孫。臨安推官。自號梅心先生。

趙時嘉　時範弟。福州安撫司參議。

呂　圭　禹錫。撫從子。仕至侍郎。

開慶元年 己未科周震炎榜。

章　埜　文甫。狹之孫。信州教授。

景定三年 壬戌科方山京榜。

章光謙　服之孫。郡博士。

咸淳元年 乙丑科阮登炳榜。

陳文杰　登之侄。處州司理。

何逢年　恭州刺史。

章天昇　晉卿。服玄孫。臨安司理。

趙孟璣　孟虎。興鎧從子。江州司戶。

章　桂　月卿。服玄孫。安吉。

咸淳四年 戊辰科陳文龍榜。

趙孟瓊　孟善。興鐸子。泰州司戶。

咸淳七年 辛未科張鎮孫榜。

章如玉　子溫。天有子。建德縣尉。

趙　若　水逢。原西街人。新喻縣尉。

趙孟琛　孟玉。興鐸子。金州教授。

咸淳十年 甲戌科王龍澤榜。

胡興權　正仲。邦直玄孫。有《生理指南》五十卷。

呂榮孫　志父。松陽縣尉。

胡之純　穆仲。邦直玄孫。

周夢桂　縣尉。

陳　合　授郡博士，不赴。

年份無考

黃燦文

盧深夫

葛世顯　廣東提舉。

趙必遒　慶元府參軍。後融州知州。

趙若禧　號田收。時範從子。主簿。所著有《雲外集》。

徐一龍　京教。

應文鼎　茂之子。和州知州。

章大有　服玄孫。平州教授。

章之邵　少菫。仕至郡博士。長於詩，有《雲山犬吠聲柏答，野水禽飛影自隨》，頗有唐人之律，時多稱之。

潘墀　號介巖。仕至太子侍講。

徐仲景

陳彥修　治中子。

陳大猷　仕至國子司業。

國朝

永樂十年　壬辰科馬鐸榜。

謝　忱　詳見政事。

正統十年　乙丑科商輅榜。

樓　澤　濟霖。清渭人。刑部主事。

景泰五年　甲戌科孫賢榜。

周　琦　宗玉。三都人。監察御史。

天順元年　丁丑科黎淳榜。

吳　寧　文靖。四十都人。觀刑部政。

天順四年　庚辰科王一夔榜。

童　璲　思振。信子。翰林庶吉士。

成化五年　己丑科張昇榜。

趙　艮　詳見諫諍。

成化二十年　甲辰科李旻榜。

胡　瑛　德光。一都人。仕至山東副使。

弘治六年　癸丑科毛澄榜。

徐　沂　詳見諫諍。

弘治十二年 己未科倫文叙榜。

程　銈　瑞卿。三十五都人。累官至四川副使。

弘治十八年 乙丑科顧鼎臣榜。

俞　敬　一中。洪州人。南京水部主事。見任延平同知。

徐　讚　朝儀。花園人。監察御史。見任蘇州府知府。

正德三年 戊辰科呂柟榜。

李　滄　詳見卓行。

正德九年 甲戌科唐皋榜。

周文光　實夫。城東人。監察御史。見任江西參議。

應　典　天彝。芝英人。兵部職方主事。

朱　方　良矩。金城人。丹陽知縣。

正德十六年 辛巳科楊惟聰榜。

徐　昭　德新。雙錦人。陸之從子。工部觀政，蕪湖知縣。

嘉靖二年 癸未科姚淶榜。

應廷育　仁卿。芝英人。南京主事。

舉　人

宋

天禧五年 辛酉科。

胡　楷　侍郎則之子。知睦州。父卒，天子聞而悼之，進都官員外郎。范仲淹嘗曰：所至政能有先君風度。

端平元年 甲午科。

呂　黯　剛父。太平人。仕至機宜文字。

嘉熙四年 庚子科。

呂　櫄　儀父。武舉渭幼子。

淳祐三年 癸卯科。

呂　烈　光父。黯從弟。監官主簿。

陳　攀　從龍。任提刑。

淳祐九年　己酉科。

吕　橒　及父。渭次子。仕至國子編修。

淳祐十二年　壬子科。

陳僧祐　有大。中江西漕試。仕元。本縣教諭，升獨峰書院山長。

景定五年　甲子科。

吕　在　識之，號静見。太平人。

咸淳三年　丁卯科。

吕之邵　渭之子。

吕　鑰　景開，舊名懋。太平人。仕元。本縣尹。

咸淳十年　甲戌科。

陳幾先　初皁。仕元。本縣學録，升教諭。

年分無考

應仕珪　德璋。仕至副使。

周　蘭　仕至大理評事。

吕　潭　道深。太平人。所著有《黄班傳》。

夏師尹

趙興鏵　□□。西街人。處州司户。

元

至正十一年　辛卯科。

潘湛然　作泉。十六都人。温州教授。歸隱松石山。

至正十四年

李弘道

至正二十三年　癸卯科。

應顯中　六都人。國朝授宣課司大使。

年分無考

周　灝　縉雲縣尉。

胡一龍　國華。睦州知府。

國朝

洪武十七年 甲子科。

徐　琅　仲琅。花園人。

洪武二十六年 癸酉科。

杜　友　仕文。三十二都人。監察御史。

洪武二十九年 丙子科。

胡　康　克寧。山西人。黟縣訓導。

洪武三十二年 己卯科。

牟　倫　彥政。六都人。仕至湖州府知府。

永樂元年 癸未科。

李　寧　文靖。染塘人。知泗水。悃愊恬靜，士民信愛。秩滿，爭保留之，復任九載。升福建市舶提舉。正統丙辰，致政而歸。

永樂三年 乙酉科。

胡　傑　十三都人。

永樂六年 戊子科。

馬　亨　光濟。清渭人。建平教諭。

盧　甫　周佐。知縣鑑之子。河南中護衛經歷。

永樂九年 辛卯科。

章　安　李靜。李溪人。崑山縣丞。

謝　忱　中應天鄉試。見進士。

永樂十二年 甲午科。

潘　田　天與。湛然孫。

永樂十五年 丁酉科。

黃　煥　彥章。

項　義　子宣。八都人。

顏　濰　永清。廿一都人。柏鄉教諭。

陳　成　伯振。前黃人。溧水知縣。

曹　豫　十二都人。江西布政司照磨。

永樂十八年 庚子科。

汪　吉　文昌。六都人。和州學正。

王　存　性善。上市人。官至鄭府伴讀。

永樂二十一年 癸卯科。

葉　玹　世隆。中市人。

胡　偉　大奇。下溪人。長楊教諭。

王　沄　子淵。睦坦人。

薛　堅　十四都人。尤溪訓導。亦永樂間中式，未詳科分。

正統六年 辛酉科。

樓　澤　見進士。

正統九年 甲子科。

童　信　以誠。十二都人。中順天鄉試。仕至漳州知府。

正統十二年 丁卯科。

周　琦　見進士。

景泰元年 庚午科。

吳　寧　見進士。

景泰四年 癸酉科。

童　璲　信之子。見進士。

胡　良　原善。十三都人。郡庠生。上津知縣。

胡　廉　西溪人。郡庠生。

周　亮　延相。十八都人。郡庠生。中應天鄉試。寧陵訓導。

天順六年 壬午科。

趙　艮　見進士。

成化元年 乙酉科。

吳　潭　文淵。寧之從弟。

成化四年 戊子科。

章　嵩　豫山。安之孫。中順天鄉試。光祿署丞。莅官嚴謹，催江浙派辦物料，凡餽遺一無所取。升署正。

成化七年 辛卯科。

童　珪　邦瑞。信之孫。

成化十年 甲午科。

孫　明　誠之。厚莘人。郡庠生。邵武推官。

成化十三年 丁酉科。

胡　瑛　見進士。

吳　璘　崇節。寧之從子。衛輝同知。

弘治二年 己酉科。

程　銈　見進士。

弘治五年 壬子科。

徐　沂　見進士。

弘治八年 乙卯科。

應　恩　天賜。芝英人。高安知縣。

弘治十一年 戊午科。

李　滄　見進士。

周　正　直夫。琦之孫，玄之子。

弘治十四年 辛酉科。

徐　讚　見進士。

應　奎　天啓。恩之從弟。見任廣信教授。

應　康　克濟。二十八都人。官至衡府紀善。

弘治十七年 甲子科。

俞　敬　郡庠生。見進士。

正德二年 丁卯科。

周文光　見進士。

李　釗　侯度。染塘人。

徐文卿　良相。雙錦人。昭之從子。

金　珪　瑞夫。銅擎人。中順天鄉試。

嘉靖四年 乙酉科。

王　崇　仲德。縣前人。

歲　貢

洪武歷年

徐　堂　允中。雙錦人。監察御史。

朱　良　饒州同知。

陳　顔　三十一都人。監察御史。

邵　嵩

吕　堅　德美。太平人。高堂學正。

朱　濟　九都人。邳州知州。

王仕榮　橙州人。松江照磨。

徐　禮　伯儀。花園人。

陳　定　叔靜。上市人。仕至交趾知州。

王　禮　子會。坊隅人。東宫贊善。

章　良　履善。中市人。監察御史，調雲南府學教授。

楊　倫　弘道。中市人。吉安同知。

項　愈　九都人。監察御史。

邵　端　俊德。十六都人。知縣。

陳德中　九都人。仕至荆州通判。

葉　琥　存敬。太平人。仕至郎中。

楊　安　揚州鹽運司吏目。

周　安　新建典史。

潘　立　泰寧主簿。

牟　倫　郡庠生。見舉人。

永樂歷年

盧　達　古田主簿。

孫　羅　克文。三十八都人。仕至建寧同知。

陳　吉　定□知縣。

李天祐　湖口縣丞。

呂　鍾　德器。太平人。宜興縣丞。

李　芳　子芳。本塔人。安慶衛經歷。

王　愷　橙川人。原武知縣。

謝　忱　見舉人。

徐　光　輝宗。龍虎頭人。南河縣丞。

施　信　尚文。上市人。官至工部主事。

陳　恭

錢　葵

葉　恭　敬忠。西街人。鉛山知縣。

韓　勸　茂修。崗谷口人。晉江教諭。

程　洋　孟洪。二十五都人。歙縣主簿。

葉　懋　八都人。饒陽知縣。

褚　宗　泰州判官。

胡　旺　二十七都人。

陳　蕃　懋德。四十一都人。教諭。

陳　祥　二十六都人。主簿。

陳　艮　鎮疇。十二都人。仕至順天治中，楷書貢。

洪熙元年

陳　勉　曹縣知縣。

宣德歷年

高　源　伯淵。太平人。德州衛經歷。

胡　舜　楊信訓導。
施　良　士賢。上市人。營繕所正。
陳　勝　克仁。十二都人。樂安主簿。
王　渭　子明。睦坦人。
汪　宏　器洪。中市人。唐府伴讀。
高　行　在城人。興化同知。
胡　澤　以下限年貢。
應　通　克達。上市人。濱州同知。
趙　塤　時和。九都人。寧府護衛經歷。
何　汾　士源。四十二都人。四川都司經歷。

正統歷年

胡　珦　二十七都人。閩縣主簿。
徐　福　天祥。叢桂坊人。
柴　育　致和。三都人。
胡　玻　希賢。蔣村人。泰寧知縣。
孫　福　景祥。八都人。常州通判。
童　信　見舉人。
馬　乾　光清。亨之從弟。雲南布政司檢校。
呂　鏘　文和。太平人。以下郡庠生。
胡　玉　廷珪。二十都人。光祿署丞。
周　亮　見舉人。
潘　貴　寧德縣丞。
徐　善　原性。泉塘人。邑庠生。豹韜衛經歷。

景泰元年

姚　盛　景茂。十二都人。鹽運司判官。

三年

徐　旻　以仁。西街人。石碌知縣。

五年

郭　綱　廷紀。十三都人。福安知縣。

六年

李　啓　自明。染塘人。仕至孝感教諭。

七年

錢　勝　大昌。十一都人。桐城主簿。

施　澄　仲濂。十八都人。餘干縣丞。以下郡庠生例貢。

施　源　仲清。澄從弟。清平主簿。

天順二年

應　興　時起。二十九都人。

四年

何　澄　士清。汾從弟。

六年

徐　祐　天錫。四十三都人。

黃　彰　世顯。坊隅人。河泊所官。

胡　錤　以時。坊隅人。錦衣衛倉經歷。

趙　彰　文明。坊隅人。思明經歷。

楊　廉　惟正。坊隅人。永明知縣。

徐　璞　琢之。花園人。邵武推官。

徐　葵　德陽。花園人。太平照磨。

李　悌　順之。厚仁人。衡州推官。

章　忠　廷諫。安季子。無爲判官。

徐　通　時亨。璞從子。晉江縣丞。有愛民父母碑。

胡　銘　日新。曹圍人。通道知縣。

章　嵩　見舉人。以下郡庠生。

陳　廉　十五都人。福建鹽運司經歷。

潘　惠　克順。十七都人。鳳陽主簿。

陳　志　有成。十二都人。武昌衛經歷。以上俱限年貢。
八年
楊　洪　克寬。三十五都人。寧府奉祀。
成化二年
陳　善　嘉祥。坊隅人。鄱陽縣丞。
四年
方　崇　崇岳。九都人。建寧知縣。
六年
顏　洪　任弘。九都人。奉例經歷。
七年
施　能　廷才。十九都人。郡庠生。
八年
李　俊　延傑。坊隅人。龍巖知縣。
十年
王　吉　元吉。葛塘人。建平縣丞。
十二年
陳　震　思德。二十九都人。文登縣丞。
十四年
呂　聰　伯敏。河頭人。六安吏目。
十六年
王　佐　汝弼。十二都亭塘人。典史希賢之子。
十八年
陳　禮　天秩。十二都人。龍巖教諭。
二十年
馬　佐　良弼。亨從子。德安教諭。
二十一年
童存禮　邦嘉。十二郡人。古田縣丞。

朱　俊　尚佐。二十一都人。宜黃縣丞。
朱　傑　尚英。俊從弟。都昌主簿。
李　暕　景融。啓之子。光澤主簿。
徐　隆　邦治。雙錦人。銅陵知縣。
周　賢　希哲。二都人。甌寧縣丞。
李　濂　潔夫。四十都人。
章　瑞　女脩。青龍人。寧德縣丞。
朱　格　克明。二十二都人。邵寧生夷度判官。是年俱例貢。

二十二年
應　震　時亨。六都人。星子訓導。
林　鏘　世和。十五都人。郡庠生。陽江主簿。

弘治元年
陳　瓊　廷器。羅樹橋人。河陽衛經歷。
徐　麟　天祥。東隅人。充貢，尋卒。

二年
朱　楷　克正。二十一都人。郡庠生。

三年
呂　淵　原本十四都人。

五年
應　綱　孝道。事見孝子。
徐　琛　良玉。二都人。郡庠生。隨州訓導。

七年
周　玄　師舜。御史琦之子。貴溪訓導。

九年
曹　勝　天申。在城人。金山衛訓導。

十年
胡　沂　宗魯。坊隅人。長汀主簿。

十一年

童　珍　君聘。信從子。淮府審理正。

十二年

孫　滔　東之。推官明之弟。寧陽訓導。

章　茂　德盛。安之曾孫。郡庠生。

十三年

徐　銳　抑夫。璞之子。

十五年

馬　鑾　大川。乾之孫。官至善化教諭。

十七年

王　琳　舜卿。十三都人。

正德元年

葉　鑾　時英。中市人。杞縣訓導。

三年

趙　思　希魯。上市人。

童　欽　邦富。信之孫。例貢。甌寧主簿。

五年

朱　善　良進。金城人。應天訓導。

六年

俞　玘　郡庠生。見舉人。

七年

胡　相　秉鈞。魁山人。松江訓導。

九年

陳良謨　用嘉。禮之子。汶上訓導。

十一年

林　鉧　利之。十五都人。霍丘訓導。

趙懋功　仲立。艮之子。例貢。

十三年

徐　檜　廷用。花園人。寧州訓導。

徐　訪　朝諧。讚之弟。以下例貢。

金　珪　瑞夫。八都人。郡庠生。

十五年

陳嘉靖　景寧。二十都人。贛榆訓導。

十六年

童　鎮　邦寧。珍從子。

嘉靖元年

應　麟　天祥。典史藥之孫。

二年

郭　惠　天與。綱之子。

三年

陳　泗　道源。杜溪人。

薦　舉

宋

應孟堅　以明經薦，仕至提宮。

李　束　以賢良薦，四川都事。

徐元德　居厚。以薦對策切直，從事浙東觀察府。

元

胡長孺　事見文學。

胡　俞　允成。徽州同知。賢良舉。

吳守道　松陽教諭。

孔克英　丹陽書院山長。

徐　咸　潁州判官。

陳　璪　杜溪人。本縣訓導。

胡　鈞　元鼎。應庚子。仕至袁州教授，乞歸養親，因建白雲樓。
胡仲勉　本縣訓導。
李繼孫　仁善。厚仁人。本縣教諭。
甘　霖　六都人。仕至翰林講書。
吳雲川　贛州教授。
胡崖孫　將仕郎培子。本縣主簿，升瑞昌縣尹。在宋曾爲保義郎。以上明經薦。

國朝

唐以仁　寓居魁山，本學教諭。
王　岳　户部主事。
盧惟善　高川人。試《一統論》，授修武主簿。
盧　琦　三都人。□平教諭。
胡　復　本縣訓導。
姚彥仁　本縣訓導。以上洪武間以儒士薦。
孔仕安　本縣教諭。
胡　禧　仕至理定知縣。
池　裪　文中。温州教授。
陳從善　信豐知縣。
吕　熒　慎明。太平人。明義理之學。有司舉之，得本縣訓導。吳沈霞以才德兼備，薦升周府長史，改刑部郎中。所著有《雙泉集》。
盧　鑑　石柱人。永豐知縣。
李　滋　德潤。染塘人。弋陽知縣。
李　轅　公載。曄之子。宜倫縣丞。所著有《筠谷集》。以上洪武，間以明經。
應用中　仙遊巡檢。洪武間以秀才舉。
徐茂和　武義學官，以文學舉。
吕　基　思恭。臨洮同知。以孝弟力田舉。

呂　墀　伯升。金利巡檢。由薦舉。

雜　進

宋

陳良能　性之。劍浦主簿。

呂　沂　溫□。西安主簿。以上以□□授。

陳廷俊　時義。永豐縣尉。

章　堉　平垣。推官。起兵復婺州，授婺州知府。事見忠義。

章　墅　堉之弟。衢州通判。

呂　然　煥父。懷遠通判。以上以軍功授。

呂鼎亨　器遠。乞恩補文林郎。

呂　渭　遇叔。進士殊從弟。由武舉任翰林幹辦，贈通直大夫。

呂　杰　後父。平江鹽務。

呂　撚　和父。定遠知縣。並渭子。

呂坤叟　登仕郎。

呂志學　梁縣主簿。

呂之才　下班祗候。

呂志道　將仕郎。並渭孫。

厲　庚　迪功郎。

黃大圭　陳亮外祖。閤門宣贊舍人。

章　濤　侍郎服之子。長洲主簿。

方嘉錫　將仕郎。

陳主筠　亮叔。高安主簿。

陳　逮　新班。

胡廷直　信州通判。

葛昌時　中散大夫。

何　倫　清渭人。朝散大夫。

吳明弼　登仕郎。

何師道　修職郎。

夏會龍　登仕郎。

呂　袾　章叔。渭之弟。監潭州南嶽廟。

王太初　撫州司戶參軍。

陳　遠　監臨安排岸。

林子勳　福安知縣。

樓子晏　監徽州贍軍酒庫。

劉　森　承節郎。

胡光祖　監處州酒庫。

周　廉　保定知縣。

林　恢　撫州教授。

樓　泳　松陽縣丞。

方　琮　可器。仕至鎮江知府。甕城保障一方，有惠愛碑，存鶴林寺。

方　焯　制僉。

方　庫　運幹。

方　淼　國史院檢校。

方　羨　嵊縣丞。

萬　序　秩然。翰林編修。

吳　遂　安撫司參議。

林子顯　官至文林郎。

呂　羔　□文機□□字。

李　允　教諭。

周　貴　□岑縣□知縣。

胡日嚴　兩浙兵馬都監。

胡　日　□□學□□。

胡　培　日嚴子。將仕郎。
徐　素　□□□□知州。
李　璋　鹽課司大使。
胡坦元　本縣主簿。
陳　鬴　從仕郎。

元

徐德廉　至元十三年，以招復士民，授本縣知縣。
呂叔茂　太平人。以軍功任武義縣尉。
俞翼之　洪州人。福建市舶提舉。
徐養賢　五崗人。安成巡檢。
陳　顏　景淵。四十都人。本縣典史。
柴　興　三都人。樂清主簿。以上以吏員任。
呂紹遲　號誠齋。饒州石洞書院山長。
胡應辰　監義烏縣稅。
胡應申　台州平準庫使。
胡應庚　常州平準庫使。俱崖孫子。
呂　濟　紹遁子。西安教諭。
呂宗道　濟子。婺州學錄。
方　撫　永嘉知縣。
胡　祐　均興。潭州稅課司副使。
陳　崖　克高。兩浙鹽運使。
方　鏜　益彰。福建廉訪司副使。
方　逢　子遇。岑溪知縣。
胡　義　饒州知府。
馬文翁　資縣知縣。
戚象祖　信州道一書院山長。由金庫□□太□□。
戚宗仁　象祖子。龍門巡檢。

薛居仁　本縣教諭。

曹順睦　東陽教諭。

周時文　邦佐。兩浙市舶提舉。

陳安可　三十七都人。武義大平鄉巡檢。嘗修縣志。

國朝

呂文燧　用明。元季聚義兵禦賊有功,累官之,不受。天兵下婺,籍甲兵,請降。授以翼副元帥兼知本縣事,仕至嘉興同知。

呂兼明　處寇毀□□□民禦之□□□境,授本縣知縣。

盧　得　三都人。初從方國珍,得紹興同知。歸附後,授安陸鎮撫,遂世襲焉。

樓仲和　在城人。武昌知府。

徐積善　子善。五崗人。都察院都事。

王遜英　衡州知州。

胡思德　磁州知州。

周友忠　雷州知府。

柯守志　三十七都人。東平州吏目。

朱伯基　華亭知縣。以上以由老人任。

朱思堯　南安知府。

張希昌　淮安知府。

朱仲智　吉安知府。

金秉修　瑞州知府。

胡　增　霍州知府。

王　興　世榮。坊隅人。東莞知縣。

徐　和　花園人。岳州同知。

應子高　廣德倉大使。

呂南澤　二十二都人。陽穀知縣。

王　善　世良。坊隅人。□縣主簿。

胡伯弘　魁山人。彭澤知縣。
柴義方　與子。浮梁縣丞。
趙履泰　泰州知州。
夏思維　內鄉知縣。
朱思全　金城人。刑部主事。
趙彥成　名臻童，以字行。存誠之孫。寧德主簿。
呂　璧　良玉。永寧縣丞。
葉　然　三十五都人。陝西鹽運使。
周　祈　新建典史。
吳思義　六都人。湖廣兩路口巡檢。
吳德欽　六都人。□縣簿。
徐　遷　升甫。雙錦人。吉安知府。
陳儀厚　十二都人。山東按察司經歷。
徐天錫　伯與。五崗人。吉安推官。
董景祐　溧水河泊所官。
呂自明　河陽知縣。
顏思誠　前黃人。餘姚典史。
黃伯洪　四十三都人。沅陵知縣。
應斯立　戶部主事。
周均實　工曹所丞。
傅彥威　句容縣丞。
曹　彰　江浦知縣。以上由人材任。
趙　□
馬文韶　二十三都人。韶州通判。
陳　格　致方。四十都人。新泰典史。
戚廷玉　百順巡檢。
朱彥本　伯基子。中堂巡按。

朱　暉　彥本從子。寧夏倉大使。
顏宗翔　二十五都人。蘄水典史。
金世昌　三十七都人。沔陽河泊所官。
胡叔寶　二十五都人。事見政事。
胡　著　一都人。錦衣衛倉經歷。
王希賢　亭塘人。南安典史。
應　華　伯光。石牌人。鄱陽典史。
吳　瓊　茂玉。六都人。化石潭巡檢。
應仕政　後杜人。定州衛知事。
魏仲成　二十一都人。崇安主簿。
胡　清　本廉。曹園人。袁州衛知事。
施　忠　沙河驛丞。
應　紀　同安倉官。
陳　寧　仲志。二都人。南安巡檢。
章　洪　叔容。青龍人。寧化驛丞。
王子直　亭塘人。潮州倉大使。
項孟善　莆田典史。
項文鑑　廣州倉大使。
項　田　無錫縣丞。俱孟善子。
項思敬　孟善從子。中護倉大使。
趙文忠　漳州局大使。
呂　林　銅鼓衛倉大使。
薛　旺　攸縣主簿。
薛文玉　旺從子。漳州倉大使。
薛孟遠　典史。
陳　鎰　縣丞。
樓文賢　同安倉大使。

胡　雙　二十九都人。良鄉主簿。

胡　魁　三十四都人。倉官。

朱　彰　金城人。龍州經歷。

盧　杲　三都人。巡檢。

徐　達　孟周。五崗人。徽縣主簿。

應　開　三十四都人。巡檢。

胡　華　廷榮。二十都人。白沙巡檢。

呂　義　河頭人。南京草場副使。

施　奇　十八都人。海門巡檢。

葉　陞　永高。廿六都人。邵武倉大使。

周存勗　廿六都人。縣丞。

柳成盛　三十四都人。柳城主簿。

王　寶　合德。三十三都人。典史。

胡　海　伯川。合德三十三半都人。巡檢。

葉　太　中市人。香山倉官。以上由吏員任。

施　班　傳奉中書。

施　洪　傳奉中書。

童　錄　邦達。信之孫。正德九年援例授淮府典膳。

呂　宏　榮河知縣。

呂文熿　惟明。本府訓導。

甘　陵　廷高。六都人。廣信同知。

呂成宗　維本。蘄水典史。宋自呂杰以下,元自呂紹達以下,國朝自呂宏以下,進途無考。

文　廕

宋

胡　湘

胡　桂

胡　淮　並則之子。副都指揮使。

胡　穆　則之孫。雍州推官。

林　籥　大中從子。司戶參軍。

林　楷　迪功郎。

林　樅　江南轉運司主管文字。

林　栻　歸安主簿。皆大中孫。

林子熙　將仕郎。

林子點　聞鼓院朝議大夫。並大中曾孫。

應純之　事見忠義。

應巽之　機宜。

應謙之　廣西提刑。

應復之　丹徒知縣。並孟明子。

應文鼎　純之子。從事郎。

章　浹　服子。充從進士舉。

吳思齊　事見卓行。

章大任　廣東提刑。

章大中　沿海制置司內機。號東麓。詩鳴於時，有文集。

李文鎮　定國。朝奉衛之子。屢改浙西按撫司僉慎。潛說友薦之云："學本家傳，才優於用。使之爲宰，必可字民。"馬光祖薦云："家學有源，妙齡秀發。筮仕邊邑，籍甚政聲。"升嘉定知縣。

胡　槀　之綱子。欽州司法參軍。脫略豪俊，輕貲急施，人以鄭莊稱之。

呂　燾　澤父。仕至節制軍馬。

武　廕

盧　瓊　鎮撫得子。襲安陸衛鎮撫，調蘭州衛。

本　　得孫。升甘州右指揮僉事，調肅州衛。
貴　　本子。
政　　本孫。相繼襲焉。

封　贈

胡承師　宋侍郎則父。封戶部員外郎，贈吏部郎中。
胡　氏　良妻。封孺人。
童宗盛　刑部主事信父。封主事。
詹　氏　信母。封安人。
陳　氏　信妻。封安人。
章　仁　光祿署正嵩父。封署丞。
盧　氏　嵩母。封孺人。
徐　氏　嵩妻。封孺人。
趙存祐　江西副使艮父。贈給事中。
徐　氏　艮母。贈孺人。
應　氏　艮妻。封孺人。
胡永明　錦衣衛經歷鎮父。贈經歷。
趙　氏　鎮母。贈孺人。
楊　氏　鎮妻。贈孺人。
胡叔盛　山東副使鍈父。封評事。
應　氏　鍈母。封孺人。
呂　氏　鍈妻。封孺人。
徐仕家　廣東參議沂父。封給事中。
樓　氏　沂母。封孺人。
應　氏　沂妻。封孺人。
蔣　氏　沂繼室。封孺人。
程世綱　四川副使銈父。封大理評事。

方　氏　鉎母。贈孺人。

趙　氏　鉎妻。封孺人。

徐　憲　蘇州知府讚父。贈監察御史。

程　氏　讚母。封孺人。

黃　氏　讚妻。封孺人。

俞文治　延平同知敬父。贈主事。

楊　氏　敬母。贈安人。

應　氏　則母。封永樂縣太君，贈永嘉郡太君。

陳　氏　則妻。封穎州郡君。

林　祿　宋樞密大中曾祖。贈太子少保。

陳　氏　大中曾祖妣。贈咸寧郡夫人。

邦　　　大中祖。贈太子少傅。

姚　氏　大中祖妣。贈高平郡夫人。

茂　臣　大中父。贈太子少師。

李　氏　大中母。贈信安郡夫人。

趙　氏　大中妻。贈永嘉郡夫人。

簡　　　大中子。早喪，贈登仕郎。

章　俣　宋侍郎服父。封右奉議郎，贈右朝散大夫。

應氏、陳氏　服母。贈宜人。

陳　氏　服妻。贈宜人。

鄭　氏　服繼室。封宜人。

應　立　宋侍郎孟明祖。贈正奉大夫。

陸氏、邵氏　孟明祖妣。贈碩人。

濤　　　孟明父。贈朝議大夫。

周　氏　孟明母。贈令人。以孝稱。

林　氏　孟明妻。贈衛國夫人。

胡　惇　宋州邦直之綱父。贈中散大夫。

謝仲德　僉事忱父。贈監察御史。
應　氏　忱母。贈孺人。
方　氏　忱繼母。封孺人。
王　氏　忱妻。封孺人。
施孟善　大理評事信父。贈評事。
王　氏　信母。贈孺人。
邵　氏　信妻。封孺人。
施永縉　營繕所正良父。贈所正。
呂　氏　良母。贈孺人。
楊　氏　良妻。封安人。
周　儔　江西參議文光父。封監察御史。
陳　氏　文光母。封孺人。
孫　氏　文光妻。封孺人。
應尚端　兵部主事典父。贈主事。
李　氏　典母。封安人。
朱　氏　典妻。封安人。
朱　隆　南京刑部郎中方父。贈署郎中事員外郎。
胡　氏　方母。贈宜人。
王　氏　方妻。封宜人。

旌　義

國朝正統四年出粟一千餘石助賑濟。
敕旌爲義民者六人　葉宗盛　陳公署　陳積旻　徐伯良　王孟俊　施茂盛

永康縣志卷之六

名 臣

林大中　字和叔。登宋紹興庚辰進士。知撫州金溪縣。郡督輸賦急，大中請寬其期。不從，納告敕而歸。已而主太常簿。光宗受禪，除監察御史，上疏言祀典。遷殿中侍御史。紹興二年春，雷電交作，有旨訪時政闕失。大中言："仲春雷電，則陰勝陽之義。蓋男爲陽，女爲陰。君子爲陽，小人爲陰。當辨邪正，毋使小人得以間君子。當思正始之道，毋使女謁之得行。"侍御史趙善俊得旨奏，公劾善俊而言宗室汝愚之賢，當召。上可其言，召汝愚，黜善俊典郡。江浙西路民苦折帛和買重輸，公言於朝，爲減所輸者三歲。馬大同爲户部，公劾其用法峻。又論大理少卿宋之瑞，皆不報。公以言不行，求去，改吏部侍郎，辭不拜，乃除直寶謨閣，而大同、之瑞皆典郡。朱熹貽書朝士曰："聞林和叔入臺，無一事不中的。去國一節，風義凜然，當於古人中求之。"尋命知寧國府，又移贛州。寧宗即位，召還，試中書舍人，遷給事中，尋兼侍講。知閤門事韓侂胄來謁，陰請納交，公笑而却之。侂胄怨由此始。會彭龜年抗論侂胄，侂胄與内祠，龜年典郡。公同樓鑰覼奏，請留龜年經筵，而命侂胄以外任，不聽。御史汪義端以論趙汝愚去，侂胄引爲右史，公駁之。改吏部侍郎，不拜。以煥章閣待制知慶元府。久之，丐祠，得請。給事許及之繳駁，遂削職。後提舉冲佑觀。罷歸十二年，未嘗以得喪關其心。侂胄既服誅，即召見，試吏部尚書。言吕祖儉、彭龜年、朱熹皆以言侂胄貶黜老死，宜優加旌表。

其他因譏切忤胄以得罪者,望量輕重而旌別之,以伸其冤。除端明大學士、簽書樞察院事。嘉定改元,兼太子賓客。是年六月卒,年七十有八。贈資正殿學士、正奉大夫,謚正惠。見《宋史》。寧宗癸丑歲朱熹坐客有知天文者,曰星變正人當之。熹曰:"其林和叔乎?"已而,公果出臺。去國一節,風誼凜然。

政　事

胡　則　字子正。登宋端拱己丑進士。果敢有才氣。補許田尉,再調憲州録事參軍。時靈夏用兵,轉運使索湘遣入奏邊備。太宗因問以邊策,對稱旨,命記姓名中書。尋改著作佐郎,簽書貝州觀察判官事,後以太常博士知睦州。歲餘,提舉江南路銀銅場鑄錢監,得吏所匿銅數萬斤。吏懼且死,則曰:"吾豈重貨而輕數人之生乎?"籍為羡餘,不之罪。改江淮制置發運使,累遷尚書户部員外郎,遷擢三司度支副使,累遷廣西路轉運使。有番船遭風至瓊州,且告食乏不能去。則命貸錢三百萬。吏白夷人狡詐,則曰:"彼急而投我,惡可拒耶?"已而償錢如期。又按宜州大辟十九人,為辨活者九人。復為發運使,累遷太常少卿。乾寧初,坐丁謂黨,降知信州,徙福州,以右諫議大夫知杭州,累遷河北都轉運使,以給事中權三司,通京西陝西鹽法,人便之。坐侍御史王公假官舟販鹽,出知陳州。踰月,授工部侍郎,再遷兵部侍郎,卒。范文正公銘其墓。見《宋史》。

樓　炤　字仲暉。登宋政和乙未進士,調大名府户漕,遷尚書考功員外郎。帝在建康,炤謂今日之計,當思古今量力之言,察兵家知己之計。力可以保淮南,則以淮南為屏蔽,權都建康,漸圖恢復。力未足以保淮南,則因長江為險阻,權吳會以養國力。於是移蹕臨安。擢右司郎中。紹興三年,炤亦以言者論去。六年,召為左司員外郎,尋擢殿中侍御史,遷起居郎。七年,宰相張浚之兄滉賜出身,典郡,中書舍人張燾封還,乃命炤行,炤又封還,而為權起居舍人何掄書黃行下,於燾皆請補外,以秘閣修撰知溫州。遷給事中兼直學士院,尋兼侍講,除端明殿學士、簽樞密院事。繼命往陝西宣諭德音。炤奏統制吳革爲范瓊所害,知環州田敢、成忠郎盧大受爲劉豫所殺,皆死節義,乞賜褒恤。又奏陝西諸路陷劉豫,郡縣有不從僞命之人,所籍貲産,並今勘驗給還。炤還,則以親老求歸省於明州,許之,命給假迎侍,賜則以金帶。十四年,以資政殿學士知紹興府,過闕入見,除簽書樞密院事兼參知政事。尋爲李文會等所劾,與祠。久之,除知宣州、廣州,未行而卒。謚襄靖。見《宋史》。

應孟明　字仲實,少入太學,登宋隆興癸未進士。試中教官,調臨安府教授,繼爲浙東安撫司幹官、樂平縣丞。侍御史葛邲、監察御史王藺薦爲詳定一司敕令所删定官。輪對,首論:"南北通好,疆場無虞,當選將練兵,當如大敵之在境,而可以一日忽乎?貪殘酷苛之吏未去,吾民得無不安其生者乎?賢士匿於下僚,忠臣壅於上聞,無乃衆正之門未盡開,而兼聽之意未盡乎乎?君臣之間,戒懼而不自持,勤勞而不自寧,進君子,退小人,以民隱爲憂,以邊陲爲警,則政治自修,紀綱自張。"孝宗曰:"朕蚤夜戒懼,無頃刻忘,退朝之暇,亦無他好,正恐或稍晏則萬幾之曠自此始之。"次乞申嚴監察司庇貪吏之禁,薦舉循私情之禁,帝嘉奬久之。他日,宰相進擬,帝出片紙於掌中,書二人姓名,曰:"卿何故不及此?"其一則孟明也。乃拜大理寺丞。故大將李顯中之子家僮溺死,有司誣以殺人,逮繫幾三百家。孟明察其冤,白於長官,釋之。出爲福建提舉常平,陛辭,帝曰:"朕知卿愛百姓,惡贓吏,事有不便於民,宜悉意以聞。"因問當世人材,孟明曰:"有才而不學,則流於刻薄,惟上人之教化明,取捨正,使回心向道,則成必倍於人。"帝曰:"誠爲人上者之責。"孟明至郡,具以臨遣之意咨訪之。帝一日御經筵,因論監司按察,顧謂講讀官曰:"朕近得數人,應孟明其最也。"尋除浙東提點刑獄,以鄉郡引嫌,改使江東。會廣西謀帥,帝謂輔臣曰:"朕熟思之,無易應孟明者。"即以手筆賜孟明曰:"朕聞廣西鹽場利害相半,卿到任,自可詳究其實。"進直秘閣、知静江府兼廣西經略按撫。初,廣西官鹽易官般爲客鈔,客户無多,折閲逃避,抑配於民。行之六年,公私交病。追逮禁錮,民不聊生。孟明條具驛奏除其弊,詔從之。禁卒朱興結集黨里,弄兵雷、化間,聲勢漸長,孟明遣將縛至轅門殺之。光宗即位,遷浙西提點刑獄,尋召爲吏部員外郎,改左司,遷右司,再遷中書門下省檢正諸房公事。寧宗即位,拜太府卿兼吏部侍郎。慶元初,權吏部侍郎。卒,贈少師。孟明以儒學奮身,受知人主,官職未嘗倖遷。韓侂胄嘗遣密客誘以諫官,俾誣趙汝愚,孟明不從,士論以此重之。見《宋史》。

　　章　服　字德文,登宋紹興壬子進士。授青田簿,能緩催科。歷官至兩浙市舶提舉,自常俸外,一無所取。及知建州軍,久缺餉,公足之,不擾於民。守鄂州尤得民心,去之日,民争遮監司道留之。爲侍御史,數疏勸孝宗復故地,且言理財賦以足邊儲,選武勇以備將帥,及辨祥異、黜奸邪,所言皆國家之急務也。遷吏部侍郎,倖臣力請罷之,得旨汀州居住。在汀七年,杜門觀書,世念泊如也。明年得提舉江州太平興國宫。又明年,卒,葬于三石湖之側。陳同甫嘗曰:侍公,語間論天下人物,往往意合,知公金玉人也。

　　胡巖起　字伯巖,欽州司法參軍槀之子也。登宋嘉定甲戌進士。知閩縣,卓行危論,奇文瑰句,士大夫皆自以不可及,真文忠公雅敬之。後爲江西提刑司幹辦公事,值贛州賊兵朱先亂,殺提刑使者,朝廷以陳文肅公愷繼之,相度事宜,指顧間平其難,全活數十萬人。贛人作《平贛録》紀其事,與文肅並祠於學。自號牧庵先生,有文集百餘卷。子居仁,亦登進士,知台州,文辭政事,亦絶出於四方。

　　謝　忱　字維壽,號静齋。由太學生領永樂辛卯應天鄉薦,登壬辰進士,拜監察御史。遇事敢不避權貴,人不敢干以私。巡按各省,詰奸禁暴,無所假借,人稱爲謝閻王。時漢府謀不軌,公得其實以聞,命勦之,賜反屬男女吴德等四人。升四川僉事,歲歉,民多抵法,公求可生之塗。遍地多虎患，示以得虎皮三者免一命，爭搏之，由是虎患息而民命全。卒於官，歸葬之日，行李蕭然。

胡叔寶　初名臻，吏員。正統九年任四川中江典史，平易近民。其地僻陋，教以耕桑之法，修築陂池，以防旱潦，均被其惠。九載，民詣闕保升本縣知縣。初政不懈，且時葺學宫，以作士類。秩滿致政，民留之兩載，又樹德政碑，家肖像以祀之。既歸十餘載，一日沐浴更衣，無疾而終。

文　學

徐無黨　宋皇祐癸巳中省元，登進士。早從歐陽文忠公遊，公嘗稱其文辭曰："進如水湧山出，予欲摧其盛氣而勉其思也。"又稱其"文辭馳騁之際，非常人筆力可到。"仕至郡博士，嘗注《五代史》。

陳　亮　字同甫。生時目光有芒，才氣超邁，善談兵，議論風生，下筆數千言立就。嘗考古人用兵之迹，著《酌古論》。郡守周葵奇之，請為上客。及葵為執政，朝士白事必令揖亮，因得交一時豪傑，盡其議論，乃授以《中庸》《大學》，曰："讀此可精性命之說。"遂受而盡心焉。隆興初，與金約和，天下欣然，亮獨持不可。婺州方以解頭薦，因上《中興五論》，不報。已而退修於家，學者多歸之，隱居著書十年。嘗環視錢塘，喟然嘆曰："城可灌也。"蓋以地下於西湖也。淳熙五年，亮更名同，詣闕上書數千言，勸帝移都建康，漸圖恢復。書奏，孝宗赫然震動，欲榜朝堂以勵群臣，召令上殿，將擢之官。左右大臣莫知所為，惟曾覿知之，將見亮。亮恥之，踰垣而避，覿不悅。大臣惡其直言無諱，交阻之。乃有旨都堂審察，命宰相以上旨問所欲，言落落不少貶，又不合。待命十餘日，再詣闕上書，言尤剴切。上欲官之，亮笑曰："吾欲為社稷開數百年之基，寧用以博一官乎！"亟渡江而歸。嘗醉飲，言涉不敬，或告刑部侍郎何澹，澹亦被亮慢謔，即繳狀以聞。事下大理，笞掠無完膚，誣服為不軌。孝宗廉知其妄，遂得免罪。居無何，亮家僮殺人，又下大理。丞相王淮知帝欲生亮，得不死，歸家，益勵志讀書。高宗崩，金遣使簡慢，亮復上書言恢復大計，不報。光宗即位，策進士，亮入對稱旨，擢爲第一，授簽書建康府判官廳公事，未至官，一夕，卒。吏部葉適請於朝，命補一子官，非故典也。端平初，謚文毅，與一子官。見《宋史》。喬行簡請謚，略云："亮以特出之才，卓絕之識，而究皇帝王伯之略，期于開物成務，酌古理今，其説蓋近世儒者之所未講。平生所交，如熹、栻、祖謙、九淵，皆稱之曰是實有經濟之學。當渡江積安之後，首勸孝宗以修藝祖法度，爲恢復中原之本，將以伸大義而雪讎恥，其忠蓋與漢諸葛亮、本朝張浚相望於後先，尤不可磨滅。"方正學稱其爲豪傑丈夫。孝宗設聽其言，從其設施，未必無成功。而卒不用者，天也。

　　吕　皓　字子陽。自幼穎悟，明義理之學，克己修慝之功，至老不倦。適歲旱，出粟賑濟，補郡文學。受知朱文公，文公薦於朝，未報。適父兄爲怨家所誣，坐罪繋獄者五十餘人。叩閽上書，乞納官贖罪。孝宗義而從之。既歸，益自砥礪。制置劉光祖、郡守王大卿交薦，不起。與陳同甫輩講學桃巖山，自號雲溪。所著有《雲溪集》。

　　吕　溥　字公甫。從許謙學，講究經旨，悉領其要，文馳騁雄博，詩動蕩激烈。治家以禮，冠婚喪祭，一依朱子所定。自號竹溪叟。所著有《大學疑問》《竹溪稿》若干卷。

　　兄　洙　字宗魯。亦師事許公，執經問難，多先儒所未發，同門之士服其精敏。方肆力於學，俄以疾卒，惜哉！

　　胡長孺　字汲仲。性剛毅，博學多文，海内購其詞如獲拱璧，非其人，雖一金易一字不與。咸淳中銓試第一，授迪功郎。與高、彭等號南中八士，後轉福寧州倅。會宋亡，歸隱。至元中，應求賢詔，擢集賢修撰。再轉建昌，攝録事。程文海方貴顯，其外門侵官道，命撤之。至大元年，轉台州寧海主簿。其教士也，必曰嚴恭寅畏；其教民也，必曰孝弟忠信。尋遷兩浙都轉運鹽使司長，謝病，隱杭之武林山。晚得喘疾，正衣冠而逝。所著有《瓦缶編》《南昌集》《顏樂齋稿》《文抄》等書。從兄之綱、之純皆以文學名，人稱之曰三胡。東陽胡翰云："吾學以學術稱者，在至元中則金公吉甫、胡公汲仲爲之倡。"又云："汲仲好施與而愼許可，風烈激于當世，學者尊而仰之。"方正學嘗云："汲仲官甚卑而行甚高。"識者以爲確論。

卓　行

徐　木　字子材。雙錦人，宋乾道丙戌進士，仕至寺丞。盛有才名。朱晦庵與之遊，嘗過其第，書《家人》卦爻辭於其壁。朋友有喪不能舉者，輒助之。陳同甫《與晦庵》曰："徐子材不獨有可用之材，而爲學之意亦篤。"又曰："陳聖嘉之與人交，應仲寶之自處，徐子材之特立，皆吾所願學者也。"

胡　侁　字子先。宋寶慶丙戌進士，授監察御史。時內臣董宋臣竊弄國柄，彈擊不少緩，理宗寵幸未衰，調將作少監以收其權。即日去國，稍治圍田，不復以當世爲意。累召不起，自號雲岫，人稱爲雲岫先生。

石天民　存心仁厚，制行嚴毅，兼該衆善，而歉然以未善爲憂。家雖甚貧，不忮不求。任知軍，爲嚴取保障，誠有守有爲者矣。陳同甫《報朱元晦書》云："石天民此月二十三日赴上，未曾得相見，其貧日甚，而有力者念之不以情，今且全家得飽暖也。"

吳思齊　字子善。學本外祖陳亮，友交閩人謝浦陽、方鳳。用蔭攝嘉興丞，數以書干宋臣用事者言賈似道母喪不宜賜鹵簿，責文及翁顧忌爭不力猶不爭耳。又言御史俞浙以論謝堂去職，宰相附貴戚塞言路，如朝廷何。及宋亡，麻衣繩履，退隱山中。思齊雖有寒疾耳聾，遇事不以勢移，不以貧屈。自號全歸子，有《全歸集》。柳貫其門人也。宋濂嘗贊曰："氣節不群之士。"

陳　璪　字仲節。性質朴，好靜寡言，學甘清苦，介然不苟同於人。經明行修，文詞典雅，清修之吉士也。元至正間，邑宰丁從政辟爲訓導。所著有《節庵稿》若干卷。門人胡仲勉，淹貫經傳，志存於正，所著有《石屛集》。盧誼、林維亦皆以文鳴於時焉。

李　溍　字一清，城西人。謙厚謹飭，靜重寡言。領弘治戊午鄉薦，登正德戊辰進士，拜南京工部營繕主事。廉慎有爲，人不敢干以私。督甓儀真，悉去踵襲之弊。宦官有道此者，欲啓壩以行，其以法難之，不爲所憚。或贈以文綺，堅辭不受。司龍江抽分，執法益嚴，雖宦官同事者亦憚之。公餘潛心六經，以求窮理檢身之方，清修之吉士也。及卒，鄉人各出貲立門以旌之。葬於霞里祖塋之旁。

忠　義

應純之　孟明子。知楚州，兼京東經略使。收捕李全等，所向多捷。李全來歸，乃密請於朝，謂中原可復。史彌遠鑒開禧事，不欲大舉，但敕節制京東忠義軍。既而升兵部侍郎。甲申秋八月，與金人戰，亡於陣。朝嘉其忠，遣使葬之。

章　塤　宋咸淳十年，度宗崩，少帝立，丞相賈似道敗魯港，北師長驅，都城失守。陳宜中擁廣王、益王如福州，以李珏爲浙東制置司，知溫州。未幾，浙東諸郡及婺州皆陷。塤與弟壐捐家貲，募忠勇，得義兵數千，復婺州。珏以聞于督府，授以朝奉大夫直秘閣，知婺州，壐主管官誥院，通判衢州，一時麾下如陳子雲、唐聞皆奮勇入衛。救援不至，六月二十三日，與北師力戰丁鼠山，不屈。七月十九日，北師雲集，城遂陷，塤與壐俱死之。永嘉吳洪傳之曰："塤兄弟少有文名，留滯下僚，卒以孤忠，克奮狥國亡身，功雖不就，其忠憤矣。"

胡嘉祐　字元祚，魁山人。元至正乙未，縉雲篛溪寇應君輔、杜仲先剽掠逼境。乃散財集衆，立保伍。會戍將石抹討賊，率衆助之。時太平呂玄明軍方嚴，求援，元祚曰："吾聚以義合，將以排難存鄉里耳。委而去之，豈義耶？"丁酉，賊寇武平合德，大破之。再戰于前倉，又破之。明日，賊出方巖，玄明與戰不利。又明日，元祚與賊遇於占田，大戰，死之。邑令野速達以聞。宋濂、胡翰傳其事焉。

呂玄明　太平人。元至正間，括寇蜂起，邑民荼毒。乃與兄用明、弟兼明謀以禦之。戰不利，朱世遠自金城、俞榮卿自洪洲，各率衆來會。適行，御史臺行軍都鎭邁里古思將兵至，夾擊之，賊衆大潰，擒其渠魁，境內晏然。因獻計於邁里古思，欲乘勝討方谷珍。谷珍懼，致賂臺官宣差，乃召玄明計事，至則殺之。子堪年十七，聞父難，往視，亦被害，乃及於邁，聞者莫不冤痛。兄李文亦嘗死於賊。楊鶴巖作《義鵑行》以悼之。

諫　諍

章　徠　字敬初。宋淳熙甲辰進士，任右文殿修撰。時陳、賈議貶道學，與朱光祖極言道學之正，光宗嘉納之。趙忠定公罷相，復與章穎抗章，痛劾韓侂胄專政，見黜。寶慶間，召爲講官，遂以宗正少卿兼侍講。卒，贈少師。所著有《凝塵集》傳世。

趙　艮　字時中。西街人。領天順壬午鄉薦，登成化己丑進士，授刑科給事中。剛介敢言。時太常少卿孫廣安奪情起復，公抗章論其不孝。又因災異條陳謹天戒、重國本、恤民艱、鎭邊境四事，忤旨，杖于廷，幾絕。歲丙申，左右請建宮嬪所生二歲皇子爲儲君，公持疏請止。孝廟嗣東宮，公請簡正人爲師傅，以職輔導。越九載，升本科都給事中。先是，重臣王越被劾，銜之，因譖於中官汪直，誣以言事不謹，謫四川盧山令。孝宗登極，升江西按撫司僉事，歷副使而卒。歸葬於鯉龍溪裕坑之源。

徐　沂　字希曾。花園人。弘治壬子領鄉薦，癸丑登進士，授刑科給事中。屢進讜言，不畏強禦。時壽寧侯張鶴齡等縱肆中官李廣專擅，嘗抗章論之。後以恩改任南京工科給事中。通政使毛倫貪酷，被劾致死。又奏罷歲取蘇州細密苧布及福建改機、陝西駝絨，民皆稱便。升廣東參議,卒於官,歸葬于邑東橋塘之源。

孝　友

呂　源　字子中。居太平,性孝友,嗜學。兄皓嘗語之曰:"充其義以行於家,而及於鄉,可也,何必應舉求仕進?"躬行此言,執親喪,哀毀踰禮,苦塊三年。兄所欲爲,必先意成之。嘗置義莊、義倉、義塚,且別爲小廩,收恤閭里棄兒。病革時,兄遊江陵,仰天大號曰:"不及見吾兄一語而訣,吾目不瞑矣。"人莫不哀之,郡邑以孝弟聞於朝,贈通直郎,旌表其門。後溪劉光祖銘曰:"宗族稱其孝弟,鄉黨服其仁義。"

應　綱　字恒道。上市人。幼喪父,母胡氏守節,撫育長成,送學充弟子員。母命未嘗少違,母或有憂疾不食,亦爲之不食。□□□□□錢塘使朝,覆其舟,同載者俱溺,綱以母□□□□水中若有所援,得不死,人皆以爲孝感所致。後任歸德州訓導,迎母在任,愛敬益篤。母歿,水漿不入口者三日。廬於墓側三年,哀毀踰禮。弘治十七年有司奏聞,旌表其門。見《孝宗實錄》。

金　銘　澤民坊人。天性孝友,父崇仁遘癘疾,百力購醫,不起。或言入部藥可療,□齋沐禱天,刲股合劑以進,其疾遂瘳。兄滕貧無自存,銘敬養始終如一,宿逋咸出己有以償。善客游異愛。有梅姓者,借銘四十兩,欲鬻婦以償,銘憐而貰之,遂焚券不問。嘉靖庚寅,分巡吳公詢訪得實,書"旌淑"二字以表其堂。侍郎徐公讚惜其没,亦有贊以嘉之。其爲人大略如此,因記之以爲世勸云。

遺　逸

胡　侃　字子仁。宋人。初應賢良方正直言極諫科。科廢,遂退處西湖,築雪江講堂於三賢堂側,求古人之學,專以治心爲本,學者宗之。嘗後書慈湖一,楊文元公隨答書印可。所著有《西湖詩》等集。

韓循仁　字進之。明經潔行,屹然古道。居崗谷,以山水文籍自娛,不以貧寠介意。遭時艱,甘心恬退,私淑後人,以師道自重。一時名士如宋公濂、吳公履皆莫逆友也。宋公嘗勸之出,卒不易志。所著有《南山集》。《自遂》詩:"百歲光陰一夢間,可憐衰老值時艱。文章小技知何用,富貴浮雲只等閑。懶向閭閻談世故,且憑樽酒破愁顏。平生只羨龐高士,采藥雲山竟不還。"宋公略曰:"耆年碩德,爲後進所矜式,濂四十餘年老友也。"

　　唐光祖　字仲遑。教諭以仁之子,宋說齋先生裔也。性端靜朴實,克承家學,清修苦節。邑大夫累以人才起之,不就。號委順夫。有《委順集》。子道隆,孫蔭,皆淳朴好古,有祖父風焉。

　　應　恂　字子孚。胡庫人。性醇行朴,讀書好古,屬文不事富麗,治家勤儉,一介不苟取於人,訓子孫必以義方,引後進人亹亹不倦。凡居室、器用、衣服惟質素是尚。且非公事,不至公室。臨終,戒薄葬不用浮屠。享年八十有四,始終如一日也。自贊有曰:"不能執中,寧過於厚。不能有爲,寧過於守。"號純朴翁。所著有《純朴集》。

遊　寓

　　王焕之　大名人。自幼穎悟能文。父良孺,宋紹興間知縣事,因家焉。後徙武義。

　　戚崇僧　元人,字仲咸,世居金華。因父象祖僑寓邑之太平,往省,遂卜居焉。性恬静,從許謙遊,潛心性理,旁通諸子百氏。扁其書室曰"朝陽"。授徒謹,問學者敬憚之,尊爲朝陽先生。所著有《春秋纂例》等書。卒,葬於義烏雙林鄉下頓後祝之源。

　　聞人夢吉　字應之。金華人。父桂山翁,得王魯齋傳,與先生自爲師友,義理所在,必深究密察。不出户者十年。信道甚篤,持己應物,一本於誠。私淑後人,先道德而後文藝,執醇而不變,含和而有曜,隱德之君子也。門人私謚曰凝熙先生。壬寅三月卒於邑之寓舍。

葬於合德鄉洄上之源。

李曄　國朝人。字宗表。從汴徙家錢塘。遊永嘉鄭公僖門。僖奇其才，而妻以女。學成，結草閣北關門外以居。後避兵金華，翶翔東陽、永康間。有司舉於朝，補國子助教。未幾，以病免。卜築邑之魁山，開門授徒，與士夫詠觴酬唱以相樂，略不以貧窶介意。所著有《華閣集》。子轅，為詩能繼其家，號筠谷，有《筠谷集》。

貞婦

杜氏女　宋宣和庚子，妖臘起，所在哺聚。里有悍賊，謁杜氏門，大言曰："以女遺我，否則族汝。"其家驚泣。女曰："無恐，以一女易一家，曷為不可？"其家以告，賊謹笑以俟。乃沐浴盛飾，繫帛于梁而圈其下，度不容冠，抽之，籠其首，整髮復冠，乃死。其家遑遽號叫，賊亦驚去。陳龍川贊曰："學士大夫遭難不屈者或一見焉，而謂女子能之乎？方杜氏之不屈以死，尤未足難也，獨其從容處此而不亂，無異乎子路之結纓，是其難也。"

陳氏女　宋宣和辛丑，括寇猖獗。官軍捕之，所過乘勢抄掠。道永康，富民陳氏二女并為所執。植其刃於旁曰："從我，婦之。否，則死。"長女掠髮，伸頸請受刃。官軍斫之。陳龍川贊曰："世之喜斥人者，必曰兒女態。陳氏之態，亦兒女乎？"

周氏女　十六都周二三女。幼受鮑勤聘。鮑家日替，父欲改嫁，胡執不從。正德甲戌，有陳姓者亦欲娶之，脅以勢，遂投于水，不死，而求者愈急。乃自縊。時年十九也，聞者冤之。已上俱烈女。

應氏、周氏　應，章侯妻；周，其姒也。二人相驩如同產。宋宣和初，方臘亂，咸走避。應病足，與十歲兒居，周亦欷歔不能去。應曰："吾以足致死，命耳。姒無病，宜急避。"周曰："生死同之，何避焉？"未幾，賊入。周、應俱遇害。當殺應時，兒泣謂賊曰："勿殺我二母，殺我足矣。"賊怒，并刃之。宋太史濂曰："婦有長舌，維厲之階。婦姑勃溪者有矣，況娣姒乎？娣姒相能者寡矣，況與之同死難乎！若永康二婦者，何其賢也！何其賢也！然二婦不同死，人未必責之。世之將相，當以身徇國，反作狐鼠竄去，抑又何哉？雖有鬷如戟，吾知其不二婦若矣。哀哉！"

陳　氏　胡蓋妻。正統己巳，處寇掠境。陳急自外氏歸，道遇寇，以刃加其首，曰："從我不死。"陳紹之曰："我從，我從。"押赴前行，至塘濱，棄子于岸，投水而死。聞者慘之。

盧　氏　厚仁李淳妻。適李，一載而寡。一男一女俱早喪，家貧甚，紡績而食。伯叔強之再醮，不允。姒娌勸之者，即與絕。以死自誓，乃歸。倚於兄弟，受賂，反脅之使從。盧度終不免，乃紿之曰："吾所以不從者，以夫子未薦、服飾未備耳。逮明年清明薦而從。"衆以爲然。乃陰辦殮已衣衾，且製生者喪服，藏之。及期，具牲品，祭夫子，宴家衆，哭拜而辭。是夕，沐浴更衣，置夫神主於几，哭至雞鳴而縊。曉視其室，涕血盈壁。啓其所藏，衣衾巾絰耳。莫不哀之。以上烈婦。

呂　氏　何文直公頎之妻也。年二十九，頎亡，一子甫三月。至元丙子，盜劋掠村落。呂囊篋蕩空，艱辛萬狀，人勸其更適。呂曰："一馬不披二鞍，況人乎？寧餓死耳。"展轉劬勞，以鞠其子。至治二年，有司以聞，表其門。壽至九十而終。

徐　氏　葛吉甫妻。年二十七，吉甫亡，二子皆幼。徐親井臼，勤織紝，養姑撫子，略無怨咨。嘗自誓曰："修短命也，離姑棄子，無仁義也。寧死不易吾志。"洪武十年，有司上其事而旌之。

陳　氏　名妙智。高川王和欽妻。年二十九，和欽喪，生一子。值處寇之亂，携其子避居方巖。亂定還家。每寒燈雪屋，機聲至夜分不止，聞者憐之。洪武十六年旌其門。宋太史濂傳其事。

葉　氏　花園徐與道妻。年二十六，與道亡，一子甫三歲。其姑應氏亦少寡，與子語曰："與其相守而苦，不若別處而安。"葉曰："飢苦事小，失節事大。棄姑與子，而自圖安飽，異日何以見夫於地下？"孝慈益至。洪武十六年旌之。宋太史濂有傳焉。

何氏　太平呂堪妻。堪父玄明，聚義兵討賊，爲臺官所殺。堪往視，亦遇害。何時年十九，無所出，以姪三錫爲嗣。矢心守節，年至六十八而終。洪武辛巳六月旌之。

謝氏　諱驚。楊汶妻。汶供役赴□京，卒于張家灣。時謝年二十五，聞訃痛哭幾絕。或憐其事，乏嗣，諷以改醮。謝曰："夫有兄子可繼，安可屈節哉！"終不易志。

曹氏　三十六半都王士濂妻。年二十九，夫逝，哀毀幾斃，截髮置棺曰："妾不即死以從君於地下，以有遺孤在也。"織絍資家以訓子。年歲九十，父老欲上其事，曹曰："此女職常耳，毋庸是也。"識者義之。

俞氏、吳氏、陳氏　俞，染塘李軻妻，年二十九守節。子祿妻吳，年二十四寡而無子，誓繼姑志。孫齊妻陳氏，年十九亦寡，時娠方二月，即自誓曰："守節女子之常，況李氏世德乎？"終不再醮。台郡王一寧題其堂曰"一門三節婦"。

徐氏　同知和之女，適吳珪。年二十三，珪亡，遺孤二。恐人奪其志，乃囓指示信。刻苦守節，以壽終。

曹氏、章氏　曹，高川盧弘妻。年二十九，夫亡，誓不改醮。姪任三妻章氏，年二十七亦寡。或諷其無嗣改適。章曰："獨不能效曹節婦耶！"苦節以終。時稱盧氏變節云。

周氏　可投應敬妻。生一女，敬寢疾，度不能起，謂周曰："汝少而無子，吾瞑目後，宜再從人。"周慟曰："吾聞婦人從一而終。"以死自誓。敬卒，年方二十有四，乃撫姒子茂爲嗣。門地日替，而操守日堅。年七十一而卒。

葉氏　名蓮，進士吳寧妻。生二女，年二十九，寧亡。方疾革，持與訣曰："汝年少無子，奈何？"蓮曰："斯言何至於我哉，知有死而已。"乃撫二女以居，每遇忌辰，輒哀泣不自勝。年八十二而終。

胡　氏　濱州同知應通冢子永和妻。年二十六，永和卒。或憐其蚤寡，諷令再醮。胡剪髮自誓，屏華飾，務勤儉，奉養厥舅，撫訓諸孤，各底成立。遣次子綱入邑庠爲弟子員。年踰七十始終。有司以其事聞，成化二十一年奉旨旌表其門。見《憲宗實錄》。

李　氏　在城徐仕妻。年二十五，仕亡，家貧甚，一子在抱，未幾亦亡。舅憐其孤苦，命之適人。徐曰："與其失節，寧飢餓而死。"後有富室求之，叔伯受賂，筵媒灼。李哭罵，以米水潑在席者，欲自殺。衆知其志不可奪，乃已。常紡績自給，至六十餘。有侄嗤之曰："叔母蚤適人，安有今日之苦？"李怒曰："老侄亦爲是言耶！"即今年八十，始終一節，識者嘉之。

李　氏　花園徐叔高妻。年二十九，夫亡，一子甫三歲。甘心守節。父母令其再適，不從，因收回義田以困之，亦處之裕如。居靜室，不輕出閫外，年踰五十而卒。

陳　氏　花園徐季順妻。年二十四，夫亡，生一女。堅心守節。父母憐其年少無子，諷令再適。乃以死自誓。常獨處一室，凡宴會未嘗親赴，且處妯娌如同胞，撫諸侄如己出。田產爲侄所破，略不介意。雖貧窘日甚，處之如裕。弘治十八年，有司曾奉詔優恤。年踰八十而終。

盛　氏　石門童芝妻。年二十而寡，遺腹生一子。其家窘甚，姑與伯叔逼令改嫁，因携子避歸母家，終不從。迨今年八十餘，始終一節。

陳　氏　名濂。洪州俞淮妻。年二十六，淮亡，哀毀幾不自保。一子甫三歲。勤於紡績，足不出門限，雖至親兄弟，鮮與交接。即今年七十有三，人無閒言。

陳　氏　十都董璁妻。年十九，璁亡，一男方踰月。甘守無二志。有求娶者，堅執不從。至今垂白，莫不嘉之。

應　氏　上市徐澄妻。年二十四而孀幃，遺孤在抱，家甚窘，備嘗艱辛，略無異志。越六年，富室賕家衆欲刦而去，潛避得免，剪髮自誓。有司聞而嘉之，嘗復其家。

徐　氏　沿城黃二一妻。夫亡時，年二十七，貌妍無子。有巨姓欲娶之，乃剪髮自誓。家事日落，志節愈勵，年踰七十而卒。

李　氏　曹園胡塞妻。年二十三，塞輸賦溫州，回至中塗，死于水。生一子，甫十月，伯叔勸令再醮，堅執不從。年七十三而終。

徐　氏　三十一都應八十五妻。年二十二，夫亡，遺腹生一子。家貧，甘心自守。伯叔兄弟強之再適，哭而謝之。每用一小僮，以給薪水，稍長則易之。即今年六十餘，始終如一日也。

陳　氏　橫□李寶妻。年二十四，夫亡，一子未成童。誓不再適。綜理家事，撫訓遺孤，終無異志。至今年踰七十，人無得而議之。

呂　氏　荆山趙鎬六妻。年三十，夫亡，遺腹一子。誓不改節，乃歸倚於兄弟者屢年。子亦蚤世，撫二孫以居。迨今年九十餘，鄉里稱之。

樓　氏　二都王謙二妻。年二十四而嫠，一子甫三歲。時多有求之者，堅執不從。紡績自給，備嘗辛苦。即今年幾六十，終無二志。

陳　氏　年十七適高州周傑。僅七載而夫亡，長子方三歲，次子生一月。家貧甚，紡績以給，誓無他志。即今年六十餘，鄉人莫不憐其苦節。

林　氏　名金。橋下朱樞妻。年二十七而寡，長子甫三歲，次子僅八月。甘心守節，今年七十有七，人無得而議之。

干　氏　一都胡璽妻。年二十三，夫亡，無子，甘心守節，無二志。逾七十二卒，人無閑言。

應　氏　年十八，適十三都王廷璉妻。年二十而寡，一子未及期年。誓不改節。家艱厄於火，亦終無閑言。

胡　氏　名妙麗。十九都施昂妻。年二十六，昂亡，一子甫五歲。以《柏舟》自誓，甘守始終一節。

方　氏　十二都姚世五妻。年二十一而寡，撫□□遺孤以居，苦節清心，甘守無二志。今年幾六十，人無閑言。

補　遺

政　事

朱仲智　金城坑人。洪武末，由人才任吉安知府，以廉介自守，刑政清簡，吏民畏服。尤注意學校，凡齋舍廊廡及奎文、藏書二閣皆所修置。

遊　寓

唐以仁　金華人，説齋先生裔也。悃愊無華，從聞人夢吉先生學，與景濂宋公相友善，學行爲夢吉所重，妻以女。元季兵起，因奉夢吉避地，所築邑之東都魁山下。不求勢利，恬然自得。洪武初，邑令吳弘道薦爲本學教諭，嘗以身率先諸生。善吟詠性情，有《耕餘稿》若干卷。

永康縣志卷之七

古　蹟

鎮守千户所　縣治北三十五步，舊縣丞廳址。

鎮守百户所　一在縣東南四十里，地名和樂營。一在縣東九十里，地名靈山，今爲巡檢司。

尉司　縣西七十六步。元至元十三年毀于寇，二十三年尉趙佐重建。元亡遂廢。

義豐鄉巡檢司　縣南十里，地名麻車頭。設於元，今革。

合德鄉巡檢司　縣東南一十八里，地名李溪寨，即宋溫、處四州都巡檢司址。

拱辰驛　縣東北六十里，舊曰尚書堂驛。

行春驛　縣東南二十里，地名李溪。

憩堂　縣堂西。大觀初知縣徐嘉言建。

敕書樓　洪清臣《記》云："藝祖皇帝制詔郡邑建樓以藏敕書，惟時守令，畢力殫慮，奉以周旋，罔敢失墜。夫刱業之初，鋤剔夷荒，掃闢區宇，抑艱難矣。時方底定而辰心懇惻，誕布綸音，顧多屬意於天下。敕書樓何哉？蓋天子恤民之深，憂民之切，所賴以共治者，守令而已，爲其耳目接於民，號令易以行故也。然天下之大，千里寄一守，百里寄一令，人民社稷之所係，責任重且專矣。其人之賢否，未可必也。苟得賢者爲民師師，則可以廣宣惠澤於天下，蒼生咸被休福。若其貪冒以怵於利，阿附以屈於勢，殘黎元以傷仁，溺宴安以縱欲，其視上之誥爲何如？往往從挂墻壁，雖耳目接於民，號令易其行，如適擾之也，民何賴焉？非獨守令，亦爲國之大患，茲固藝祖之深意也。永康，婺支邑，建樓崇奉敕書，厥惟舊矣。宣和間，睦寇竊發，猖狂入境，官舍民居，蕩爲煨燼，民力日益窘。官吏或牽制不敢爲，或侄偬不暇作，因陋就簡，迄二十餘年，未曾復古。紹興辛酉秋，毗陵公友諒來領是邑，顧其門户褊迫頹圮，而藏敕於廳事，大懼無以稱國家垂訓之旨，乃諗於同僚曰：'布德和令者，天子之惠；對揚休命者，臣下之職。方今邦家再造，王化復行，尤賴郡邑之臣各共爾職，以敷播天子之惠慈，當廢壞之久，可不因時營造哉！'爰相舊址，增卑而崇，拓隘而廣，鳩工度材，談笑以辨。經始於季冬之己巳，落成於明年孟春之庚午。役方閱月，而土木之工，丹艧之飾，恍然一變，危梯層簷，翬飛壯麗，前此未有也。然不靡於公，不勞於民，人駭其成，若天造地設，不知此特政治之餘事耳，公何有哉！公之意本於奉行敕命則治之政也，崇侈樓觀則政之具也。圖治而知其政，乃足以底治；爲政而知其具，乃足以行政。茲樓成而二者兼得矣。至於崇學校以教士，載酒殽以勞農，坑治廢者，寢興庫廩，敝者必葺，新館舍以便往來，制刻漏以謹昏曉，凡所措畫，亦莫不然。曾未及朞，庭無留訟，獄無繫囚，而邑人宜之，可不謂政治之效歟！昔子路之治蒲，孔子及其境，見田疇易，溝洫理，知其民盡力；入其邑，見墻壁固，林木茂，知其民不偷；至其庭，見庭頗清閑，諸下用命，知其政不擾，故三稱善而美之。而今而後，道由華溪者，觀公爲政之具可知矣，安得不以是稱頌耶！清臣備員二令，不欲使無傳，書之以告來者。"

　　安樂堂　近千户所。

　　仁政樓　在縣東南偏，與舊酒務近。薛孝友《賦》云："邑惟古麗，郡屬東陽。分疆占花錦之區，公署抱雲山之勝。桃泛溪於三月，松化石於千年。客亦知其所以然乎？是天造地設，神仙之所宅也；數葉氣鍾，魁宿之所儲也。鴻儒碩德磊落間出，誰謂今之非昔也？居圻甸而輔輦轂,咫尺天光;撫民物而命臺郎,風流人望。席清河之公子,挺柱石之良材。剏百尺之危樓,布三年之善政。朝登暮陟,左顧右瞻。一視同仁,萬象咸若。碧紗捲而靄收,紅綺除而霞斂。風興而水縠皺,雨止而煙練橫。快宇宙之清明,喜物情之舒暢。鳶飛魚躍,天機動也;鶴唳猿啼,天籟鳴也。垂虹臥波,徒杠成也;簇鱗障堤,編氓居也。巍巍峨峨,而屹立乎其間者,斯樓峙也。山崔嵬兮糟粕積,波瀲灩兮醇酊溢。小槽將而真珠碎,巨觥舉而長鯨吸。來者醒而往者醉,歡呼而絡繹,陶陶春風和氣中,而不知其誰之力。吾知之矣。我有田疇,令尹均之;刻木爲孽,令尹斥之;衡石爲蠹,今尹拆之。琴堂靜而錦鳩來巢,獄市清而瑞粟兩岐。吾於斯時,可不登高而賦詩。詩曰:'仰觀俯察總相宜,鏤玉欄干珠箔垂。紅粉佳人情不薄,挽吾共倒黃金巵。'客聞而笑,緩歌相答,且曰:子詩止於樓中,而未及乎樓之外也。時序推遷,氣象萬千,極其形態,曷止是焉!春柳鵝兒黃,春江鴨頭綠。釣艇從客煙水村,好入聚絹圖一幅。秋風主桂枝,秋月涵林麓。玉漏舒徐河漢斜,好借洞簫吹一曲。於是覽四野之奇觀,寫四時之佳致,重斗牛以徘徊,引壺觴以慷慨。笑造物之難憑,悲虛舟之不繫。曷若浩歌於斯樓,放懷於斯世,矧仁政之流行,而幸吾身之遭際也哉!嗟呼!滕閣可存,王記誰續。令嵩嶽之誕彌,奏充庭之絲竹。爰茸篇章,是贊是祝。其辭曰:'修棟翬飛插九霄,依然滕閣倚江皋。羅帳秀幨香風軟,玉液瓊漿品味高。一札十行褒德化,千秋萬歲保勳勞。他時圖上麒麟閣,莫小斯樓氣味豪。'客曰:令尹之仁政彰矣,吾子之謳歌善矣,而可徒作乎!焚香而書,再拜而貢,非敢導諛,采諸輿誦。"

宣明樓　縣治西三十步,府公館西偏,毀于火。

道愛堂　廳事後。宋紹興十九年縣令宋授建。尹穡《記》云:"夫子曰:君子學道則愛人,小人學道則易使,此子游爲武城宰,以其所聞而行之也,去古良遠,不可見矣。且以今一縣所先,莫若賦,賦入,而聽訟乃其後焉。夫世未有有田而利田之入無田之稅者,亦未有爲民無争訟,有争訟無曲直之理者,此豈與古異哉！若其爲宰者曰：事催科則罷民之力,盡曲直則傷民之情,將以是自謂愛民,可乎？曾子曰：'君子之愛人也以德,細人之愛人也以姑息。'以姑息而愛人,而賦以是必入,訟以是必無,將不愈於古哉？或使其懲之不時者悔於積,抑之不中者復於强。始也顧其衣食之須,終也靡其基業之素。始也洒其鞭笞之懲,終也輕其誅殺之禍。此非姑息而愛之,乃姑息而害之,古之君子,不至是也。夫有田而樂出租稅,有訟而樂聽曲直,雖今之小人,號爲學道易使,宜不過此。爲君子者,欲以其道愛人,亦不過催科也,吾循其時；聽訟也,吾與其宜。夫是則上不失其愛,而下不失其所以愛,乃是吾夫子所謂道,非曾子所謂姑息,而古今之所同焉者也。青社宋授宰永康,始一年,賦以時入,訟以理服,民既克安,宰亦甚樂。乃築室於廳事之東,以爲休暇所居,僚友所集,而丐穡以名,乃扁曰'道愛'。又爲記之,使相繼來者知學於夫子之道,當不愧於夫子之言,亦庶幾斯堂雖久而不廢,雖弊而更新焉。"

清白堂　廳事東。

宣詔亭　譙樓外東偏。

班春亭　譙樓外西偏,與宣詔亭對峙。

浮花亭　縣西偏二十步。

防火池　浮花亭西,與亭相近。

縣尉廨　縣北七十六步。

常平倉　縣西五十步。

稅務　縣北二百四十步。續遷市心,又遷叢桂坊左胡信没入官,屋今廢,基存。

酒務　仁政橋東。

小崆峒洞　縣東五十里龍窟山之陽。

花錦地　見大界嶺。

銅牛人跡　縣西十七里。有石高一丈五尺,上有牛、人二跡,各長八寸。

仙人壇　縣西二里,有石高八尺,周百步。俗傳昔有仙車環佩,遊憩於此。

仙人橋　鬪牛山北有二石,上闔下開,在山之腰,故名。

松石　見延真觀。

龍川書院　縣東六十里龍窟橋下,宋狀元陳亮築。

菊軒　崗谷韓循仁築。宋濂《銘》云:"韓先生進之,以耆年碩德爲州里後進所矜式。文章問學既不獲用於世,乃寄情於菊花。東籬之下環植之,無慮數十本。蓋以菊有正色,與先生所稟正性相符,故當風露高潔之時,獨致其妍,而非凡花艷草之可同。先生,濂四十餘年老友也。雖不能文,爲著《菊軒銘》一首,先生當爲我刪之。銘曰:菊有正色,具中之德。君子法之,以無頗無僻。菊有落英,斯德之馨。君子食之,則不爽厥貞。菊兮君子兮,合爲一兮! 紛無忒兮,永爲民則兮!"

宅　墓

徐無黨先生故居　五崗塘。

狀元陳公亮故宅　龍窟。

少師應公孟明故宅　可投。

雲溪先生呂皓故居　太平。

石塘先生胡長孺故居　龍山。

質庵先生陳璪故居　杜溪塘北。

義士胡元祚故居　魁山下。

韓先生循仁故居　崗谷。

草閣李先生故居　魁山下。

樞密林公大中墓　火爐山南。樓鑰撰《神道碑》云:"開禧元年十有一月四日有旨,樓鑰、林大中召赴行在。先是,平章軍國事韓侂冑專國弄權，啓兵端，禍及南北生靈，國勢幾殆。主上赫然震怒，俾誅殛之。更化善治之始，才一日而有此命，公足以當此矣，鑰何以堪之！公字和叔，婺之永康人。曾祖禄，太子少保。妣陳氏，延寧郡夫人。祖邦，太子少傅。祖妣姚氏，高平郡夫人。考茂臣，太子少師。妣李氏，信安郡夫人。皆以公貴追贈。初，少傅隨母嫁盧氏，再世承其姓，公始復爲林氏。公少篤志問學，文章自出機杼。紹興二十七年入太學，文行俱高，士論歸重。三十年，登進士科，調左迪功郎、湖州烏程縣主簿。貧甚，俸簿，郡欲月有贈餽，卒謝之。所立已如此。乾道六年，丞貴池縣，用薦者改左宣教郎。淳熙三年，知撫州金溪縣。郡督財計太急，公堅請寬以數月，不敢有負。又貽書至再三，不聽。公取誥敕納之州，求劾而去。守愧謝，許之。邑民感公之深，恐其受責，競輸于郡，已而視歲額反加焉。差役繁，公多端寬恤，受役者無異詞，有先一年而預定者。丁少師公憂，役人泣曰：'反誤我矣。'七年，知湖州長興縣，在浙右號難治。公益究心官事，民情孚洽，若有相之者。縣境高於太湖，歲旱河涸，米價翔貴，已有攘奪之患。民寡蓋藏，官無贏蓄。公方憂慮而無策，夜半湧水自荻浦灌河，聲震數里，米舟輻輳，闔境以爲神。和買比經界前增四之三，公必欲寬之，推見衆弊，獲免者四五千户，增餘輸以實者怡然。訟牒必竟曲直，不許私和。或謂恐益多事，公曰：'此乃省事之法也。'以是訴訟日稀。期限寬而信，可展而不違法。去如始至，所下文移無一紙遺於民間。二邑遺愛，殆今未泯。詹侍郎儀之力薦於朝，十年，幹辦行在諸司糧料院。十二年冬，求補外。同擬者四人，孝宗皇帝指公與計衡姓名，曰：'此二人佳，可除職事官。'遂除太常寺主簿。十四年，遭内艱。十六年夏，除諸王宫大小學教授。時光宗皇帝初即位，詔侍從舉察官。户部葉尚書翥等四人俱以公薦，擢監察御史，論事無所回避。紹熙改元三月，御批賜公等曰：'臺綱正則朝廷理，委寄匪輕。言事覺察，各有舊制。兹示朕意，各務遵承。'公謂：'臺官不當踰越分守，誠如聖訓。然居此職，以抗直敢言爲稱。'遂與同列答奏,有曰:'職有常守,期各務於遵承;言所當言,庶不辜於委寄。'自是風采益振。五月,遷殿中侍御史。三年三月,兼侍講云云。在臺首尾四年,最爲稱職。知靜江府陳賈、知潭州趙善俊皆極論而罷云云。上因問今日之臣孰賢,公以知福州趙汝愚對。遂召汝愚,此諫行言聽之始也。鄧司諫駔忤旨,公請曲加優容。丞相留正丐去,公奏乞宣諭使安相位。身居言路,而伸諫省之氣,誦宰相之賢,他人不敢爲也。公入臺論事云云。公曰'言事不行,只有一去,更無可商榷者'云云。監文思院常良孫以賄遭重劾,公奏:'此人死有餘辜,然其曾祖安民爲元祐名臣,高宗皇帝念其以忠直斥死,擢其子爲中司。願特免其決,寧加遠竄。'公勇於逐方用之從臣,而拳拳於一繫囚如此,排擊固多,此皆其著於政者也。至其議論,尤爲切直而當理。論君子小人,大概曰:'趨向果正,雖小節可議,不害爲君子。趨向不正,雖小有可喜,不失爲小人。正者當益厚其養,無責其一節之過差,以消沮其正大之氣。不正者染絕其漸,無以一節之可喜,而長其奸僞之萌。則君子得以全其美,而小人無以客其奸。'又論:'今之事莫大於讎恥之未復,此事未就,此念不可忘。然事變不常,我有備而後可爲,彼有釁而後可乘。恢復固未容輕議,惟此念存於心,如靈寢如見於羹墻,故都如見其禾黍。于以來天下之才,作天下之氣,倡天下之義。根本既立,紀綱日張,而治功可得而成矣。'雷雪求言云云。嘗論邊事云云。又奏律有別籍異財之禁云云。江浙四路以和買折帛重困云云。欲求對補之策,以寬民力而固邦本,於是減其輸者三歲。公初論版曹鉏齬者幾月,僅能去之。繼論棘鄉至四章,不報,遂明以姓名申尚書省而力求補外。故除吏部侍郎,丐外祠,除直寶文閣,與棘卿俱爲郡。後省同奏留公,且言:'當與被論者有別。'公尋知寧國府,改贛州,而卿以祠去。何正言異因對,上謂曰:'林大中好,朕甚念之,以爲易章貢見次矣。'贛爲劇郡,公一以平心處之。文移期會,動有成規,截斷曲直,不可搖動。聽訟初有數百,後惟十餘紙，猾吏豪民爲之束手。所奏便民五事云云。五年七月，主上登極，趣召公還。贛石至險，公欲行，不雨而水高數尺，怪石盡沒，俗謂之清漲，殆出神助，趙清獻公以後，惟此得之。九月，除中書舍人。十二月，遷給事中，尋兼侍講。公言得制誥之體，而繳詞批敕，風裁如臺中時。佗胄來見，公接之無他語，使人通問，因願納交，又笑却之。會彭侍郎龜年抗論佗胄甚切，公連名上疏云云。初，趙丞相登政府，汪義端爲御史，力攻之不得，遂罷去。至是佗胄引爲右史，公又駁之。除公吏部侍郎，不拜。除煥章閣待制，知慶元府，時慶元元年。公清心寡欲，無一物可以動其念。日坐黃堂，非二膳不入。決剖民訟，是非立辨。郡齋有盜若鬼神之狀，公以此爲黠賊也，必欲捕治。已而果然，前政所失器物亦皆得之，由是奸人屏息。城門有河，而江湧抵隍，河漲潮登，幾混爲一，行者病之。公聞之，撙節浮費，得二萬緡。委官置局，命富室財力兼備者七人，分董其役，悉以石爲之。民不知擾，指日而成，凡二十五里，而利及永久，民用歌之。二年，求祠，得請。未行，銀臺駁論，鐫職罷祠而歸。公怡然而行。五年四月，提舉武夷山冲祐觀。六年，引經有請，復原職致仕。未幾，御史摭四明異政一二以爲最謬，再落職。嘉泰三年十月，再復職。一閑一紀，退然一布衣也。去邑居三里，得龜潭之勝，作莊園，時挾書以往，客至則擷杞菊、取溪魚以佐酒，談笑自適，有獨樂之風。既有召命，令州軍以禮津遣，又促其行。始到闕，而吏部尚書之命已五日矣。內引奏對，玉音嘉獎。公首論無求更化之名，必務更化之實。力陳朱熹、彭龜年、呂祖儉以論擊佗胄皆以故矣，量輕重旌表之，以伸其冤，且以爲直言之勸。是月，除端明殿學士、簽書樞密院事。嘉定改元閏四月，公兼太子賓客。謂所親曰：'年登八十，豈堪勞勩，獨念和議未成，未能體承聖訓。'然和使未來，而公薨矣。公孝於親，友愛諸弟。悉將先疇分與之，又官其從子二人。悼亡之後，自言子雖早殁，三孫足以承家。有奏議十卷，外制三卷，文集二十卷，藏於家。冒暑待疾，猶自力以趨朝謁。六月壬申薨於位，上爲之震悼，賜水銀、龍腦及銀絹各五百，東宮亦致賻焉。享年七十有八，積官至朝議大夫，爵東陽郡侯，食邑一千一百户，食實封佰户。贈資政殿學士、正奉大夫。有司將輟祭，力辭之。以二年十一月己未葬公於縣之長安鄉南塘山之源。有司定謚曰'正惠'，特添差從子簹爲婺之司户參軍護其葬，朝旨轉運司應辦，可謂終始哀榮矣。娶趙氏，先十八年卒，贈永嘉郡夫人，至是合祔焉。子簡，以公樞密恩例，特贈登仕郎。女七人：長適從仕郎陳矞，次適進士胡一之、王越，宣教郎應懋之、喬時敏、趙遜、孫杙。孫三人：楷、樅，並迪功郎，監西京中嶽廟；棫，湖州歸安主簿。曾孫四人，子熙、子點並將仕郎。餘未名。女五人，尚幼云云。楷等求銘，義不容辭。發揮幽光，愧弗克稱。《詩》曰：'我心匪石，不可轉也。我心匪席，不可捲也。'范太史稱司馬溫公曰：'其清如水，而澄之不已。其直如矢，而端之不止。'嗚呼！林公其幾於是乎！銘曰：儒者之行，或流於偏。猗與林公，行幾於全。喜怒未發，公名斯得。發而中節，以表公德。學以致身，政能及民。秉心無競，掇皮皆真。具區灌河，贛石清漲。心與天通，動有陰相。謹終如始，視險若夷。非通非介，不磷不緇。遇事敢言，獨立不懼。兩視天官，不合則去。號三不欺，藹然吏師。四明之政，實親見之。風生柏臺，節著鎖闥。百責橫加，清聲四達。歸老龜潭，若將終身。更化之初，首圖舊人。上喜見公，俾貳宥府。望尊朝廷，名落夷虜。經綸未究，胡不憖遺？一鑑云亡，殄瘁何悲！子產遺愛，叔向遺直。孰能兼之？視此銘刻。"華溪驛，其故宅址也。

少師應公孟明墓　靈巖山。

狀元陳公亮墓　龍窟山。侍郎謝鐸吊之詩："英雄一去已千年，獨立西風思惘然。正好攘夷圖治日，九原誰共起龍川。"又云："生芻一束萬年情，欲拜龍川竟未能。讀罷三書毛髮竦，不勝豪氣尚憑陵。"

經略應純之墓　李溪，地名官山。

聞人夢吉先生墓　郭公巖下，地名泗山。義烏王禕銘。

侍郎胡公則墓　錢塘履泰鄉龍井之原。范文正公銘。

戚仲咸墓　義烏雙林鄉下頓後祝之原。黃文獻公銘。

樞密樓公炤墓　武義太平鄉。

達人墓　北鎮廟後。俗傳胡公祖墓有石羊，欹側溝中，有石碑，刻"達人之墓"四字。今亦湮没。

邑前古墓　礧石爲塽，在平地上。

義　塚

國朝正德九年奉巡按袁公宗儒檄建。　每里一所，附郭一所，地名黄塘嶺。

遺　書

《論語孟子解》《易解》　俱章服著。

《易集解》《易或問》　俱胡之綱著。

《尚書集解》《尚書或問》　俱胡之純著。

《春秋屬辭》《六經發題》　俱陳亮著。

《孝經釋》《論語釋》　俱胡伉著。

《五經通志》《春秋辨説》　俱胡長孺著。

《太極圖説》《太學辨疑》　俱吕泩著。

《五代史注》　徐無黨著。

《四書儀對》《春秋纂例原指》　俱戚仲咸著。

《戰國策注》　胡之純著。

《龍川文集》　陳亮著。

《雲溪集》　吕皓著。

《雲外集》　趙若遷著。

《凝塵集》　章俫著。

《雲谷集》　胡邦直著。

《維揚集》《金陵稿》　俱胡居仁著。

《雲岫集》　胡侁著。

《牧庵集》　胡巖起著。

《生理指南》　胡興權著。

《全歸集》　吳思齊著。

《竹溪集》　呂溥著。太史宋濂《序》："《竹溪雜稿》詩文共若干卷，永康呂公溥先生之所著也。先生蚤歲受學於許文懿公謙，學識淳明，操履方正。隱居鄉里，躬行孝悌，爲士林冠冕，後進楷模。讀書著文，以終其身，真無愧于文懿公之訓矣。文懿公之設教，正以講明義理、真知實踐爲事，不爲賦詩屬辭之傳，不習爲舉子時文之指授。先生此集，但以平時學力之所至，信筆成文，自有條理，雖無意于蹈襲前人軌轍，模仿已成機軸，然其意趣清新，議論明暢，形於言辭者，日有過越於人，世有竭力研磨、苦心鍛鍊，以求句語之工、自顯於世者，鮮能及之。先生既歿之三十有六年，其從孫文堅得此集於先生之子果，特以示余，俾書其言于後。先生與余先君子裕軒翁爲同門友，文堅又方受詩於余，以明經應賢能之薦，其請有不得辭也。是用書此，以發明先生之所著矣。"

《瓦缶編》《南昌集》《顏樂齋稿》《文抄》　俱胡長孺著。吳淵穎《序》略云："鄉予嘗見永康先生胡公錢塘寓舍，每嘆古今道術之異，及今覽其所著論，則尤得其父兄淵源。師友講習，是非取捨之或不同者，蓋自近世周、邵、二程始推聖賢理數之學，以淑諸人。然而學者秘之，則謂其學之所出者，遠有端緒，不言師承。而今說者乃稱濂溪之所授受，實本於佛者之徒。先生至爲論辨以著明之，是殆當世士君子之所深感者也。先生號南中八士，及宋內附，或以先生姓名薦，遂召見，意謂先生且大用。復出而教授廣陵，凡歷數任，僅爾出沒于州縣之下僚。觀其所至，教士也必曰嚴恭寅畏，教民也必曰孝悌忠信。此其道術之正，仕處之合，文章之懿，政事之著，誠有大勝於今人，是豈苟然之故而遂已者哉！曾不數年，先生竟以衣冠沐浴端坐而逝。予方無以終事，徒識其遺言，撫其墜稿，而且繼之以涕泣，不能自已。嗚呼！臨長川而後嘆，逝者尚可得耶！"

《南山文集》　韓循仁著。

《石屏集》　胡仲勉著。

《復古編》《歷代指掌圖》《昭穆圖》　俱戚仲咸著。

《雙泉集》　呂慎明著。

《質庵集》　陳璪著。其《自序》云："古者四民皆有常業，而世襲之，故《記》曰：'良弓之子，必學爲箕；良冶之子，必學爲裘。'自三代以降，風俗衰薄，爲子孫者，皆失其世守，而士尤甚。每見近世大儒之裔，至不識丁，甚可憫也。予家自始祖而下，皆以詩禮傳，至曾祖介胡始以儒達，以至于今，家道雖微，而儒運自若。予少貧，爲學一曝十寒，十七八始學吟，二十復輟學，深懼先世之業不繼，故學雖廢，而事務之暇，吟詠情性，不敢忘其所習，凡有所作必録之，欲以示文脉不絶之意。是詩雖文不足而意則真，其間辭氣之純駁，識見之淺深，亦其學之次第也，今皆存之，以見進學之序。仍有雜文、時文各爲一編，儻吾後人以文脉爲重，幸傳之勿失。"

《草閣集》　李曄著。長史宋濂序："詩之體製雖始於三百篇，歷代作者遞加緣飾，至李唐而後大備。其五七言律及絶句，既前此所未有，古風、歌行、樂府諸作，往往上逼建安，蓋詩道之盛至是極矣。當是時也，惟杜子美、李太白爲冠絶古今，雖以韓子之才，而猶稱二公之文光焰萬丈，則非人所及可知矣。自是以來，能詩之士，代不乏人，終莫能追蹤李、杜。其有能悉心探索者，竭志模寫者，則亦各自名家，流傳不泯，蓋二公天才，力學所以自得之妙，固未易深契。然其律吕可按，矩度可尋，故學之者真積力久，未有不自成以至可傳者也。錢塘李君宗表，善爲詩，精熟清新，氣雄而辭暢，一出李、杜二家機軸。其友天台徐一夔，嘗稱其緣情指事、機動籟鳴，無窮搜苦索之態，而語皆天出，不煩刻雕，不渝盛唐之家法，識者以爲的論。君初居錢塘，少從進士永嘉鄭僖公學，僖奇其才，以女妻之。學成結草閣北關門外，若將老焉。後避兵金華，翺翔東陽、永康二邑間，有司嘗舉上考功，奏補國子助教，未幾，以病免。卜築永康，開門授徒，與其邑之人士詠觴酬倡以相樂。其没也，胡伯弘既葬之魁山下，而其子轅，又以瓊州宜倫縣丞没于官。君之詩猶是多散佚，徐孟璣與伯弘及其友生陳公明相與哀輯，得古今詩四百餘篇，唐仲遷編爲七卷，將鋟諸木以傳，徵余爲序。既喜公之詩，又多諸友之義，故書此以見君之詩得其詩法而用力非淺，信有可傳者焉。君名曄，宗表其字，學者稱爲草閣先生。子轅，字公載，爲詩能繼其家，不幸蚤死，士林惜之。"

《筠谷集》 李轅著。

《委順夫集》 唐光祖著。

《純朴翁集》 應恂著。

《孝經章句》 應綱著。

遺　事

恤遺解紛　宋吕汲，字仲修，太平人，號水西翁。自奉薄簡，好施予，給族人不能自食者以廩。歲大侵，爲粥食貧人，所全活以千百計。又善解紛，里中無賴者假鹽誣平民，蔓延甚衆，力辨於官以免。子機，好讀書，亦能賑鄉里之急。人或懷嶮巇以相傾，忍弗與校，有乃父風焉。

發粟賑饑　元李叔安，家饒裕。大德丁未歲凶，乃發粟以賑貧者。未幾，求食者萬計。叔安作大釜煮粥以食之，賴以全活者衆。

爲夫報讎　吕玄明妻朱氏，因夫舉兵討賊有功，遂欲乘勝討方谷珍。時臺官已受賊賂，宣差召而殺之，子堪亦被害。朱乃借助於東陽陳顯道，追至道中，擒宣差還，就夫靈，生取心以祭。

爲鄉解難　馬文韶辦事陽武侯府。適永康歲歉，貧民競挾富家粟。有司張大其事以聞，上命侯往剿之。文韶哀告曰："永康之變，實飢窘所迫，無他意也。願勘而後行。"侯如其言，民保無恙。

不爐不扇　林宗署質性樸古，自築土室以居，巾服儼然，冬不爐，夏不扇，疏食飲水，讀書至老不倦，不妄交接，不入城市，不識者目之爲腐儒。其家譜云：大中十世孫也。

遇賊不去　樓某，三都人，好讀書，人呼爲腐儒。正統己巳，處寇剽掠過其家。衆皆奔避，某獨不去。賊以草索繫於樹。賊既去而返，猶立於樹旁，乃引至賊次，厚以延之。後見賊復出，止之，曰："爾曹當力農以求食，何乃爾？"遂爲賊所害。

俞統還金　俞統，交厚人。其地產麻，商人市之者，寄白金若干於其家。未幾，家爲洪水所衝，妻女俱殁，時成化十九年也。水平，商人號泣而至，統曰："無憂也。家雖破，而白金幸存。"遂挈以還之。

施棺埋殍　倪大海，九都人。弘治四年旱，煮粥以食貧人，死而不能殯者助之以棺。祖父死，廬墓三年。

爲父報讎　朱海，父承宗，與顏永和隙。永和率衆夜入其家殺之，竊其一肢而去。有司捕獲繫獄。海不勝憤憒，乃集家人搗入獄中，殺永和，亦取一肢，以雪父冤。官以法繩之，遇宥獲免。

祥　異

大有年　弘治五年。

星變　弘治八年九月十六夜，有星如月，自東南流於西北，有聲如雷。正德十六年正月初一日，慧星見。

雨雹　弘治十三年正月，雨雹大如卵，屋瓦多碎。正德十年三月十六日，雹。四月初一日，又雹。

五月霜　正統十四年五月八日丁亥，天雨霜。是年處寇猖獗，本縣被害尤劇。

大雪　成化十九年冬月，大雪一夜，深五尺。正德十年正月二十七日，大雪，彌旬乃止。

地震　弘治十八年九月十三日子時，地震。

水灾　唐永徽六年，水害稼。宋宣和十八年八月，大水。淳熙十二年六月，大水。慶元三年九月，水害稼。嘉定三年、九年、十五年，皆大水。國朝成化十九年，大水，漂溺人畜田廬不可勝記。正德五年、十六年，大水壞田塘甚廣。

旱灾　宋隆興七年，旱。開禧元年夏，大旱。嘉定八年，旱甚。國朝景泰丙子年，大旱。成化廿三年秋，旱。弘治四年，大旱，民采蕨食之。正德三年，大旱，自五月至十月不雨，民采蕨根、樹皮、野菜以聊生，餓死者甚衆。正德五年，旱。

火灾　宋宣和三年，邑遭寇火，縣治、廟學、民居皆盡。元至元十三年，又厄於火。國朝正統十四年，寇火尤甚，公署民舍，一無所存。弘治十一年，火，下市民舍多毀，而延及布政分司門、城隍廟門。正德八年三月，城東火，沿河民居幾盡。十六年二月，火，從仁政橋西延及譙樓。

蟲灾　宋慶元三年，螟。嘉定十四年，蟊螣。國朝弘治六年、七年，螟。

臍出胎　三十二都呂德妻杜氏，年二十餘，娠十三月，時歸寧外氏，腹痛幾絕者十日，而臍漸潰，胎自臍出，婦竟無恙。正德十年四月二十三日也。

寺　觀

興聖寺　儒學後，舊名新建。齊永明二年建，有二鐵塔峙于殿前。又有大釜，圍一丈五尺，高五尺，俗傳舊時飯僧所用者。

上封寺　縣東北一里，舊名光義，晉天福二年建。

壽山寺　舊名桃巖，梁普通元年建。

洪福寺　石室山，舊名弘福，唐會昌五年建，咸通八年更今額。

普利寺　縣東八十里,舊名桐山,宋開寶九年建,武平鄉。

法輪寺　縣西二十里,舊名慶安,晉開運元年建,四都。

興福寺　縣北二十里,舊名普安,漢乾祐二年建,俗名石佛。

延慶寺　縣北四十五里,舊名金峰,唐天祐元年建,地名九里坑。

寧國寺　縣東北十八里,舊名普濟,唐天祐元年建,地名朱明。

净明寺　縣東北二十五里,舊名龍山寺,梁大同二年建,地名清渭。

西不二寺　縣西二十三里,舊名龍回,晉天福元年建,地名廿三里。

澄心寺　縣東北五十里,舊名九洩,唐光啓三年建,地名太平。

普明寺　縣東北五十里,地名龍窟,唐咸通二年建。龍川陳亮記。

大通寺　縣東北六十里,舊名翠峰,梁大同四年建,地名青山口。"大通寺裏題詩處,竟日晴雲繞筆端。蘇昔醉來偏好佛,陶潛老去不求官。紺樓未午鐘聲動,綠樹生秋雨氣寒。因學山僧燒筍法,瓦盃行酒馨交歡。"右李曄詩。

妙净寺　縣東北五十里,舊名華釜,晉天福二年建,地名柯楊。

護法寺　縣東北六十里,舊名護國,晉開運二年建,地名黃巖。

真寂寺　縣東六十里,舊名方山,晉天福元年建,地名峽山。

明梵寺　縣東四十五里,舊名甘泉,唐清泰二年建,地名胡庫。

福善寺　靈巖後,唐長興四年建。

崇法寺　縣南二十里,舊名普光,宋乾德中建,地名官山,廢。

崇福寺　東山後,唐長興四年建。

興梵寺　縣東十八里,舊名祇園,晉天福二年建,地名羅樹橋。

光慧寺　縣東南三十里,舊名上安,周廣順四年建,在三十九都。

饒益寺　縣東南四十里,舊名山門,周廣順元年建,地名石廓。

法蓮寺　縣南五十里,舊名美容,晉天福十年建。

無垢寺　縣東六十五里，舊名乾安，晉天福八年建，地名峽上。

翠峰寺　縣東一百五十里，舊名靈山，唐廣明二年建。

净嚴寺　縣西七里，舊名華巖，晉天福七年建，五都。

天清寺　縣西十五里，舊名天心，晉天福二年建，地名青龍。

慈化寺　縣北十五里，舊名天宮，晉天福二年建，地名小樟塘。

精修寺　縣西南四十五里，舊名仙居，後唐長興二年建，地名首領裏。

永光寺　縣西十五里，舊名永昌，晉天福二年建，地名華山。

普濟寺　縣西北四十五里，舊名清泉，錢氏寶大元年建，地名柳村。

東覺明寺　縣東北十八里，舊名朱明，晉天福七年建。李曄詩："招提重到處，秋色正紛紛。紅葉皆新句，青山只舊雲。姓名雖動俗，心跡喜離群。因與閑僧話，相忘落日曛。"

惠日寺　縣東北四十里，舊名觀音，宋乾德二年建，十九都。

净土寺　縣東北四十里，舊名鳳山，晉天福七年建，地名箭山下。

澄真寺　縣東北五十里，舊名保安，周顯德二年建，地名石倉巖。

長壽寺　縣北六十里，舊名壽溪，晉天福七年建，地名太平。

明性寺　縣東北四十五里，舊名西禪，周廣順元年建，地名柯楊坑，今廢。

廣慈寺　方巖山，唐大中四年建。

寶勝寺　縣東北四十五里，舊名齊雲，唐光啓二年建，天祐三年改名法和，俗名大塢寺。

仙遊寺　縣東北三十里，舊名石門，梁大同二年建，二十九都。

金仙寺　縣東一百十里，舊名仙山，唐咸通二年建，地名鹿蔥。

明智寺　縣東一百十里，舊名馬駿，唐咸通三年建，地名黃彈。

净勝寺　縣東二百四十里，唐咸通二年建，地名儜溪。

勝福寺　縣西二十五里，舊名西興，晉天福三年建，地名火爐山，宋大中林公墓在焉。

普澤寺　義豐鄉，地名泉口□□□□□□：普澤據石龜之山，負崗面溪，蓋永康名區也。宋嘉熙初，里人李彪度其形勝可爲浮屠所，因創焉。復捐己田畝以贍衆僧。

法華寺　縣東二十里，地名李溪，葛世英舍宅爲之，舊在縣東七里，名天福。宋遷下溪，名法華。後廢，遷今所。

延福寺　縣南四十里，地名歷山，周廣順二年建。

布金寺　縣東十里，原名香城尼院，晉天福八年建，地名長塳。

西覺明寺　縣西北二十里，宋咸淳間建。

安覺寺　縣南十里，地名山後，廢。

安覺寺　縣東南四十里，晉天福二年建，宋大中祥符□□□更今名。

東勝福寺　縣南二十里，地名永盛，其先係陳登墓庵，元至元間改今額，陳濂記。

西勝福寺　縣南十五里，二都，陳登祖庵，元至元間請今額。

齊雲寺　縣東北三十里，唐光啟三年建，地名龍山。

化成寺　縣東北二十五里，舊名香城，晉天福七年建，大宋祥符元年重建，易今名，地名石塘下。

定惠寺　縣東四十五里，地名靖心，後唐天成元年建。

東不二寺　縣東北二十里，晉天福元年建。

明福寺　縣東七十里，舊名普福，晉天福七年建，今廢。

聖安寺　縣東六十里，舊名乾安，晉天福七年建，今廢。

永壽寺　縣西二十三里，宋景定二年建。

三峰庵　縣北隅，元至元元年僧了義建，毀於火。

香林庵　縣西三十里，元至元間建，尋廢。國朝洪武六年僧梵音重建，今併入延慶寺即是。

延真觀　縣北六十里，舊名青林，梁大同二年建，宋大中祥符中改今名,有石□,高三尺許,其狀如松,俗傳唐道人馬自然指松而化,宋嘉泰間相旁立亭,名曰松石館,陳昌年建立。至治壬戌復建,黃縉記。□□□:"昔日追遊地,今來路不迷。樹深重閣晚,天闊亂山低。玉訣憑誰問?松醪不自攜。倚欄成獨立,醮筆一留題。"

崇道觀　縣南七里,舊名飛□,梁大同二年建,未幾頹弛,宋大中祥符重建。

平洲從垣和尚　楊姓,受業東山崇福院,少遍遊諸方,嘗執淵叟元和尚巾於平江萬壽,以詩鳴於時,有"石泉天象轉,花月地痕虛","鶴踏浪梯知浪險,蝶翻花宅惜花空","習字帶秋收柹葉,學詩和月嚼梅花","着盡榆錢猶索價,晚風門外落桐花","吟詩已得池塘夢,學《易》獨明天地心","杜宇一聲蒼樹遠,黃鸝三囀落花深"等,每爲時人所佩賞。

傳　疑

龜桑相語　《異苑》云:吳孫權時,邑有人入山,遇一大龜,束之歸。龜曰:"遊不逢時,爲君所執。"甚怪之,上之吳王。至越里,攬舟於桑,忽聞桑謂龜曰:"勞乎元緒,奚事爾耶?"龜曰:"我被拘縶,將見烹臛,雖盡南山之樵,不能潰我。"桑曰:"諸葛元遜博識,必致相苦,如求我輩,計將安出?"龜曰:"子明無多辭,禍將及爾。"桑寂然而止。既而烹之,薪百車,語猶如故。諸葛恪曰:"然以老桑乃熟。"獻者乃述龜桑相語之故。伐桑烹之,立爛。

救鼠還珠　《異苑》云:宋景平中大水,邑人蔡喜夫往南壟避之。夜有大鼠浮水而來,伏喜夫奴之床脚,奴憫而不犯,每以餘飯與之。水退,喜夫返故居,鼠以前脚捧囊,囊有珠一升許,置奴前,狀欲語。自此去來不絕,亦能隱形,又知人禍福。後同邑呂慶祖以獵犬遇其門,齧殺之。

徐　誼　按:歐陽《志》,字子宜,雙錦人,若納子。應賢良方正科,仕秘書省,通判福建,遷右司郎中,進國子祭酒,後坐僞學黨。見《宋史》及《龍川集》。《宋史》僞學黨中有徐誼名,《龍川集》中有《祭徐子宜父文》及《祭徐子宜內子宋氏恭人文》,俱不詳其地,且元《志》不載,而《一統志·溫州人物》中有之。適與龍川同時,姑錄以俟參考。

宋元歲貢　歐陽《志》載,徐盛任建寧府判官,遷侍御史,徐鎮任監察御史,孫奉任閩縣主簿,徐鵬任興安丞,皆由歲貢。稽之史傳,宋、元無歲貢,不知何途而進。

宋進士　歐陽《志》載,徐綱、徐紀同登馮京榜,拜侍御史。陳良臣登張九成榜。陳良能登汪應辰榜。應子和登詹騤榜。方晟登蕭國梁榜,仕國子祭酒。方嘉錫登周恒榜,任將仕郎。盧時中登張淵微榜。方蓳登方山京榜。方璿登鄒應龍榜。舒信道、董養蒙皆登進士。按:元《志》不載,及各文集亦無所攷。

元進士　歐陽《志》載,俞拱登至正戊子王宗哲榜,元《志》不載。蓋元《志》修於延祐故也,說者謂有題名記,在北雍,亦未考。

永康縣志卷之八

遺文内紀

詩

奏免衢婺丁錢　　　　　　　　　　　胡　則

六十年來見弊由,仰蒙龍敕降南州。丁錢永免無拘束,苗米常宜有限收。青障瀑泉呼萬歲,碧天星月照千秋。臣今未恨生身晚,長喜王民紹見休。

和胡元鼎春遊韻　　　　　　　　　　陳　璪

群賢不負青香節,惜春怕與春爲別。踏花歸去玉驄驕,未解障泥汗如血。窮居徒自羨芳情,山齋誰伴讀書聲。松下鳴琴自圓熟,竹外時葩足幽清。

次落花韵

園林一夜蕩春風,綺羅片片飛西東。芳樹高枝新換綠,斷橋流水亂飄紅。粉蝶尋香入幃席,黃鸝傷心音韵失。天地造化無權輿,榮衰開花那有息。長安少年見不高,耽玩無厭魂欲消。惜花總自兒女態,丈夫志氣凌虎牢。

感興

澄淵開碧澗,風波汩塵垢。天君本虛靈,閑邪勿令誘。始焉毫釐墜,終致千里繆。臨事必再思,培之以忠厚。

又

歲晚山村寄此身,多情不厭客窗貧。爐香松下塵囂靜,樽酒梅邊語話親。年老傳家憐有女,教衰學道恐無人。東風隨地陽和轉,喜見閒階草色新。

山店

避地來東谷,蹉跎已二年。青山常對面,白髮漸盈顛。釀黍時邀客,飡芝謾學仙。此生通與塞,一笑總由天。

懷宋景濂

君賦彈冠我索居,別來已是二年餘。雲霄浩蕩橫雕鶚,淮海浮沉無鯉魚。司馬盛名知有繼,元龍豪氣未應除。故園松菊荒三徑,何日歸來讀舊書。

舟中寒食

澹烟疏兩岸,飛絮落花時。客路逢寒食,春山聽子規。倏驚時易失,自笑我歸遲。對酒不成醉,沉吟杜老詩。

贈韓進之　　　　　　　　　　　　李　輮 公載

北斗文章絕世無,先生秉筆繼前驅。幽懷愛菊臨軒種,老眼看山作杖扶。聖主豈容華髮隱,野翁甘與白雲居。夜來遙望雙溪上,明月梅花有幾株。

華溪釣隱

華溪釣隱誠自豪,齊門操瑟非吾曹。綸竿百尺水雲渺,鐵笛一聲山月高。放鶴引尋紫芝洞,得魚醉臥滄江濤。黃塵滿地不歸去,萬里天風吹布袍。

歌

烏犍歌　　　　　　　　　　　　　　　陳　登

朝驅烏犍出,暮驅烏犍歸。朝在山之南,暮在山之西。我語阿童勿用箠,此牛筋力已憊矣。憶昔春田當布種,處處鋤犁尋斷隴。泥深沒膝雨濛濛,四蹄踏遍田西東。須臾黃雲連野出,敢貪大功為己力。川飛陸輓萬里餘,倉高庾大百室居。下為飢民解菜色,上為君王供玉食。論功合是第一勳,爵上柱國何足云。君不見太倉紅腐陳相因,烏犍何曾有姓名。我聞昔日鬭難走狗不足錄,尚費水衡糜太僕。惟有烏犍朝歷隴,暮歷波,春風滿意一川草,夜雨空牢數束稿。口不言功取甚微,命懸庖子何其危。我言及此淚如水,阿童酸鼻牛弭耳。莫倚君恩如泰山,莫貪富貴老出關,功名活國禍赤族,烏乎胡不鑒此老觳觫。

打粟歌　　　　　　　　　　　　　　　　□時中

秋晚山間人打粟,夜夜砰硼嚮茅屋。有如萬馬入戰場,軍士銜枚奮馳逐。有如九御搖天衢,轆轆轔轔車戞軸。有如狂風捲怒濤,觸石崩崖落空谷。松燈燿日紅,松煙結雲綠。須臾鑠下黃金蕊,欻覩珠璣盈斗斛。妻兒含笑喜且看,今歲無憂闕糜粥。先且輸公租,後方論私蓄。粒粒皆由辛苦來,肯教狼戾因豐熟。稽首謝蒼穹,更祝來年穀。商皓采芝歌,清高不諧俗。越女采蓮歌,嬌艷多淫欲。聽我高歌打粟歌,便是人間太平曲。

桂月軒歌　　　　　　　　　　　　　　　　李　曄

何侯之軒崒瀟爽,軒前桂樹團團長。正當八月天氣清,置酒邀賓恣歡賞。是時碧落無塵埃,瓊樓玉宇中天開。爛銀盤升滄海上,清光閃爍俄飛來。何侯手把《春秋傳》,布衣直上青虛殿。折取秋風第一枝,分明認得嫦娥面。賜以玉兔之玄霜,下醫民瘼令永康。華溪邑險號難治,君獨有暇哦松旁。回首番禺幾千里,道路茫茫隔煙水。涼風蕭蕭露泥泥,幾度天香落軒几。桂香可挹不可親,只有明月能隨人。他鄉月是故鄉月,舉頭見月偏傷神。我嘗想像君家樹,與君起舞歌長句。好因明月歸去來,底用淮南小山賦。

論

中興論　　　　　　　　　　　　　　　　陳　亮

臣竊惟海內塗炭,四十餘載矣。赤子嗷嗷無告,不可以不拯;國家憑陵之恥,不可以不雪;陵寢不可以不還,輿地不可以不復。此三尺童子之所共知，曩獨畏其彊耳。韓信有言："能反其道，其強易弱。"況今虜酋庸懦，政令日弛，捨戎狄鞍馬之長，而從事中州浮靡之習，君臣之間，日趨怠隳。自古夷狄之彊，未有四五十年而無變者，稽之天時，揆之人事，當不遠矣。不於此時早爲之圖，縱有他變，何以乘之！萬一虜人懲創，更立令主；不然，豪傑並起，業歸他姓，則南北之患方始。又況南渡已久，中原父老日以殂謝，生長於戎，豈知有我！昔宋文帝欲取河南故地，魏太武以爲"我自生髮未燥即知河南是我境土，安得爲南朝故地"，故文帝既得而復失之。河北諸鎮，終唐之世以奉賊爲忘義，狃於其習而時被其恩，力與上國爲敵而不自知其爲逆。過此往而不能恢復，則中原之民焉知我之爲誰！縱有倍力，功未必半。以俚俗論之，父祖質産於人，子孫不能繼贖，更數十年，時事一變，皆自陳於官，認爲故產，吾安得言質而復取之！則今日之事，可得而更緩乎！陛下以神武之資，憂勤側席，慨然有平一天下之志，固已不惑於群議矣。然猶患人心之不同，天時之未順，賢者私憂而奸者竊笑，是何也？不思所以反其道故也。誠反其道，則政化行，政化行則人心同，人心同則天時順。天不遠人，人不自反耳。今宜清中書之務以立大計，重六卿之權以總大綱；任賢使能以清官曹，尊老慈幼以厚風俗；減進士以列選能之科，革任子以崇薦舉之實；多置臺諫以肅朝綱，精擇監司以清郡邑；簡法重令以澄其源，崇禮立制以齊其習；立綱目以節浮費，示先務以斥虛文；嚴政條以核名實，懲吏奸以明賞罰；時簡外郡之卒以充禁旅之數，調度總司之贏以佐軍旅之儲。擇守令以滋戶口，戶口繁則財自阜；揀將佐以立軍政，軍政明而兵自強。置大帥以總邊陲，委之長而邊陲之利自興；任文武以分邊郡，付之久而邊郡之守自固。右武事以振國家之勢，來敢言以作天下之氣；精間諜以得虜人之情，據形勢以動中原之心。不出數月，紀綱自定；比及兩稔，內外自實。人心自同，天時自順。有所不往，一往而民自歸。何者？耳同聽而心同服。有所不動，一動而敵自鬭。何者？形同趨而勢同利。

中興之功,可蹻足而須也。夫攻守之道,必有奇變:形之而敵必從,衝之而敵莫救,禁之而敵不敢動,乖之而敵不知所如往。故我常專而敵常分,敵有窮而我常無窮也。夫奇變之道,雖本乎人謀,而常因乎地形。一縱一橫,或長或短,緩急之相形,盈虛之相傾,此人謀之所措而奇變之所寓也。今東西彌亘綿數千里,如長蛇之橫道。地形適等,無所參錯,攻守之道,無他奇變。今朝廷鑒守江之弊,大城兩淮,慮非不深也,能保吾城之卒守乎?故不若爲術以乖其所之。至論進取之道,必先東舉齊,西舉秦,則大河之南,長淮以北,固吾腹中物。齊、秦誠天下之兩臂也,奈虜人以爲天設之險而固守之乎!故必有批亢擣虛、形格勢禁之道。竊嘗觀天下之大勢矣。襄漢者,敵人之所緩,今日之所當有事也。控引京洛,側睨淮蔡;包括荆楚,襟帶吳蜀。沃野千里,可耕可守;地形四通,可左可右。今誠命一重臣,德望素著、謀謨明審者,鎮撫荆襄,輯和軍民,開布大信,不爭小利,謹擇守宰,省刑薄斂,進城要險,大建屯田。荆楚奇才劍客自昔稱雄,徐行招募以實軍籍。民俗剽悍,聽於農隙時講武藝。襄陽既爲重鎮,而均、隨、信陽及光、黃,一切用藝祖委任邊將之法,給以州兵而更使自募,與以州賦而縱其自用,使之養士足以得死力,用間足以得敵情。兵雖少而棄建其助,官雖輕而重假其權。列城相援,比鄰相和;養銳以伺,觸機而發。一旦狂虜玩故習常,來犯江淮,則荆襄之帥率諸軍進討,襲有唐、鄧諸州,見兵於潁、蔡之間,示必截其後。因命諸州轉城進築,如三受降城法,依吳軍故城爲蔡州,使唐、鄧相距各二百里,並桐柏山以爲固。揚兵擣壘,增陴深塹,招集土豪,千家一堡,與雜耕之利,爲久駐之基。敵來則嬰城固守,出奇制變;敵去則列城相應,首尾如一。精間牒,明斥堠,諸軍進屯光、黃、安、隨、襄、鄖之間,前爲諸州之援,後依屯田之利。朝廷徙都建鄴,築行宮於武昌,大駕時一巡幸。虜知吾意在京洛,則京、洛、陳、許、汝、鄭之備當日增,而東西之勢分矣;東西之勢分,則齊秦之間可乘矣。四川之帥親率大軍以待鳳翔之虜,別命驍將出祈山以截隴右，偏將由子午以窺長安，金、房、開、達之師入武關以鎮三輔，則秦地可謀矣。命山東之歸正者往說豪傑，陰爲内應，舟師由海道以搗其脊。彼方支吾奔走，而大軍兩道並進以揕其胸，則齊地可謀矣。吾雖示形於唐、鄧、上蔡而不再謀進，坐爲東西形援，勢如掾臂，彼將愈疑吾之有意京洛，特持重以示不進，則京洛之備愈專，而吾必得志於齊、秦矣。撫定齊、秦，則京洛將安往哉！此所謂批亢搗虛，形格勢禁之道也。就使吾未爲東西之舉，彼必不敢離京洛而輕犯江淮，亦可謂乖其所之也。又使其合力以壓唐、蔡，則淮西之師起而禁其東，金、房、開、達之師起而禁其西，變化形敵，多方牽制，而權始在我矣。然荆襄之師，必得純意於國家而無貪功生事之心者，而後付之。平居無事，則欲開布誠信以攻敵心；一旦進取，則欲見便擇利而止，以禁敵勢。東西之師有功，則欲制馭諸將，持重不進，以分敵形。此非陸抗、羊祜之徒，孰能爲之？夫伐國，大事也。昔人以爲譬拔小兒之齒，必以漸搖撼之，一拔得齒，必且損兒。今欲竭東南之力，成大舉之勢，臣恐進取未必得志，得地未必能守。邂逅不如意，則吾之根本撼矣。此豈謀國萬全之道？臣故曰：攻守之間，必有奇變。臣謏人也，何足以明天下之大計！姑疏愚慮之崖略，曰《中興論》，惟陛下財幸！

續義田記　　　　　　　　　　　　　　　　　　　呂皓

呂氏族有義莊，鄉有義倉，斂取有定程，給貸有常度，各有攸司，行之既久，鄉評稱便。而猶子渭袾介芨杰復相與謀，謂恩推所本，義先所急。莊以義立，本爲吾族設也，今我家與服屬者，生齒未甚衍，各能自給，叔父雖仿范氏立爲規範，猶未盡行也。故義倉之貸以爲本者，資於義莊；義塚之置以送死者，亦資於義莊。收義孤遺、藥食疾病者給焉。遠客吾里患難無依者，遠近困窮死無棺斂者，無不給焉。而及於吾族者，惟婚嫁、官學、喪祭之大節而已，異姓之資給者色目頗多，而常若不足，是二者俱不逮也，無乃疏踰戚而名戾實乎？習見吾鄉中產之家子弟,惟土物愛,凡博奕、飲酒、鬭訟、竊攘世俗所謂敗家之習靡聞之,然而一再傳,後人益增,而田弗增,業析於口分,力困於賦役,侵微浸滅,亦復與不肖者同科,得不爲之遠慮而預備乎!渭等更願捐田若干以助增義莊,欲及叔父尚在,概以范氏之條目而悉行之,以爲定式,庶使後人刻畫持守,靡敢踰越。若夫前數者之給,當別立義廩以專任其事,如是,則不但義莊可保其久,而義倉亦可終惠鄉人矣。夫以數千年素定之規約,渭輩小子祇當奉行惟謹,尚敢輕議,或者因革損益之,宜不失體統,雖百世可知,茲非伯父之所望於渭輩者哉!嗟呼!汝曹言念及此,其知善繼矣,我亦何厭於長存乎!雖然,老氏有言"知善之爲善,斯不善",夫惟世多不義而後義事以著,人多不肖而後賢名以顯,是非古君子所願,抑思其次焉爾,未宜以善自善也。故義不能以自行,必立之法,以爲之準;賢不能以獨用,必資之公,以爲之助。矧茲聖朝,舉行仁政,履畝均賦,惠鮮困窮,資富永年,是用敷錫庶民以無疆之福也。凡受田爲氓者,苟力□□裕族屬,固當乘此嘉會,畫一家之田以爲公田,立一時之業以爲永業。賢者有所持循,不肖者無所投閒。將使百口之家與國同休於億萬斯年,固不羨歟?雖然,有若先政范公,純德懿範,且代不乏賢,尚有賴田五百畝,歲入米八十石,不益足以更費以田還良秘。皇慶元年普化公爲使,時瞿通爲轉運使,又捐上海縣海隅鄉田三頃一畝,歲入米一百二十二石有奇。書院輪租,租凡書院田四百五十二畝有奇,皆瞿公所捐,師諸生於是可以賦食而讀書矣。初,長孺從大父當宋嘉定間,以克己養性之學,內聖外王之道,應賢良方正直言極諫科。時科廢且百年,不得自試,儒先老死殆盡,獨楊文元公在,已八十餘,從大父以所自得具簡質問,報書以己之初覺後融者爲證,大父可之,遂築講堂西湖上,私淑其門,生祠杭守之賢、典士之隱者三人。後十五年,杭既登籍户部,堂圯入官。至元三十年,故國子生監廟門廡堂樓雖具將壓,徐公營治略完,徙書院置是,祠三人廟北西廡下,從大父侑及徐卒又祠其右。噫!

從大父生不及儒先及平時未嘗見，其遺書文元，固事其人聞其語者，一旦尺牘往還，懸與之合，何哉？人之可爲堯舜，由其心同，豈常諄諄然誨之？師諸生之來於斯，默有會焉。從大父之道不忘矣，則是田也非獨養其人而已。從大父胡氏，名侃，字子仁，永康人，學者號雪江先生。長孺，高父封州使君孫也。皇慶元年七月丙午記。

高士傳序　　　　　　　　　　　　　　　　　　陳　亮

三代尚矣。士之生乎其時者，習有常業，仕有定時，利不能更其所守，而不以名汩其真，養性以安命，修道以成德，教化之漸使然也。即不類不齒，《詩序》曰："人人有士君子之行。"當此之時，士亦烏知其爲高哉！周澤既衰，異端並起，所以賊其良心者厥端非一，士之能固其所守，艱矣。然顏、閔之徒終身陋巷，朝不及夕，蔬食以自如，鼓琴以自娛，視天下之樂舉無以易此者。或曰："貧則無用，無用則無累，無累則樂。"余以爲二子者豈誠有樂於貧賤哉！由其道雖富貴可也，彼其所樂者在此而不在彼也。貧賤者人之所惡，二子何好焉，而富貴又何累？故曰："窮亦樂，通亦樂。"又曰："無入而不自得。"由此言之，彼其心豈有徇於外，亦豈必後世之知我哉。惟其屹然立於頹波靡俗之中，可以爲高矣。故世之言二子者，往往尊於王公，而王公亦榮於見齒。則夫苟一時者，是果何得哉！故自顏、閔以來，若四皓、嚴光、黃憲、徐穉之流，皆其信道之至者也。平時不言而人化之，雖不遇，猶玉之在山，其光輝已不可掩，迫之而小應，已與夫汲汲然願爲之者異矣；令其遇時行道，以正風俗，豈不猶反手哉！余歷觀諸史，見若此者，切有慕焉，而恨當時之自閟於山林者，史不得而盡載也；幸其猶或載也，總而爲《高士傳》，以備日覽。諺曰："非爾之高，我之下也。"將與學者盡心焉。

義士傳序

昔三代之王也，賢聖之君商爲多：敷政出令，不拂民欲；惇德行化，以固民心。雖紂之暴，而民未厭商也，故文王抑畏以全至德。孔子曰："三分天下有其二，以服事殷。"豈不大哉！至武王，不忍天下之亂而卒廢之，雖違商而周者十室而八，然商之餘民，睠念先王之舊澤，執義以自守，雖諄復喻之，囂乎其不肯順從也。而周家卒不敢以刑罰驅之；不惟不敢，亦其心所有愧而不忍。故惟尊周之舊政以漸服其心，歷三世而後帖然從周。推此之時，稚者已壯，壯者已老，老者已死。耆舊強壯之民卒不肯從，而從之者皆生長於周之民也，可不謂義乎。然猶見稱"頑民"，則周人之言也，於商義矣。夫伯夷、叔齊，孔子以爲義而許之，而商民之事，亦詳見於《書》。夷、齊是，則商民不非矣。夫夷、齊非以一死爲足以存商，明君臣之義，雖有聖者不可易也。商民非以不肯順從爲足以拒周，顧先王之德澤有以使之，而弗克自已也。夫義者，立人之大節，而愛生憚死，人之情也。其不以此而易彼者，誠知所處矣。由商而降，惟東漢之治，惇節義，尚廉退，有商之遺風。故其亡也，義士亦略如之，然亦可以爲流涕也已。若夫王蠋、申包胥之倫，皆非有所激而興，故特行其志，而從之者不衆也。然使夫人氣沮而膽褫，則其功效豈少哉！嗟夫！商遠矣，其民之姓氏不得詳也，故序存之，而傳夷、齊以爲義士首，於東漢之士加詳焉；其他特起者附之，庶乎有聞風而興者，豈徒備觀覽而已哉！

説

茉莉説 　　　　　　　　　　　　　　　　　　應孟明

茉莉之生，宜於閩而不宜於浙。閩之地，籬傍舍下，山樊水涯，如刺如藤，不植自繁。浙之好事者，遠而求之閩。既得之，則辛苦倍之。不敢植地上與群花偶，瓦以爲缶，木以爲斛，植其中求遷徙便。夜歸於室內，晝出之庭下。時而寒之，則晝夜不出，居火之近。然猶十植而八九不生，而六七不繁。余於庚辰歲寓李溪，見有鬻茉莉而號於市者，余出數百錢易數本以歸，植群花之圃，亦以群花視之，不甚貴重也。更四年，花之繁不止十倍。其植之初，纖纖其根，垂不盈尺，今焉環其土而四五尺，其根也。植之日疏疏，其莖纔一二數，今爲條達幾於百數，其莖也。其葉璀璀，其叢冥冥，人之愛也，思視之勤者，皆不吾植若也。隆興改元冬十二月朔，禹山張伯勉乞分於余，余從之，將行，謂余曰："先生自庚辰春歸而植之，今四年矣，一日分以遺余，可無說以侑其行？"余曰："余於花無甚愛，然於茲花之植有感焉。人之愛其身也，居以華屋，食以粱肉，衣以紈綺，畏寒暑如畏狼虎，畏道途如畏敵人，惰其四肢，疾疼仍作，弱而如不克，瘠而如不食，或疾以生，或疾以死，是無他，愛其身者害其身也！真能愛其身者，反是。出之以大風烈日，當之以道途飢渴，手勞於持，足勞於履，心勞於思慮，身勞而力倍，厲疫不能入，憂患不能侵，其生也堅強，其死也壽考。是無他，勞其身也愛其身者！子歸，以吾言號諸人曰：孰愛爾身，害身之尤。孰勞爾身，堅強以休。宴安無事，古號鴆毒。動心忍性，增益厥福。無藏爾家，無愛驕奢。謂吾不信，有如茲花！"

書

上孝宗皇帝書　　　　　　　　　　呂皓

臣聞言動之過，而非故爲之，此士君子之所不免，而王法之所直宥也。父兄之難而不能以死救，此天地之所不容，而王法之所宜誅也。宜宥而不獲宥，宜誅而不及誅，是雖匹夫之幸不幸，猶螻蟻之自生自死於天地之間，固無損於造化之功也。然一夫之不獲，尚足爲至治之累。自昔聖人在上，蓋甚憂之。凡下民之微，有一不平，而義激乎其中，莫不使之朝聞而暮達，不啻如家人之相與以情通焉。嗚呼！父子兄弟之際，天下之至情也。以不獲宥爲不幸，而自幸其不及誅，揆之常情，猶不能以自安，況夫至情所在，渾然一體，無所間斷。庸可以幸不幸爲區別，坐視而弗之救，畏一死之輕而廢大義之重，不一仰叩天閽，以庶幾一悟，而甘自投於不孝之域也邪？臣婺之永康人，世修儒業，而未有顯者。於是臣父縱臣之兄與臣宦學于外，以從四方之士遊,而求光其業焉。中間郡縣旱暵相仍,聖意軫念赤子無以爲生也,降詔捐爵,勸諭富民出粟以賑之。臣父慨然動心,令臣首出應命。既而朝廷雖特授臣以一官,臣不佞,自少稍有立志,不忍假父之資以食君之祿,于兹三年矣。去年之冬,復從郡士貢於禮部,未能以遂其志。而仇人怨家所競不滿百錢,至誣臣之兄以叛逆,誣臣之父以殺人。叛逆,天下之大惡也;殺人,天下之元惡也。非至棘寺,終無以自明。一門父子既械繫,而極囹圄之苦,獄告具而無纖芥之實,卒從吏議。以累歲酒後戲言,而重臣兄之罪;搜抉微文,以家人共犯,而坐臣父之罪。夫酒後一二戲言,而豈有異意? 此所謂言動之過,而非故爲之者也。深山窮谷之中,蓽門圭竇之下,一時之戲言,出於下意而繩以文法,而醉酒飽德,有士君子之行,亦非所以及閭里之側微矣。以深山窮谷蓽門圭竇之戲言,而至上瀆九重之尊,則幾於慢朝廷之體矣。且仇怨告訐之情,累歲不可知之事,所不應治也。有司今獨受而窮究之,則幾於長告訐之風矣。子實有罪,則子受之,固也。搜抉微文以至於其父,則忠厚之意亦少損矣。昔漢女緹縈上書,自乞爲官婢以贖父罪,猶足以感動文帝之聽。臣不佞,亦嘗聞義矣。父兄不幸,誤入於罪,而有司一致之以法,則上以失朝廷之體,下以長告訐之風,而損忠厚之意。所關如此其大也,乃不能乘是略出一言,以動天聽,寧不愧死於女子乎? 臣重自念士之求仕於時也,亦將以行其志云爾。今日閭閻踐履之基,即異日朝廷設施之驗也。平居父兄落難,乃庸懦顧惜,不能出死力而哀救之,是無父也。豈有無父之子,可以受君之爵,食君之祿,而立乎人之本朝哉? 臣願納此一官,以贖父兄之罪,而甘於末技自鶩於場屋之間,毋寧冒此一官,以爲無父之子,而無所容於聖明之世。倘陛下哀矜其意,而特從其請,則臣區區之志願足矣,子弟之大義庶乎其無負矣。然豈惟一門父子之私恩而已哉? 苟以國家自有定法,雖子自不能以及其父,遂置之而不問,是非陛下之聖明有虧於漢之文帝,實臣之不肖有愧於女子,而不足以盡感動之誠也。則臣於此，惟有先乎父兄而死爾，復何所憾哉！干冒天威，罪當誅滅。

傳

何節婦呂氏傳　　　　　　　　　　　　　　　胡長孺

節婦呂氏，婺州永康何顧季長妻也。何爲郡著姓，以儒顯，祖倫，朝散大夫、主管兩淮制置司機宜文字。父子舉，朝請大夫、樞密都承旨，諡文直。其學出西山真公、鶴山魏公，學者稱寬居先生，與余台州府君友誼特隆。季長得北山何公、魯齋王公之學，其義理薰陶，有自來矣。呂氏端靖柔惠，得婦道甚。年二十九，季長逝去，有一子二女，子述甫，生三月。時江南寇盜充斥，人死兵戈者十七八，呂氏能披荊棘、犯霜露，保育其子若女，且全其家。人勸子再適，則自誓曰："馬不被二鞍，況人乎？死而後已。"聞者疑笑，後卒遂其初志。男有室，女有家。笑者悔，疑者釋然矣。至治二年春二月，郡邑長吏、文學博士奉承詔旨，備醪醴、具禮幣，旌表其門。噫！亦良顯哉！夫婦人之行能全一節善矣，《詩》美共姜，以其能固所守，而父母不能奪焉。未見其罹患難、撫孤弱，窮苦若是。然則呂氏之行，其優於昔人歟！

銘

胥氏夫人墓銘　　　　　　　　　　　　　　　徐無黨

廬陵歐陽先生語其學者徐無黨曰：修年二十餘，以其所爲文見胥公於漢陽。公一見而奇之，曰："子當有名於世。"因留置門下，與之偕至京師，爲之稱譽於諸公之間。明年，當天聖八年，修以廣文館學生中甲科。又明年，胥公遂妻以女。公諱偃，世爲潭州人，官至工部郎中、翰林學士。公以文章取高第，以清節爲時名臣。爲人沉厚周密，其居家雖宴必嚴，不少懈。每端坐堂上，四顧終日，如無人。雖其嬰兒女子，無一敢妄舉足發聲，其飲食衣服少長貴賤，皆有常數。胥氏既賢，又習安其所見，故去其父母而歸其夫，不知其家之貧；去其姆傅而事其姑，不知其爲婦之勞。後二年三月，胥氏生子未逾月，以疾卒，享年十有七。後五年，其所生子亦卒。後二十年，從其姑葬于吉水縣沙溪之山。修既感胥公之知己，又哀其妻之不幸短命，顧二十年存亡憂患，無不可怨者。欲書其事以銘，而哀不能文，固命無黨序其意，又代爲哀辭一篇以吊胥氏，因并刻而藏于墓。當胥氏之卒也，先生時爲西京留守推官，實明道二年也。其哀辭曰：清冷兮將絕之語言猶可記，髣髴兮平生之音容不可求。謂不見爲纔幾時兮，忽二紀其行周。豈無子兮，久先於下土。昔事姑兮，今從于此丘。同時之人兮，藐同予留。顧生餘幾兮，一身而百憂。惟其不忘兮，下志諸幽。松風草露兮，閟此千秋！

跋

書伊川先生春秋傳後　　　　　　　　　　　　　　　　　　陳　亮

伊川先生之序此書也，蓋年七十有一矣，四年而先生没。今其書之可見者纔二十年，世咸惜其缺也，余以爲不然。先生嘗稱杜預之言曰："優而柔之，使自求之；厭而飫之，使自趨之。渙然冰釋，怡然理順，然後爲得也。"先生於是二十年之間，其義甚精，其例類博矣。學者苟精攷其書，優柔饜飫，自得於言意之外，而達之其餘，則精義之功在我矣。較之終日讀其全書而於我無與者，其得失何如也！

書存齋先生傳後　　　　　　　　　　　　　　　　　　　　呂　溥

金華宋君景濂甫，撰故宋鄉貢進士存齋先生朱瓛傳，溥讀而嘆曰：聖人人倫之至也，舜盡事親之道，而瞽瞍底豫。舜人也，我亦人也，千載之下，聞風興起者幾何人哉？先生不幸失愛於父，默受其罪，極勞苦而不怨，卒能感父悔悟，又能不藏怒宿怨，而厚遇其弟以及其子，猶人之所難也。蓋聞大舜之風而興起焉者，於世教豈小補哉！宜乎宋君深嘆而極贊之也。

疏

論建儲　　　　　　　　　　　　　　　　趙　艮

刑科給事中臣趙艮謹題,陳言端本事。臣聞元良主器,則前星炳燿,而萬國由貞;樹子承祧,則國本滋殖,而庶孽屏息。所以尊宗廟、重社稷,繫四海仰望之心,絶群小覬覦之念。自古帝王創業垂統,莫不以此爲先務;而當時宰臣輔世長民,莫不以此爲令圖。乃古今之通義,天下之達禮也。洪惟皇上德符穹旻,仁被宫闞。愛及賢妃,篤生皇子,年方二歲,望隆一時。皇上憂深思遠,慨從群臣之請,特元建儲之議,此蓋防微杜漸慮患於早之意,甚盛舉也。然臣犬馬之心,竊以皇上春秋方富,皇后嫡嗣未生,遽以支庶之弱,使承神器之重,誠恐慮之太早,爲之已速,非所以重伉儷之情,長忠厚之風,將以係天下之心,祗以起天下之議。事體所大,所關匪輕。思昔成周之時,惠王娶於陳,生太子鄭及叔帶,愛叔帶欲立之,齊成公以其廢長立幼將啓亂階,遂率天下諸侯會王世子于首止,示天下戴之,以爲天王之貳,以尊國本,絶亂階。説者謂齊威此舉得禮之變,而孔子予之,所以正天下之大本也。夫世入春秋,王綱解鈕,亂臣賊子,接迹當世,而聖人尤嚴於立法,以正大本,而況於清明之時乎!雖曰冢嫡未生,而支庶實繁,已足係人心慰人望矣,而奚俟乎建諸之速乎?且皇上以英妙之年,皇后以貞静之德,此天然之配,萬世之嗣,迄今數載,未有所出者,蓋以時未至耳。《傳》曰:"君舉必書。"書而不法,後嗣何觀?儻一旦天心仁愛,聖天子出於中宫,則今日之議,必將改圖,其舉動煩擾,何以炤天下遺後世哉?臣又按《春秋》桓公六年九月丁卯,子同生,孔子特筆書之,而當世大儒胡安國謂經書"子同生"者,所以正國家之本,防後世配嫡奪正事。是則國本之定,在於始生之初,而不在於建儲之日也明矣。臣愚伏望皇上繼自今嚴妃匹之分,厚全體之恩,然後推一視同仁之心,遍九宫同體之愛,使本支百世,宜君宜王,遲遲數年之後,徐定建儲之策。儻得立子立嫡,固禮之正,萬世之法也。萬一又如今日,然後擇其長而賢者立之,則人心悦、天意得,而今日聖嗣亦可以出就外傅,隆師就學,以培養聖德,講求治理,以慰天下之望。此則天地之義,正大之情,所謂公天下爲心,變而得其中者也,顧不偉歟！聿圖厥政,莫或不艱,有廢有興。出入自爾師虞,庶言同則繹。惟皇上萬幾之暇,留神省察,仍與二三執政大臣熟思而審處之,以爲久安長治之計,則宗社幸甚,天下生民幸甚！臣待罪言官,偶有所見,不敢緘默,謹以危言上陳,不勝惓惓爲國之至。

遺文外紀

詩

答胡侍郎則 　　　　　　　　　　　　　　　　**范仲淹**

千年風來逢明主,一片靈襟慕昔賢。待看朝廷興禮樂,天衢何敢鬭先鞭。

又

都督再臨橫海鎮,集仙遙綴內朝班。清風又振東南美,好夢多親咫尺顏。坐笑樓臺凌皎月,行聽鼓吹入青山。太平天子尊耆舊,八十王祥未賜閑。

序

送徐無黨南歸 　　　　　　　　　　　　　　　　**歐陽修**

草木鳥獸之爲物,眾人之爲人,其爲生雖異,而爲死則同,一歸於腐壤,澌盡泯滅而已。而眾人之中有聖賢者,固亦生且死於其間,而獨異於草木鳥獸眾人者,雖死而不朽,愈遠而猶存也。其所以爲聖賢者,修之于身,施之于事,見之于言,是三者所以能不朽而存也。修於身者,無所不獲;施於事者,有得有不得焉;其見於言者,則又有能有不能也。施於事矣,不見於言可也。自《詩》《書》《史記》所傳,其人豈必皆能言之士哉？修於身矣,而不施於事,不見于言,亦可也。孔子弟子有能政事者矣，有能言語者矣。若顔回者，在陋巷，曲肱飢臥而已，其群居則默然終日如愚人。然自當時群弟子皆推尊之，以爲不敢望而及，而後世更百千歲，亦未有能及之者。其不朽而存者，固不待施於事，况於言乎？予讀班固《藝文志》、唐《四庫書目》，見其所列，自三代、秦、漢以來，著書之士多者至百餘篇，少者猶三四十篇，其人不可勝數，而散亡磨滅，百不一二存焉。予竊悲其人，文章麗矣，言語工矣，無異草木榮華之飄風、鳥獸好音之過耳也。方其用心與力之勞，亦何異衆人之汲汲營營？而忽焉以死者，雖有遲有速，而卒與三者同歸於泯滅。夫言之不可恃也蓋如此。今之學者，莫不慕古聖賢之不朽，而勤一世以盡心于文字間者，皆可悲也。東陽徐生，少從予學，爲文章，稍稍見稱於人。既去，而與群士試於禮部，得高第，由是知名。其文辭日進，如水湧而山出。予欲摧其盛氣而勉其思也，故於其歸，告以是言。然予固亦喜爲文辭者，亦因以自警焉。

銘

宋侍郎胡公則墓誌銘

寶元二年六月十八日，尚書兵部侍郎致仕胡公薨於餘杭之私第。明年二月十有一日，葬于杭之錢塘縣南山履泰鄉龍井源，以夫人潁川郡君陳氏祔焉，禮也。孤子楷泣血言于友人范仲淹曰："《禮經》謂稱揚先祖之美，以明著于後世，此孝子孝孫之心也。然而言之不文，行而不遠，處喪之言，烏乎能文？今得浙東簽書寺丞俞君狀先人之事，而敢請誌焉。"仲淹曰："孔子見齊衰者必作，重其孝於親也，敢不惟命！"公諱則，字子正，婺之永康人也。昔虞舜之後有胡公，武王封於陳，蓋族望之來遠矣。皇考諱彭，王考諱彦潊，皆隱於唐季，其道不顯。考諱承師，在鄉間以積善稱。因公而貴，官至尚書比部員外郎，贈吏部郎中。妣應氏，封永樂縣太君，贈永寧郡太君。公少時絶倫儻，負氣格。錢氏爲國百年，士用蔭補官，不設貢舉，吳越間儒風幾熄。公能講經史，屬文辭。及歸皇朝，端拱二年，御前登進士第。釋褐爲許州許田縣尉。以幹辦聞，補蘄州廣濟宰，又補憲州録曹。以本道計使諫議大夫索公湘之舉，改秘書省著作佐郎，簽書貝州觀察判官公事，升本省丞，知潯州。拜太常博士，提舉二浙榷茶事，兼知桐廬縣。丁太夫人憂。服除，以本官知永嘉郡。遷屯田員外郎，提舉江南路銀銅場鑄錢監。擢任江淮制置發運使，轉户部員外郎。入爲三司度支副使，賜金紫。除禮部郎中、京西轉運使。又轉廣南西路轉運使。以户部郎中復充江淮制置發運使，改太常少卿。丁先君憂。終制，知玉山郡，移福唐郡。拜右諫議大夫、知杭州。入判流内銓。以舉官累，責授少常，知池州。未行，復諫議大夫、知永興軍，領河北都轉運使，除給事中，入權三司使。拜工部侍郎、集賢院學士，知陳州。進刑部，再牧餘杭郡。踐更中外凡四十七年，得請加兵部侍郎致仕，朝廷命長子通判錢塘以就養，又六年而終，享年七十有七。天子聞而悼之，進一子官。初，至道中，公在憲州時，西寇梗邊，朝廷命師五路入討，詔具三十日糧以從之。索公方引公督隨軍糧草事，公曰："爲百日計，猶或不支，奈何？"索公乃遣公入奏，召對逾刻。公陳邊事，如指之掌。上顧左右曰："州縣有如此人！"遂可其奏，且示甄拔之意。後大帥季繼隆果與寇遇，十旬不解。索公曰："微子，幾敗吾事！"一日，其帥移文曰："兵將深入，糧可繼乎？"公曰："師老矣，矯問我糧，爲歸師之名爾，請以有備報之。"索從其議，彼即自還，無咎我，其先見如此。及索公主河北計，又奏辟之，遂有貝州之行。朝廷遣使省天下冗役，就命公行河北道。凡去籍者僅十萬數，民用休息。在潯州，人有虎患，公齋戒禱城隍神，翼朝得死虎于廟中，其誠之功歟！按池州永豐監，得匿銅數萬斤，吏懼當死，公思之曰："昔馬伏波哀重囚而縱之，前史義焉。今銅尚在，吾忍重其貨而輕數人之生耶？"以羨餘籍之，不復爲坐。在江淮制置日，會真宗皇帝奉祠景亳，公實主其供億。千乘萬騎，至于禮成，無毫釐之缺。帝深愛其才，面加獎勞，遂進秩登于計相之貳。在廣南西路，有大舶困于遠海，食匱資竭，久不能進，夷人告窮于公。命瓊州出公帑錢三百萬以貸之。有吏曰："夷本無信，又海舶乘風，無所不之。"公曰："遠人之來，不恤其窮，豈國家之意耶！"後夷卒至，輸上上之貨，十倍其貸，朝廷省奏而嘉焉。又宜州繫辟十九人，時有大水，公不慮患而往辦之，得活者九人焉。在福唐，有官田數百頃，民輸租食利舊矣。至是計臣上言，請就鬻之，責其估二十萬貫，民不勝弊。公奏之，未報。章三上，且曰："百姓疾苦，刺史當言之，言而弗從，刺史可廢矣。"乃有俞詔，減其值之半，而民始安。公領三司使，寬於財利，不以刻下爲功。時上方以兩京、陝西榷鹽歲久，民鮮得食，而日以犯法，命通商。有司重其改作，公首請奉詔，其事遂行。公性至孝，自曲臺丁太夫人憂，廬於墓側，以終喪紀，有草木之祥，本郡表之。及京西之行，以家君朱紱爲請。上曰："胡某爲孝，雖非其例，與以明勸也。"縉紳先生榮之。又天禧中，尚居郎署，朝廷擬公諫議大夫，知廣州。公以家君八十歲，懇辭於政府，乃復有制置之行，尋以哀去職，得盡心於喪葬。公富宇量，篤風義，往往臨事得文法外意，人或譏之，公亦無悔焉。其輕財尚施，不爲私積，士大夫又稱之。福唐前郡將被訟去官，嘗延蜀儒龍昌期與郡人講《易》，率錢十萬，遺之以歸，事在訟中。及公下車，昌期自益部械至。公曰："斯何罪耶？"遽命釋之，見之以賓禮。法當償其所遺，公貸以俸金，仍厚遣而還。又濟陽丁公爲舉子時，與孫漢公客許田，公待之甚厚。及其執政，而雅故之情不絕，若休戚士人而未嘗預。暨丁有朱崖之行，昔之賓客無敢顧其家，公實被議出玉山郡，尚屢遣介夫不遠萬里而往遺焉，此又人之所難矣。及退居西湖，乘畫船，繫清波，清樽雅弦，左子右孫，與交親笑歌於時歲之間，浩如也。人不謂之賢乎！夫人潁川郡君，有慈和之德，先以壽終。令子四人：長曰楷，都官員外郎，前知睦州，祥符七年秋，登服勤詞學科，所至政能，有先君風度；次曰湘，好學有志識，朋友多之；次曰桂，俊異，居喪而亡；次曰淮，孝謹有成人之風。二女：長適泉州德化縣尉蘇璠；次適御史臺主簿華參而亡。其閨門之範，見于潁川之誌。仲淹非特重齊衰之情，嘗倅宛丘郡，會公爲二千石，以國士見遇，且與都官布素之遊，誠可代孝子而言焉。銘曰：進以功，退以壽。義可書，石不朽。百年之爲兮千載後。　　　義烏黃文獻公《謁墓祝文》云：維神生爲名臣，沒有廟祀。維桑與梓，是庇是依。歸焉茲丘，高山仰止。展謁之禮，大懼弗時。爰考舊規，祇薦俎豆。有引弗替，神其鑒之。

文

甲申歲勸農文　　　　　　　　　　　　縣令俞希魯

國朝之制，郡縣守宰皆以農事繫御，重民食也。歲以仲春邵農于郊，謹人時也。永康爲婺中邑，土瘠民貧，而歲斂之重，不在他邑下，非力於耕墾，勤於樹藝，則無以充公賦、備私蓄，爲仰事俯畜之計。去冬飛雪呈祥，今春膏雨應候，豐穰之兆，固有可卜。然人力不能以盡地利，而一諉於天時，吾未見其有獲也。《傳》不云乎"民生在勤，勤則不匱"，爾農其知之審矣。若夫孝父母，弟兄長，睦宗族，禮鄉閭，恤孤幼，未嘗不諄諄爲爾農訓。事游隋，習博奕，耽淫酗，好鬪狠，便嚚訟，又未嘗不切切爲爾農戒。墻壁之文比屋皆然，是而訓之益至而聽者若罔聞，戒之愈嚴而犯者固自若，是何民不興行如此。吾聞韓延壽閉閣思過，而昆弟之訟遂息；而徐有功不施敲朴，而吏民相約無犯；柳宗元不鄙夷其民，而其民以相告莫違其令。斯意也，豈可行於古而不可行於今耶？爾農歸而父教而子，兄語而弟，思邑宰所以訓戒之語，體邑宰所以期待之心，服田力穡，惟本是務，以相安於無過之地，共樂於太平之天，顧不美歟！爾農其諦聽毋忘！

民國永康縣新志稿

前　言

《民國永康縣新志稿》，共十六卷，寧海干人俊纂，民國三十四年（1945）成稿。

干人俊的生平事蹟，今李聖華、萬吉良主編之《寧海叢書》第 34 冊（上海古籍出版社，2016 年）《方正學先生年譜》提要中介紹云：

人俊字世傑，一字庭芝，號梅園，寧海下何人。善韶子。生於光緒二十七年。年十一習吟詠，明年從名宿胡景熙學。民國七年，入杭州之江大學中學部肄業，同年入宗文中學，受教於朱碩甫、鍾毓龍、張相、劉大白，從大白學語體詩。十一年九月，肄業上海國語專修學校，十月與許傑等選為臺屬旅滬同學會籌備員。明年十二月，選為寧海縣教育會副會長。十三年三月，任寧波群學社義務學校主任。十六年，肄業上海遠東大學國學系。二十年，入復旦大學中國文學系。翌年五月，兼《上海西北評論》主筆，七月畢業，教於天台縣中。二十三年赴杭，任惠興女中教務主任。明年八月，改杭州民中校長。二十五年兼《之江日報》主編，明年兼社長，九月隨民中避倭遷仙居。二十七年還里，創辦上海僑光中學寧海分校。二十八年，任黃巖縣中教務主任，九月辭，教於杭州遷壺鎮安中。明年九月，改教天台縣中。三十年二月返里，任《寧海戰訊報》主編，兼抗日宣傳團副主任，七月改寧海抗日動員會書記長，九月改遷柏坑奉中教導主任。三十一年二月，改三門古中教導主任，明年任校長，九月改教奉化遷里塈縣中，十月兼《新寧區志》總纂。三十三年二月，專任總纂，兼遜志小學校長，七月改寧海縣修志館編纂。三十四年二月，改天台縣中教員。三十五年，改寧海縣中教員，辭大學副教授之聘。易代後，歷任甬江女子中學、董南中學、寧波三中、四中教員。戊戌歲，離職還里。年八十二卒。一生著述逾二百五十種，經、史、子、集莫不兼涉。尤長史志纂著，以一己之力，纂輯志書千餘卷。

該志稿前有干人俊之父干善韶的序，介紹了志稿成書的經過：1939年秋，干人俊在縉雲壺鎮安定中學（今杭州市第七中學前身，因避日寇遷居）任教。縉雲毗連永康，干人俊曾遊永康方巖及其他多處地方，"而受某方之促"，纂修永康新志。這裏的"某方"，沒有寫明，推測以浙江通志館可能性爲大。當時浙江省政府爲避日寇遷永康方巖，以余紹宋爲館長的浙江通志館隨省府遷居。該志稿中收有多篇余紹宋內容與永康相關的詩作，可見干人俊與余紹宋有相當大的關係。但工作進行時，干人俊因"母病囑返，就近天台中學執教"，此事中輟。到1944年，干人俊任寧海縣縣志館編纂，"復受某方之促"，於是重操舊業，將其編纂成書。名爲"稿"，以自視尚未成書最後寫定也。

此志雖稱稿本，留至今天，却也彌足珍貴。該志《凡例》第一條開篇就說："本志專紀民國元年（1912）至三十二年（1943）事，而非續《光緒志》後事，故曰《民國永康縣新志》。"這標誌着一個有着悠長歷史的國家開始走向現代，作爲傳統文化重要載體的地方志，也要換一副新的樣子了。所以此志稿的特點就十分明顯：它不像傳統方志將大量篇幅用於抄錄舊志，而專選擇新事記載。內容的選取，也隨時代的變化有了重大更新，更多着眼於經濟和社會生活。從這個意義上說，此志稱爲"新志"，名副其實。當然，新志如何匹配新的時代，應該做哪些改革，改革到什麼程度，則又是一個考驗新人的長期課題。

茲將此志稿的大致內容介紹於下，其間略加評述。

卷一與卷二，其內容與舊志相近。蓋顧名思義，古來一縣之志，在其事皆發生於本縣之四封內也。所以卷一分沿革、疆域、面積、人口、土壤五目，前面兩目與舊志相去無幾，後三目則采用了較新的統計數字，如面積記爲5 200平方公里，人口268 813（1935年）。土壤則采用了現代科學方法的統計數字，分壤土、砂土、粘土三大類，並給出了百分比。其中永康縣之面積，只相當於今天測繪結果的一半不到。這也可以見出當時科學發展的初步程度。而卷二的地形、山水、河湖，則更是基本上照搬舊志所云了。當時改變自然的人工力量還是很弱的，所以沿襲舊志，無可非議也。

不過，志稿卷三開始，其内容則基本符合《凡例》所云之新事了。

卷三爲機構、團體。《凡例》七："本縣縣境，抗戰期間爲一省政治重心，故首列杭城移永機關團體，次及本縣。"志稿羅列了自省政府以下三十六家自省城遷來的機構、團體名稱，並列出負責人姓名。次及永康本地十七家機構、團體及其負責人姓名。

卷四爲土田。舊志例分縣城土田爲田、地、山、塘四類。志稿采民國以來之分類，將"塘"改爲"蕩"，"即湖沿水區"，餘無改，並采用了新的統計數字，還附有農户佔有土地面積大小的統計表格，由其可見永康佔有土地兩百畝以上的大地主僅五户，百畝以上的三十三户。最多的是占五畝不到的，有114 816户。還附有田價統計表。"賦稅"部分，記錄各類賦稅的名稱及具體數額。

卷五、六、七均爲物產。卷五記農、畜。舊志也記此項，但僅記名目。新志稿不僅增添了舊志無而實際有的新物種，如甘薯，還記錄了每年各類的産量、種植面積。在"農產"下，重點記錄了米、麥、豆、花生、雜糧、茶、麻、白术、水果、蔬菜。"畜產"則記錄了牛、猪、家禽、蛋，並特別注明："本縣之養牛，目的全在力役。"這種情狀，至20世紀70年代仍是如此。卷六是林、礦。"林產"分木屬、竹屬、花屬，還有植樹造林活動的情狀,後附林中鳥獸及特產。"礦產"則記銅、砒石。卷七爲工業,分列針織業、碾米業、製茶業、製糖業、火腿業、手工造紙業、製皂業、製繩業、電氣業、釀造業十類,並有代表企業、資本數、產量、價格、行銷地點等項。由此可窺見永康工業化初期之情狀。

卷八爲交通,分公路、水道、郵政、電政四項。公路四條,分別是永康至縉雲、至武義及金華、至東陽、至仙居。方巖由永康東綫分出支綫可通。水路極短,自縣城至武義及金華,只能行民船竹筏。郵政則縣中有二等局,下設唐先、桐琴、芝英、古山代辦所。電政指的是電報和長途電話服務,均在縣城,長途電話總數爲一對。

卷九爲商業、金融。"概况"先述縣市市日,下及進出主要商品及數量。又記兩個重要行業即轉運即、牙行之名稱及營業額等。金融機構僅一,即永康農民借貸所,資本額爲九百萬元。

卷十爲教育、衛生。初等教育,"較鄰縣仙居、縉雲、義烏、武義均發達","共有小學校三百三十一所。學齡兒童就學者,男有一八三八一人,女有六八七六人,合計二五二五七人"。"失學者","三一三七六人"。從歷史的眼光看,女孩上學的應該不算太少。中等教育機構有四所,另有民衆教育館一所。至於醫院,已有兩所,醫生總數爲四人,每月診病人數七百。

卷十一爲防衛、救濟。防衛機構有保衛團、公安局,其中公安局七十五人。救濟院一所。

卷十二爲古蹟。此內容舊志均有。但此志稿記錄的都是光緒《永康縣志》没有寫到的地方,所以也頗有新意,係根據其他歷史文獻輯成,遺憾的是這些古蹟當時就已部分不存。

卷十三、十四、十五均爲藝文。卷十三"書錄"部分,以胡鳳丹《金華叢書》、胡宗楙《續金華叢書》爲主,餘則盧紹稷略爲可觀。最後是時人一些關於永康的文章、著作,其中干人俊自撰五種,分別爲《永康記》四卷、《方巖山志》二卷、《胡公祠墓錄》一卷、《永康雜錄》二卷、《方巖紀詠》二卷。接以《永康縣志乘考略》，以舊縣志爲重點，延及時人相關纂述。卷十四選録了民國時期人們關於永康的遊記、日記，作者爲郁達夫（著名文學家）、陳萬里（著名攝影家）、嵇光華、應傑人，旅遊書籍《方巖指南》一書的兩篇序言隨其後。此卷中的名家散文，視野開闊，記述真切生動，對瞭解民國時期永康百姓日常生活之情狀，洵爲不可多得之佳作。卷十五爲詩編，其實僅收了余紹宋一人關於永康的詩作，估計此類詩作可能確實不多，另外兵荒馬亂資料搜集也有難度。但附録之楹聯，抄録了杭州胡公墓、方巖胡公祠、壽山五峰書院三處楹聯原文，於保存歷史文獻，不能不說有獨到之功。

最後一卷爲雜記。前面書録中列有干人俊"《永康雜録》二卷"，今天整理出版的《寧海叢書》中，除收録了本新志稿外，干人俊其他關於永康的著述皆不見。推測《永康雜録》全文即此卷内容。不僅如此，干人俊所撰關於永康的五種著述，很可能都已散見於本新志稿各卷。雜記内容駁雜，但應該說很有價值。如第一條就記録了《光緒志》後至民國成立前永康行政領導的姓名、籍貫、簡歷、任期。還有關於胡公神異的各種傳説，繪聲繪色。還記方巖廣慈寺原有僧衆五百餘人，其規模爲今人難以想象。光緒間，寺僧相率而去，巖下街的旅店業纔順勢而起，新志稿記録了此地各家店鋪的名稱，還有方巖下街的臨時商店以及常設商店。各村打羅漢的具體村名及時間也保存在此中。有些材料真是彌足珍貴。

該志與舊志最大的不同，是采用了大量的統計數字，這與多用定性說法的舊志構成了最明顯的區別。簡言之，就是以定性爲主的方法，適合於強調道德掌控的農業社會，而到了工業化、現代化的時代，技術掌控更爲關鍵，統計數字成爲觀察社會的主要指標。當然，如前所說，這些數字可能相當不準確，但這只是技術手段問題。今後的志書，必是越來越依賴於數字。這是一個不可逆轉的趨勢。

該志的缺陷是十分明顯的。它最重大的失誤，是不了解磐安縣是民國二十八年（1939）新建的，永康劃出了相當大一塊地方，志稿卷首《永康山水圖》第一幅所繪的那個宛如伸出的拳頭，再不歸屬永康。卷二中寫到的白瀛山也不再屬永康，永康此後也不再與仙居接壤，所以卷一疆域的記載也有錯誤。如有本縣人士參與，這個明顯的錯誤斷不會發生。另外一個比較突出的問題，是内容太過簡略，不少地方僅僅提供了一些最初級的數字，這當然是由於戰爭期間萬事不得從容，應該説是可以理解的。而從另外一個角度看，我們無論如何應該感謝這麽一位異地文士，在永康缺少合適人選時毅然出手，留下了後帝制時代永康第一部新縣志。有書，畢竟勝於無書！

要特別感謝浙江省社會科學院的吳寒女士，她負責了這次本人標點整理之八部志書前言的録入工作。

盧敦基

2022年4月10—11日

序

自班氏易八"書"爲"志",而後世郡縣記事之書,亦謂之志,猶古侯國之史也。顧作史難,作志未嘗不難。長男人俊之纂《永康新志》,洵難乎其難矣！蓋日寇猖狂,人心惶恐,則創修難也。山陬僻壤,家鮮藏書,則考據難也。人地生疏,語言不通,則審問難也。代遠年湮,復經兵燹,則補綴難也。至舊志自宋迄清,或刱或修,不下十餘家,今存者雖有《正德志》（寧波天一閣藏）、《嘉靖志》（北京大學藏）、《康熙沈志》（故宮圖書館藏）、《道光志》、《光緒志》（浙江圖書館藏）,但粗率瑣冗,體制未精,引援失實,不免有訾議處。重加釐訂,殊費躊躇,則又一難也。不然,七十餘年來,（《光緒志》成于光緒十九年）豈無賢達起而任其責者？大抵存其難而慎之,不覺遷延,以至於今也。洎近歲,疊遭兵燹,已失者不可復得,而僅存者亦漸漸銷亡。繼此不修,勢必于焉終敝。二十八年秋,長男人俊,執鞭縉雲壺鎮安定中學。壺鎮毗連永康方巖,嘗遊其地,而受某方之促,不敢存畏難之見,惕然自勉,搜取文獻,訂訛補闕,忽忽經年,而前所謂難者已稍稍就緒矣。方創始之際,以其母病囑返,就近天台中學執教,以免夢魂之勞,因之纂事忽焉中阻。天下事之難,類如是乎！三十三年秋,長男任本縣縣志館編纂,復受某方之促,抽空續纂成書。都凡十六卷,以其專紀民國後事,名曰《民國永康縣新志稿》。惟其個人力薄,見聞不廣,集遺補闕,糾謬訂訛,深有望于博雅君子者！爰欣其成,爲識其顛末于簡端。

民國三十四年雁蒼人干善韶撰。

凡　例

一、本志專紀民國元年至三十二年事，而非續《光緒志》後事，故曰《民國永康縣新志》。惟成書時，方日寇猖獗，縣境頻危，搜采既苦難周，舊記(《永康記》)又半散佚，幾經易稿，方克成編。

二、《道光志》《光緒志》卷首，俱有"歷代修志姓氏"，本志仍之。

三、前志沿革頗詳。本志刪節歸併，自漢起簡要書之。

四、疆域四至，本無變更，惟民國來鄉區，迭經改置，原附廿四年鄉鎮表，因舊稿遺佚，故僅書其區鄉鎮村間數字。

五、本志面積人口統計，依據《中國實業誌》及《浙江省情》。惟二書所載數字不同，爰俱書之，以供參攷。

六、本志山川，節錄光緒《永康志》及雍正《浙江志》。其所附題詠，以民國人爲限。

七、本縣縣境，抗戰期間爲一省政治重心，故首列杭城移永機關團體，次及本縣。

八、本志土田，分田、地、山、蕩四項，與前志同，其數字則采自二十一年《浙江省糧册》及《浙江省情》，末附每畝田價等二表。

九、本志田賦，分上期、下期二項，起自民國元年度，止於民國二十一年度，末附田、地、山、蕩每畝應徵數。

十、本志物產(一)、(二)，分農、畜、林、礦四項。林產中並附林中禽鳥及林中特產。

十一、本志工業，分針織、碾米、製茶、製糖、火腿、手工製紙、製皂、繩綫、電氣、釀造十項述之。

十二、本志交通，分公路、水道、郵政、電政四項。其資料截于民國二十二年，故其事業尚屬幼稚。

十三、本縣商業不甚發達，本志分概説、轉運業、牙行三項述之。金融因無銀行等，故記載亦簡。

十四、本志教育，分初等、中等、社會三項。所附全縣小學校表，因稿佚暫缺。

十五、本志防衛、救濟二門，俱述民國後事，其資料采自《浙江省情》。

十六、本志古蹟，專紀光緒《永康志》所未載者。古治舊城園亭第宅，合併書之。

十七、本志藝文（一）書録，原以民國人著述爲限。至録及清胡鳳丹著述者，蓋以其所編《金華叢書》有關《續金華叢書》故也。

十八、本志藝文（二），分文編、詩編，凡民國來本邑或非本邑人撰著，而有關掌故者輯之。其已附各門者不重載。

十九、本志雜記，多紀方巖事，蓋以方巖爲一省遊覽勝地也。

二十、本志秩官、選舉、人物及民國紀事年表，皆因舊著《永康記》散佚未補。

二十一、本志迫于時局，囿于見聞，不特集遺補闕尚有待于後來，抑且糾謬訂訛，深有望于博雅。

永康山水圖

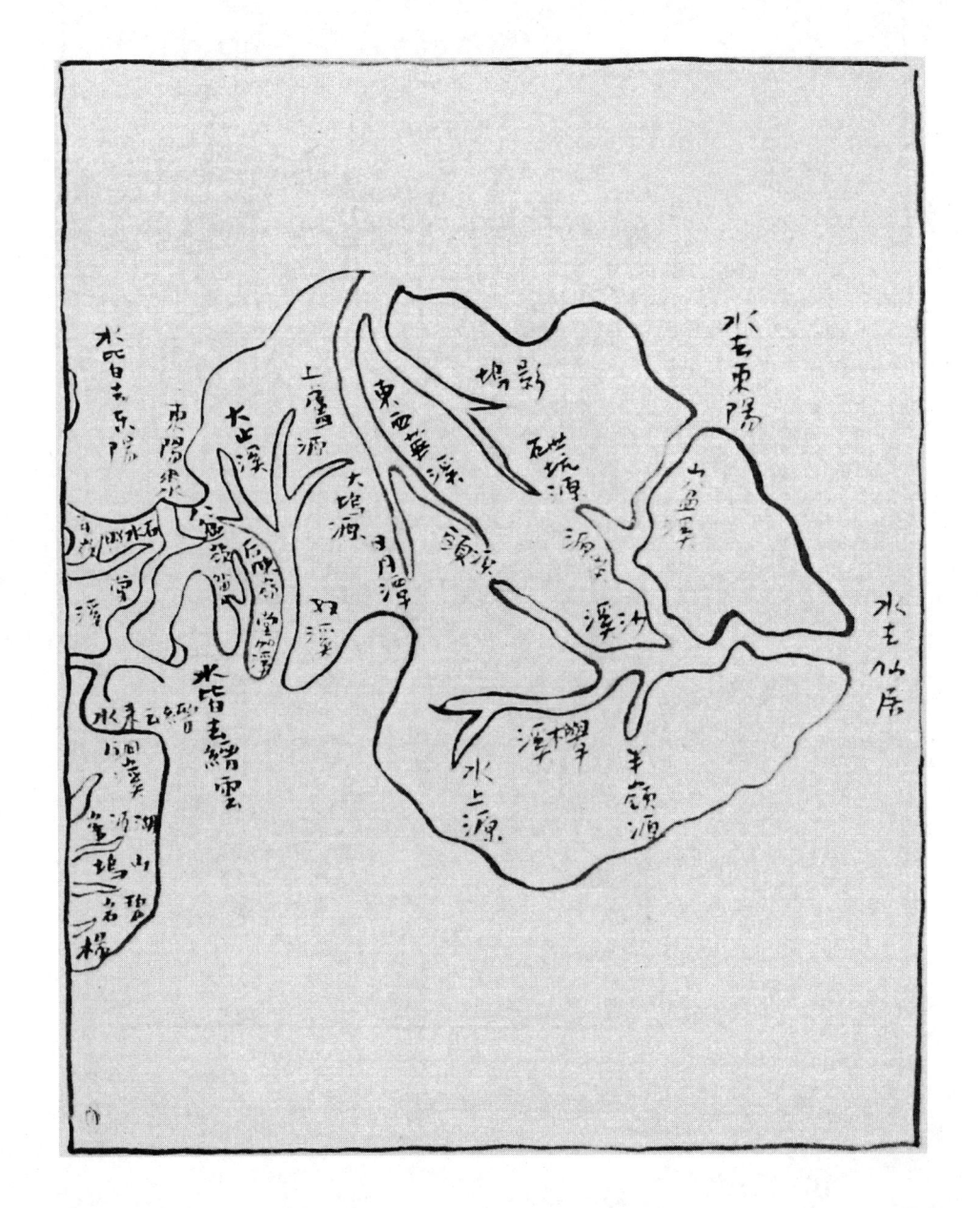

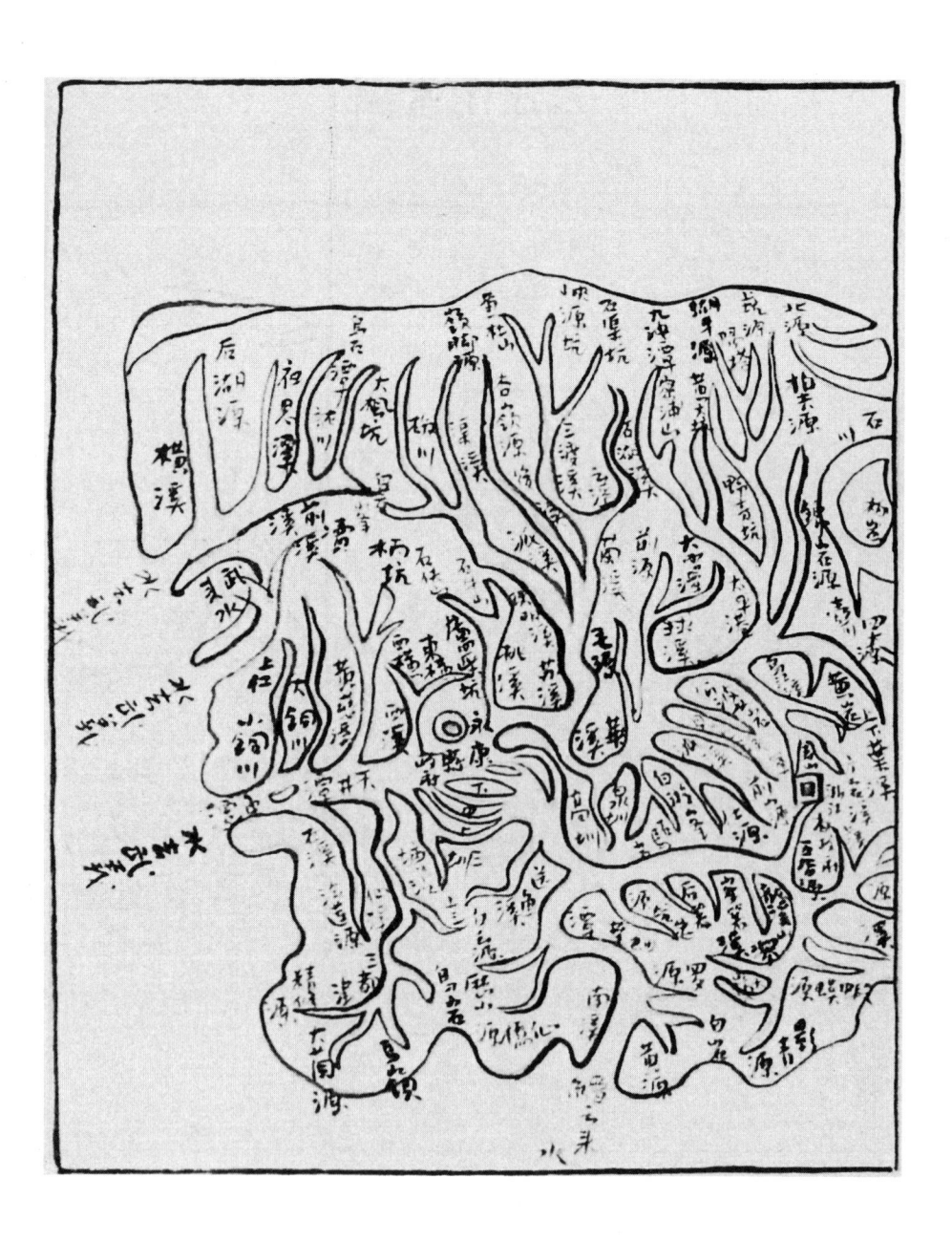

(正德)永康縣志　民國永康縣新志稿

永康道里圖

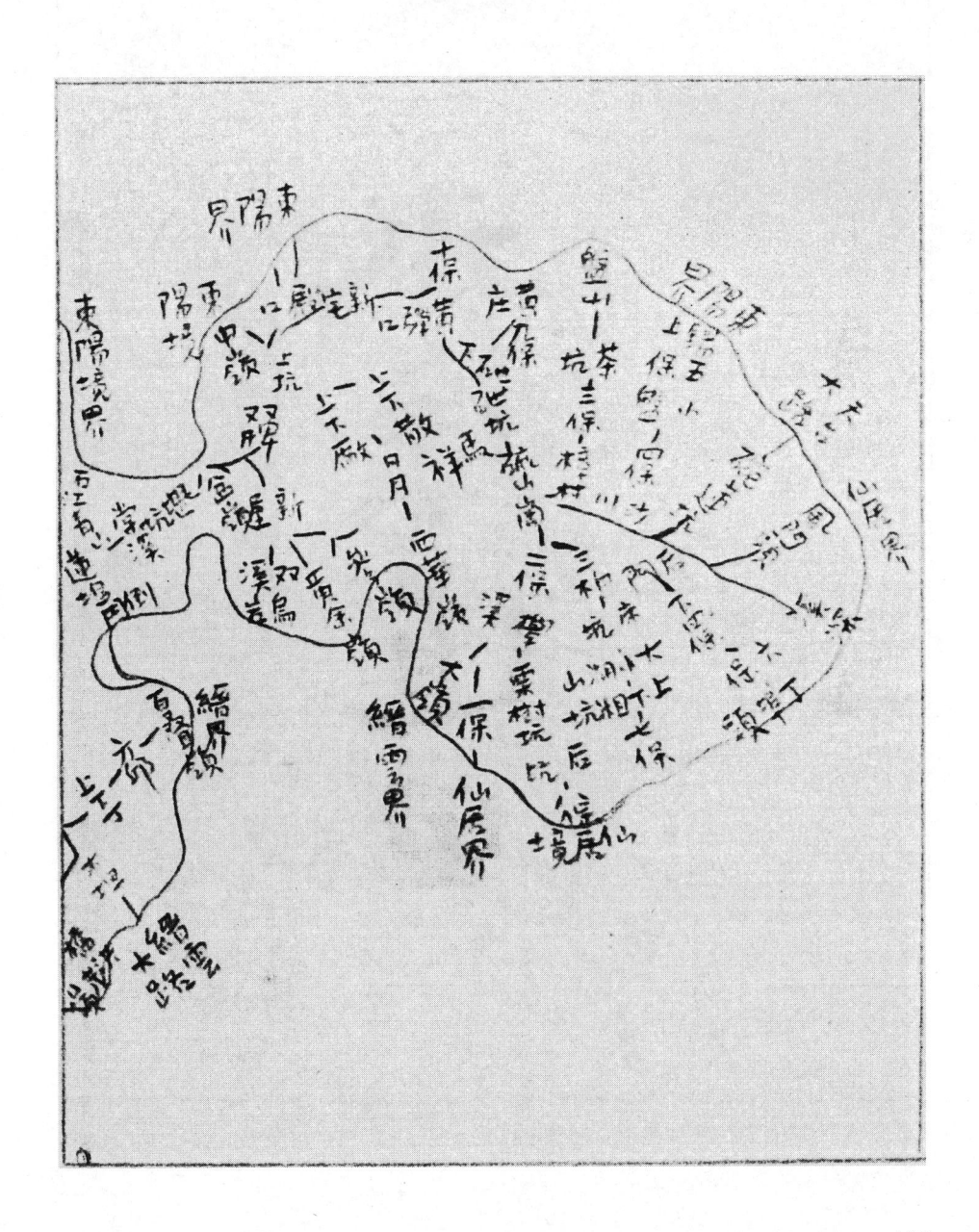

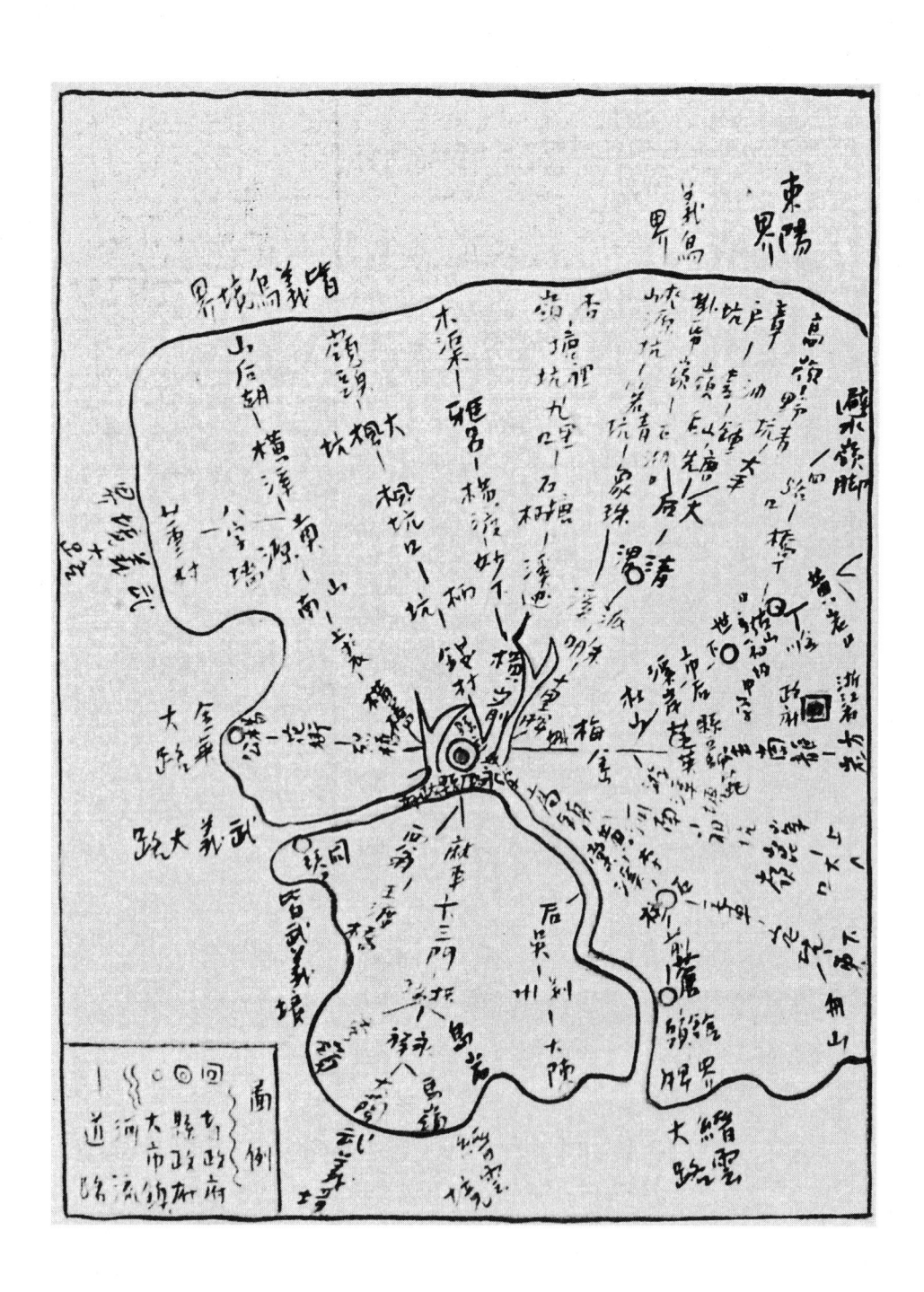

(正德)永康縣志　民國永康縣新志稿

歷代修志姓氏

宋　嘉泰年
　　陳昌年　邑令。始纂邑志。（見雍正《浙江通志》）
元　延祐年
　　陳安可　邑人。續修。（見雍正《浙江通志》）
明　成化年
　　歐陽汶　訓導。分宜人。
　　尹士達　泰和人。（見雍正《浙江通志》）
明　正德年（凡八卷。永嘉葉式序）
　　吳宣濟　邑令。
　　李伯潤　邑令。
　　胡　楷　邑令。
　　劉　楫　學司教。
　　劉　珊
　　艾　瓊　並學司訓。
　　章　懋　蘭溪人。
　　趙懋功
　　徐　訪
　　俞　申
　　周　桐
　　曹　贊

陈　泗　并邑人。（见光绪邑志）

明　嘉靖年

洪　垣　邑令。修。（见《浙江通志》）

明　万历辛巳年（凡十卷）

应廷育　邑人。撰。

吴安国　邑令。检阅。（见《浙江通志》）

清　康熙壬子年（凡十卷）

徐同伦　县令。修。

尚登岸　楚人。

俞有斐　邑人。

虞辅尧　司训。

徐光时

徐宗书

王世钟

程懋昭

汪宏海　俱邑人。（见《浙江通志》、光绪邑志）

清　康熙戊寅年（十六卷）

沈　藻　知县。重修。

朱　谨　县丞。吴郡人。编纂。

余　瀍　司教。

余敬明　司训。

陈　铣　县丞。

王同廱

徐　琮

林徵徽

应锦郁

俞玉韬

徐友範
王同傑
徐　璣
徐彥滋
應本初
徐友閎
程璘初
金兆位　俱邑人。（見《浙江通志》、光緒邑志）

清　道光丁酉年

廖重機　縣令。
陳希俊　縣令。
彭元海　縣令。以上總修。
魏青巖　司教。
鍾鳴鷺　司教。
陸　坊　司訓。以上校閱。
張　凱　縣丞。
江治國　典史。
陳　枚　典史。以上分校。
應曙霞　纂修。
潘國韶　纂修。
徐紹開
呂東皋
徐鍾英
程志簹
王鍾思
胡錫土
陳鳳圖

倪夢魁

胡師尹　俱邑人。以上分修。

程鳳岡

金希范

應鳳吹

徐御星

呂觀光

王大昌

程尚霄

徐志錦

胡朝任

姚纏奎

張化英

王允修

應崇程

林　丹

胡光第

周榮銓

鄭　筠　俱邑人。以上采訪。（見光緒邑志）

清　光緒壬辰年(凡十六卷)

李汝爲　知縣。

郭文魁　知縣。以上總修。

戴穗孫　教諭。

施榮綏　訓導。以上檢閱。

李世均　縣丞。

周錫康　縣丞。

陶錫珪　典史。以上分校。

潘樹棠　拔貢。
陳憲超　舉人。邑人。
陳汝平　恩貢。邑人。以上纂修。
朱正廉　歲貢。
吳鳴謙　附貢。
應炳藻　廩生。
周炳青　庠生。俱邑人。以上分修。
黃人守　廩生。
胡宗衡　廩生。俱邑人。以上董理。
王　齡　歲貢。
章炳文　廩貢。
應祖培　廩生。
舒藻華　廩生。
徐廷卿　庠生。
徐啓璐　庠生。
姚樹人　庠生。
金世恩　附貢。
華　榮　廩生。
倪鳳梧　監生。
馬斯才　監生。
徐師濂　庠生。
王　溶　歲貢。
沈　琪　歲貢。
支廷槐　庠生。
應文煥　庠生。
樓　榮　廩貢。
王樹徽　庠生。

吕師傅　舉人。
施煥成　庠生。
胡濟川　廩生。
童士諤　庠生。
施則行　廩生。
黃位中　增生。
胡洪心　庠生。
胡樹人　庠生。
胡瑞華　廩生。
俞經德　庠生。
朱新荷　庠生。
吕際虞　庠生。
夏惟時　庠生。
盧嗣鏞　廩生。
盧思昉　廩生。
陳祖坦　廩生。
應祖勳　增生。
胡　琮　庠生。
胡養源　廩生。
王承雲　恩貢。
程中傅　廩生。
程贊鈞　廩生。
程汝藻　廩生。
樓鳳修　歲貢。
吴　濂　廩生。
李書丹　廩生。
王昌期　廩貢。

王壽人　庠生。
章景樞　庠生。
黃立鵠　廩生。
陳觀民　庠。
孔憲成　庠生。俱邑人。以上采訪。（見光緒邑志）

民國永康縣新志卷一

寧海干人俊纂

沿 革

漢　烏傷縣地。（清類天文分野之書）

三國　吳太帝赤烏八年,分上虞、烏傷立永康縣,屬東陽郡。（《資治通鑑注》）

吳赤烏八年,分烏傷縣上浦鄉置永康縣,隸會稽郡。寶鼎元年,分會稽郡之西部,置東陽郡,縣屬焉。（光緒《永康縣志》）

晉　東陽郡,統縣永康。（《晉書・地理志》）

南北朝　宋、齊、梁,並屬東陽郡。陳屬金華郡。（《浙江通志》建置表）

隋　隋開皇九年,縣省,入吳寧。尋復置。（《隋書・地理志》）隋,東陽郡統縣永康。（光緒《永康縣志》）

唐　武德四年,置麗州,又分置縉雲縣。八年,廢麗州及縉雲縣,以永康來屬（《舊唐書・地理志》）,仍屬婺州。金華郡隸江南東道。天授二年,析縣之西境,置武義縣。萬歲登封元年,又析縣東南地,置縉雲縣。（光緒《永康縣志》）

五代　吳越,婺州領縣永康。（《十國春秋》）

宋　婺州東陽郡永康。（《宋史・地理志》）

元　婺州路領縣永康。（《元史・地理志》）

明　永康縣屬寧越府,尋屬金華府。（舊《浙江通志》）洪武初,改為寧越府。壬寅,仍改寧越為金華府,領金華、蘭溪、東陽、義烏、永

康、武義、浦江七縣。（光緒邑志）

清　永康縣，屬金華府。

民國　元年，廢府，直隸浙江省。（民國續纂《浙江通志》）

三年，置道，屬金華道。（民國續纂《浙江通志》）

十六年，道廢，直屬浙江省政府。（民國續纂《浙江通志》）

二十一年，劃行政督察區，本縣屬第四行政督察區。（民國續纂《浙江通志》）

疆　域

（民國續纂《浙江通志》）永康地，位東經一二〇度到一二一度，北緯二八度至二九度之間。康熙《浙江通志》：東西廣二百六十五里，南北袤一百里。《永康縣志》：東至馬鬃嶺，界仙居；洪茂嶺，界縉雲。西至楊公橋，界武義。南至黃碧封堠，界縉雲。北至杏嶺及長塢坑，界義烏。東南至南崗嶺，界縉雲。西南至桐琴，界武義。西北至馱塘，界武義。東北至四路口，界東陽。據二十四年六月《浙江省情》載，全縣分七區、一百四十五鄉、七鎮、二千三百零三閭、一萬一千五百五十七鄰。

面　積

永康全縣總面積，據《中國實業誌》所載，爲三千九百三十四方里。茲將平地、山地、道路、河湖、沙塗等面積列表于後：

平地：六七四方里。

山地：三二一八方里。

道路：六方里。

河湖：三〇方里。

沙塗：六方里。

總面積：三九三四方里。

又二十四年出版之《浙江省情》,引用陸地測量局報告書,全縣面積爲五千二百方公里,雖不能謂絕對精確,但比較可靠。

人　口

民國元年調查人口數:十七萬零七百九十九人。(浙江省議會議員額數分配表)

民國十七年,浙江省民政廳調查人口數:二十六萬四千六百三十七人。(《求我山人雜著》)

民國二十年度調查人口數:二十七萬七千七百六十五人。

內男一五〇一一八人;女一二七六四七人。

每方里人口密度:七〇·六〇人。(《中國實業誌》)

民國二十四年《浙江省情》所載:户數爲六萬二千七百八十户,每公方里平均十二户。人口數爲二十六萬八千八百十三人,內男十四萬一千二百五十七人,女十二萬七千五百五十六人。每公方里平均人數五十二人。(《浙江省情》)

土　壤

本縣土壤,據實業部調查,可分爲壤土、砂土、粘土三項,不包括礫土、巖石在內。係按其耕地面積而估計百分比。茲分列於下:

壤土:%　六〇。

砂土:%　一五。

粘土:%　二五。

民國永康縣新志卷二

寧海干人俊纂

地　形

　　光緒《志》"山川"未載詩文。余爲搜輯一二以附之，藉留掌故焉。

　　方巖山　《浙江通志》：在縣東二十里。光緒《永康志》作四十五里。高二百丈，周六里。巖皆平地拔起，四面如削，惟南通一道，至山腰而絕。光緒《永康縣志》：疊石爲磴，如樓梯而升，曰百步峻。磴上沿巖架石，爲棧道，曰飛橋。將至頂，有兩石對峙其上，屋之，曰透關，俗呼爲峰門。入關，地更平曠，約數百畝。中有池，可畝餘。臨池有廟，曰赫靈，祀宋侍郎佑順侯胡則。侯少時讀書此巖，既仕，嘗奏免衢、婺二州身丁錢。人德之，遂因其地立廟祀焉。並廟有寺，曰廣慈。廟久而圮，侯像遷寺中。寺後巖高數仞，有洞，深二丈許，即洞爲樓，曰屏風閣。東偏有坑，深入如井，曰千人坑。由坑上西百許步，下有石谷，泉出谷間，泠泠然如環珮聲，舊有樓曰聽泉。又百許步，巖腰小石洞，人指爲胡侍郎讀書堂。由方巖西三里，別有小石洞，曰石鼓寮，朱晦庵常遊而樂之，呂東萊欲屋之而未果。

　　宋胡則《別方巖》詩：寓居峰頂寺，不覺度炎天。山叟頗爲約，林僧每出禪。虛懷思往事，宴坐息諸緣。照像龕燈暗，通霄磬韻傳。冥心資寂寞，琢句極幽玄。拾菌寒雲下，烹茶翠竹前。遠陰臨岳樹，清響答巖泉。僻徑無來客，新秋足亂蟬。林風生井浪，溪雨長苔錢。自省隨浮世，終難住永年。遍遊曾宛轉，欲去更留連。明日東西路，依依獨黯然。

明吴安國（萬曆間縣令）《方巖晚眺》詩：峭壁平如削，晴嵐望更賒。泉飛峰際雨，石鎖洞中霞。松老還巢鶴，林深欲斷鴉。疏鐘夕陽外，長供飯胡麻。

清尚登岸（康熙間楚人）《方巖》詩：盤巖驚力倦，遙擬山就眠。選樹全遮影，挑雲半壓肩。竹斜清宿澗，松漲碧留天。耐險臨幽勝，斜陽醉晚巔。

沈藻（康熙間縣令）《方巖》詩：絕壁無他徑，懸崖只一關。昔賢從此入，今日未曾還。道在非仙佛，神存亦孔顏。愚尼知報祭，信極反成頑。又云：竹月明初地，松雲覆古寺。並無開士法，今有寓公詩。高步神明接，清吟草木知。塵襟猶未洗，來日願追隨。

應壤《次劉明府登方巖韻》詩：長虹行木末，盤轉一峰高。斷澗安橋上，懸崖置屋牢。雲中聞鳥語，天半聽松濤。速客山僧老，欣然進濁醪。又云：扶筇登絕巘，飛鳥逐人投。放眼千尋頂，置身百仞樓。詩情誰與共？遊債老難酬。但得山房靜，何妨五日留。

石翁山　《金華府志》：在縣東四十里，俗呼公婆巖。《太平御覽》：《東陽記》：山有孤石，望如人坐其傍，又有石似新婦，着花履焉，或名新婦巖。光緒《永康志》：有石柱，若人戴紗幞狀。山之得名以此。近西一峰螺髻，相傳爲石翁婦，故鄉俗又呼公婆巖。其麓有石翁廟。由石翁而西，爲虎跳關，爲大小鷹嘴巖，爲老鼠梯，峭立如壁，僅通樵徑。其頂乃更寬平，可容數千人居。正統括寇之警，里人多依此立砦焉。

龍窟山　萬曆《金華府志》：在縣東五十里。山陽有小空洞，宋陳亮讀書於中，其墓存焉。光緒《永康縣志》：宋陳龍川未第時，初進《中興》五篇，又上《恢復》五書，皆不報。退而藏修其中，與學者講論皇帝王霸之略，棲遲凡十餘年。其陽有崆峒，亦其遊息所嘗及也。成化間里人朱彥宗立龍川書院表之。

民國干人俊《龍窟山懷古》詩：古洞幽深雲霧封，先生曾此隱山中。事功派立空千古,振起尼山百代宗。

桃巖山 《金華府志》:在縣東五十里。巖赤白相間,狀類桃花,下有洞,可容千人。有朱文公、吕東萊講讀遺跡。

元黄溍《過永康桃巖》詩:立石平如削,飛巖近可梯。莫穿千里勝,但惜衆山低。靈草經春長,珍禽隔樹啼。人言舊朝士,感事有留題。(《浙江通志》)

壽山 萬曆《永康縣志》:在縣東五十里。山有五峰,皆石壁平地拔起,周圍如城郭。有大石洞,高敞軒豁,可容千人,其中爲佛刹,曰壽山寺。前爲重樓,樓上爲平臺,周以蘭楯,皆即洞支木爲之,不施椽瓦,而雨雪霜露自然莫及,最爲一方登覽之勝。光緒《永康縣志》:壽山在方巖北三里,有五峰,曰固厚,曰瀑布,曰桃花,曰覆釜,曰雞鳴。固厚峰之下有大石洞,其中爲佛刹,曰壽山寺。巖上有丹書"兜率臺"三大字,人傳爲朱晦翁筆。西近瀑布,有石洞,舊爲羅漢堂,昔壁題有陳龍川書識東萊、晦翁行迹,應石門先生乃就堂東之隙地建麗澤祠,祀朱、吕、陳三賢。祠左爲五峰書院,祠右爲學易齋。瀑布峰之上,有龍湫,水直下數十丈如練。及霽久水瀰,飄風颺颺,濺灑四出,若霧雨然,可望而不可即,亦奇觀也。

明程銈《夜訪石門于壽山麗澤祠》詩:淅淅聞山籟,遥遥起洞天。五峰雖永夜,孤鶴自長年。巖瀑飛珠雨,桃花散錦川。我來忻對榻,山外任浮烟。

明陸鰲《遊壽山》詩:昔聞壽山勝,今上壽山臺。白日千峰合,清秋萬壑哀。冥濛觀衆妙,磊落見群才。共識無言意,非關有象來。

明吴安國《壽山瀑布》詩:桃花峰上水,萬丈灑晴空。到壑看珠碎,懸崖曳練同。非烟籠樹杪,疑雨濕花叢。總覺塵心洗,清音瀉晚風。

清朱謹(康熙間人)《登壽山遊五峰書院》詩:披襟雙洞口,策杖五峰前。天影留巖壑,松聲禁瀑泉。亂雲樵擔出,斜日客心懸。獨立空懷古，回眸一惘然。又云：禮樂青山在，弦歌白日長。眼前春草意，塵外早梅香。穿洞登儒域，憑樓面聖墻。詠歸循石徑，飛雨欲沾裳。

清應壤《壽山石洞》詩：策馬古樵路，清幽別一天。巉巖蹲虎豹，深谷走雲烟。野菊疏籬放，孤松峭壁懸。登臨企風烈，仰止景前賢。

又云：不覺登臺晚，銜山落日斜。野烟迷遠岫，村霧落平沙。度嶺歸雲疾，爭林倦鳥嘩。蒼茫深樹裏，何處是人家。

元黃溍《壽山》詩：鑿井混沌是何年，一石垂空一髮懸。飛瀑化爲天下雨，老僧常伴白雲眠。舊遊不改桃源路，化境能同杞國天。回視人間成壞相，無端劫海正茫然。

李曄《壽山》詩：雙澗橋西五老峰，分明朵朵翠芙蓉。半空絕壁開金像，一道飛泉噴玉龍。怪石坐來斜聽鳥，曲欄憑處倒看松。平生自倚凌雲筆，不媿山僧飯後鐘。（《浙江通志》）

石室山　《名勝志》：在縣東南三十里，高百餘丈。緣崖而上，南北二穴相通，可容數百人，中有石柱。光緒《永康縣志》：又有一巨石，其形如黿，傍有石井，水甚清洌。舊即洞爲寺，曰洪福，今廢。其傍近，又有巖，曰西巖，飛瀑瀉出石壁間。當雨後水盛時，噴薄如轟雷。又有郭公巖、烏峰巖，皆峭拔奇詭。

李曄《題石室山》詩：石室初從混沌分，呀然一竅氣氤氳。山僧慣住黿鼉窟，野老能穿虎豹群。行怪帽簷常礙蘚，坐驚衣袖忽生雲。幾時更借禪床臥，六月松聲絕頂聞。（《浙江通志》）

靈巖山　康熙《永康縣志》：在縣東南四十里。高四百丈，周五里。峭壁拔地，其巖東西橫列，紫色斑錯，青蘚枯木嵌之，蒼藤倒挂，若畫屏然。緣巖架石梁，曲折而上，有洞，南北相通，高丈餘，廣五丈，深二十丈，形勝靈異，故曰靈巖。光緒《永康縣志》：舊有寺，曰福善，今廢。其南麓爲宋少師應孟明墓。

明宋濂《遊靈巖山》詩：不到靈巖二十年，重來風景故依然。三光每隔須彌頂，一竅誰穿混沌先。佛向壺中開淨域，僧從井底望青天。

玉堂無復金蓮夢，暫供僧床半日眠。(《浙江通志》)

明徐文通《靈巖山》詩：歇馬空山裏，蹉跎又隔年。法筵春雁改，梵語客心憐。雨颭瓊花落，經翻貝葉傳。上方聊假寐，明月夜深懸。

其二云：鐘磬叩禪扉，松蘿釣客衣。烟霞來復去，車馬是還非。秋色浮甘露，泉聲滿翠微。祇應留石室，累月未言歸。

其三云：客子憩東林，翛然俯北岑。花陰趺座淺，草色卧鐘深。衣著翠微潤，琴虛流水音。平生慕邱壑，從此豁塵襟。

明吳安國《登靈巖同諸君飲洞中》詩：危巒千仞白雲隈，玉洞凌空積翠開。怪石却愁羊化去，野花誰遺鹿銜來。題詩顧我憐芳草，載酒勞君掃綠苔。解使山靈容吏隱，可令猿鶴莫相猜。

方山　萬曆《金華府志》：在縣東南五十里。山最高。升其巔，下瞰縉雲、武義、東陽、義烏諸縣山川，一目可瞭。光緒《永康縣志》：俯視附近諸名山，如方巖、壽山、石翁、石姥以及橙尖、華釜之屬，纍纍然出於履舄之下，猶禾囷鹽囤也。山頂有寺曰直寂，路峻而遥，遊人罕有至者。

民國干人俊《登方山》詩：山勢崔峨聳入雲，千山環伏若邱墳。自憐路峻無人問，長此蒼蒼麋鹿群。

斗潭山　萬曆《永康縣志》：距縣東南五十里，上有三石潭，水清泚，可鑑毛髮。

民國干人俊《斗潭山》詩：避炎入山林，林中水如玉。魚蝦不相擾，花鳥影勿逐。欲掬濯吾鬢，形影共寒縮。深山既無夏，寂寂甘抱蜀。

石城山　《太平寰宇記》：在縣南一十四里。上有小石城，云黄帝曾遊此。遥望山際，四圍嵯岈，如雉堞然。

絶塵山　康熙《永康縣志》：在縣南三十里，俗呼東溪山。高五百丈，周十里。四面峭壁拔地，石峰叢列，一徑縈紆，斜穿巖石間，以達于頂。有兩石，對峙如門。其中周圍如城，有田六十畝，地倍之。有大井,常汲不竭。光緒《永康縣志》：每有寇警,鄉人多依此以避焉。舊有寺,曰崇福,今廢。

民國干人俊《絕塵山》詩：峭壁圍環一古城,遊人偶憩俗塵清。避秦何用桃源地,山北山南可鑿耕。

歷山　《金華府志》：在縣南三十五里。一曰釜瀝山,高峰負聳,狀如伏釜。光緒《永康縣志》：山頂有潭,廣三畝許,深可二丈餘,俗名龍皇塘。山半下有巖,生成石池三,其水澄澈,亢旱不涸。又有田,人謂舜田。有井,人謂舜井。因而立祠,曰舜祠。

大厨山　康熙《永康縣志》：在縣南三十里。高聳而方,形如立厨,故名。光緒《永康縣志》：谷口爲寓賢韓退齋循仁故居。

民國干人俊《大厨山》詩：空山立大厨,云古藏瑶册。只因世亂離,深鎖寒溜碧。又云：始皇又再世,朝夕聞坑儒。焉得厨重開,來藏古笈書。

石牛山　嘉靖《浙江通志》：在縣北二十里。山巔有石如牛。

民國干人俊《石牛山》詩：平生苦力役,逃此深山谷。吾既無所纏,吾亦無所欲。寂寂守窮巷,帝力復何辱。

鬭牛山　萬曆《永康縣志》：距縣東北四十里,山背兩石相觸,狀如牛鬭。其下爲烏傷侯趙炳祠。

民國干人俊《鬭牛山》詩：誰家放牧入林中,歲歲年年各競雄。人世紛紜原若此,換朝易姓豈終窮。

鳳山　萬曆《永康縣志》：距縣東北四十里,一峰拔地聳起,狀如偉人,岸幘而坐,俗呼爲尖山。康熙《永康縣志》：旁挾兩隴,如鳳之展翼,故名。

三峰山　嘉靖《浙江通志》：在縣東北四十五里。南北兩峰,皆高一百丈,中峰高七十丈,蒙茸峭絕,特異諸山。縣治之祖山也。

華釜山　康熙《永康縣志》：在縣東北五十里。周二十里,高百丈餘。其上平曠,中窩而旁高,狀如仰釜。左爲畫眉巖,右爲棲霞洞。

當華釜、棲霞兩山夾處，曰金城坑。

密浦山　萬曆《永康縣志》：去縣東五十里。華溪之水，發源于此。光緒《永康縣志》：其上有仙人壇。唐中和五年，洪雅禪師嘗結庵於此棲焉。

雲巖山　《懷歸稿》：金華之永康有山，曰雲巖。拔起天半，有巨舟藏壑中，舟尾翹出如薑。

白眉巖　光緒《永康縣志》：山腰有石，狀如人之雙眉，故名。有石洞，穹窿如屋，僧人即以爲居。附近四山回合，蒼翠可挹。

石佛山　光緒《永康縣志》：山腰有石，高二十丈，聳立如菩薩狀。其下舊有興福寺，俗呼石佛寺，今廢。

白瀛山　光緒《永康縣志》：距縣百二十里。其高不知凡幾。山頂平坦，廣數畝，可耕種，亦祀黃七公。山腰有人家，云是葛洪後裔。山周圍三十里許，多種藥材，其芍藥最有名，故俗又呼爲白銀山。

民國干人俊《白瀛山》詩：爲有巖泉好，白瀛遠又招。青山紅芍路，流水夕陽橋。地僻民風古，山深鳥語嬌。塵囂飛不到，耕鑿自逍遙。

桂巖山　光緒《永康縣志》：縣西四十五里，中有木樨，故名。

民國干人俊《桂巖山》詩：扳桂知罕緣，采芝入巖壑。巖中無異香，惟見松花落。

馬鬃嶺　萬曆《永康縣志》：距縣二百二十里，蓋縣之極東鄙也。踰嶺達於仙居縣。嘉靖三十三年，倭寇犯台城，縣於嶺上築砦，屯兵以備焉。

石霞嶺　萬曆《永康縣志》：距縣東一百三十里，上有池，曰日月潭。廣畝餘，澄深莫測。潭上石壁，有赤白痕相間，狀類日月。俗又呼百丈潭。

杳嶺　《金華府志》：在縣東北五十里。一曰豐嶺。石路崎嶇，通義烏縣。

石倉巖　《金華府志》：在縣東北四十里。緣巖西上，石竇玲瓏，相傳洪雅禪師修真之所。巖頂有小石倉。光緒《永康縣志》：巖頂有小石穴如倉，日出米以餉衆僧，隨多寡，無餘欠。後有貪僧鑿大之，米遂不出。其説雖近怪，然存之亦足以省貪也。

民國干人俊《石倉巖》詩：青青古石倉，舊云嘗漏粟。漏粟餉諸衆，鄰間賴飽足。一旦有僧來，欲多鑿其穴。豈知與願違，顆粒不見出。問出抑何忿，餓殍載道路。山靈兮山靈，民食豈可堵。

五指巖　光緒《永康縣志》：爲東北之望山。遠望五峰插天，若人伸手探雲者。然山半巖石赤白斑布，狀類桃花，又一名桃巖。有洞，可容數百人。宋儒吕雲溪皓晚年還自荆南，隱居於此。其頂有小洞，曰棲真。

民國干人俊《桃巖洞》詩：古洞幽可喜，宋儒曾隱此。焉得更廣寬，盡庇天下士。

冠巖　光緒《永康縣志》：縣南二十五里。高數十丈。山皆烏巖，結成方體，如獅形。北向橫列兩洞，穹窿庨豁，深闊各十數丈，中爲神像。兩洞前建有廻廊十數間，極幽静。其四近諸小山，形色皆與此巖一體。今俗呼十八獅云。

民國干人俊《冠巖》詩：十八獅藏古洞間，春深花落鳥關關。老僧見客烹巖瀑，殷勤還將野果攀。

銅山　距縣五十五里。宋元祐中，曾開采銅礦。宣和中廢。紹興中復置，課銅二千三百五十五觔。又以苗脉微渺，采亦無獲，廢。

皇尖山　在縣西花街附近。藏硃石甚富。礦脉由武義而來。（采訪）

河　湖

華溪　萬曆《金華府志》：在縣治東，源出密浦山。光緒《永康縣志》：東流至太平鎮，合壽溪，折而南，合烏江溪。又南，過仙遊橋，西合球溪。又西，至塔海，合酥溪。又西，至縣城之東北隅，合北溪，匯于桃花洞。又西,行闤闠之中,兩涯飛甍,鱗次相對。方春花柳繽紛,景象妍麗,故曰華溪。又西,歷縣治前,與南溪會,水始勝舟。又西,合西門溪。又西,至雙錦,合仙溪。《永康雜記》:又西北,合大銅川,南合石溪,匯爲天井潭。又西,合小洞川,經魚潭。《金華府志》:入武義縣界,下流至郡城,此即所謂永康港。

童璲《華溪》詩:華溪釣隱誠自豪,齊門操瑟非吾曹。綸竿百尺水雲渺,鐵笛一聲山月高。放鶴引尋紫芝洞,得魚醉臥滄江濤。黃塵滿地不歸去,萬里天風吹布袍。(《浙江通志》)

南溪 《金華府志》:源出縉雲土母山。光緒《永康縣志》:東流至黃碧,入于縣境。又東北,至水崢巖,合李溪。又轉而西北,至金勝山之麓,匯爲石鼇潭。又西北,至儒學前,會于華溪。

酥溪 萬曆《永康縣志》:源出二十都峽源坑。光緒《永康縣志》:西流出坑口,合後渠坑水,爲三渡溪。至清渭,合何溪。又南,至下陽,合朱明溪,歷長田、曹園、下溪、紫柏,爲酥溪。過橋至塔海,合于華溪。

李溪 康熙《永康縣志》:源出四十四都峽上。南流至碧湍,西至石室山,周其麓。又西抵官山,轉而至水崢巖,入于南溪。

烏江溪 光緒《永康縣志》:源出三十五都銅坑,西流,合獨松溪。又西北流,合方巖溪。經龍明山,入于華溪。

北溪,又名桃溪。 光緒《永康縣志》:源出石佛山。南流,轉石牛山下。又南行,過梁風橋,入于華溪。

西溪 光緒《永康縣志》:源出于盧柴坑。南流,穿橫山峽,過西門橋,繞水攻山前,入于華溪。

仙溪 光緒《永康縣志》:發源于縉雲馬嶺之北谷。《永康雜記》:有精修、木蘭二源。東流,會烏巖水,轉而北流,入于華溪。

櫸溪 光緒《永康縣志》:其源西出大嶺頭。自西而北,曰烏里坑。自西而南,曰橫坑。又南,曰千染坑。四條水流,至櫸溪合而爲一。自櫸溪順流而東,直抵仙居縣。

民國永康縣新志卷三

寧海千人俊纂

機關　團體

自抗戰軍興，杭城淪陷（二十六年十二月二十四日淪陷），本縣縣境，遂爲一省政治重心。茲將杭城遷永機關團體及原永康機關團體分列于後：

一、杭城遷永機關團體

名　　稱	負責人	地　　址
省政府	黃紹竑	方巖
省民政廳	阮毅成	仝上
省財政廳	黃祖培	仝上
省教育廳	許紹棣	仝上
省建設廳	伍廷颺	仝上
省田賦糧食管理處	魏思誠	仝上
省會計處	陳寶麟	仝上
省合作事業管理處	唐巽澤	仝上
省建設廳水利處	孫壽培	仝上
省審計處	陳伯森	仝上

續 表

名　稱	負　責　人	地　址
省臨時參議會	朱獻文	仝上
浙江省高等法院	鄭文禮	仝上
高等法院檢察處	王秉彝	仝上
浙江區直接稅局	張　森	仝上
浙江區貨物稅局	劉支藩	仝上
兩浙鹽務管理局	倪灝森	仝上
浙閩監察使署	蔣伯誠	仝上
杭州市政府	周象賢	仝上
杭縣縣政府	陳　文	仝上
省區救濟院	方青儒	仝上
浙江軍管區司令部	黃紹竑	仝上
浙江保安司令部	黃紹竑	仝上
省通志館	余紹宋	仝上
杭海關	王義福	仝上
救濟總署浙閩分處	孫曉樓	仝上
浙江省黨部	羅霞天	仝上
省記者公會	劉湘女	仝上
省農會	吳望伋	仝上
省婦女會	徐若萍	仝上
省商會聯合會	金潤泉	仝上
杭州市黨部	沈潛龍	仝上

續 表

名　稱	負責人	地　址
杭州市婦女會	姜梅英	仝上
杭州市中醫師公會	陳杏生	仝上
杭州市作者協會	吳一飛	仝上
杭縣律師公會	鮑祥齡	仝上
杭州市商會整理會	周仰松	仝上

二、永康縣機關團體

名　稱	地　址
永康縣政府	城內
永康縣參議會	仝上
永康縣法院	仝上
永康縣警察局	仝上
永康縣田賦管理處	仝上
永康縣稅務局	仝上
永康縣黨部	仝上
永康縣農會	仝上
永康縣商會	仝上
永康縣教育會	仝上
永康縣工會	仝上
永康縣婦女會	仝上
永康縣佛教會	仝上

續 表

名　　稱	地　　址
永康縣救濟院	仝上
永康縣郵政局	仝上
永康縣電報局	仝上
永康縣民衆教育館	仝上

民國永康縣新志卷四

寧海干人俊纂

土　田

本縣土田，可分爲田、地、山、蕩四類。田即水田，地即旱地，山爲山坡，蕩即湖沿水區。其畝數比較有系統之材料，凡三種：一爲民國十八年立法院統計處之《浙江省農業概况估計報告糧册》所載者；一爲二十一年《浙省糧册》上所載者；一爲二十四年出版之《浙江省情》所載者。兹將後二種數字略述于下：

民國二十一年《浙省糧册》所載數字：

　　田　　　　四二二三五八畝；
　　地　　　　六〇九六一畝；
　　山　　　　一四〇一六六畝；
　　蕩　　　　四五六九五畝；
　　合計　　　六六九一八〇畝。（《中國實業誌》）

民國二十四年《浙江省情》所載數字，與二十一年《糧册》相同：

　　田　　　　田二二三五八畝；
　　地　　　　六〇九六一畝；
　　山　　　　一四〇一六六畝；
　　蕩　　　　四五六九五畝；
　　合計　　　六六九一八〇畝。（《浙江省情》）

附表一

全縣擁有土田畝分業戶戶數比較表（據二十四年《浙江省情》統計）：

  不滿五畝   一一四八一六戶；
  五畝以上   一五一五六戶；
  十畝以上   一〇七四二戶；
  五十畝以上   一五二戶；
  百畝以上   三三戶；
  二百畝以上   五戶；
  共計戶數   一四〇九〇四戶。

附表二

全縣每畝田價統計表（據二十二年實業部調查）：

水田	上	一五〇元	中	一〇〇元	下	五〇元
旱田	上	五〇元	中	三〇元	下	一〇元
山地	上	五元	中	三元	下	一元

（《中國實業誌》）

賦　稅

一、田賦

永康田賦，向分爲地丁與抵補金二項。自二十一年起，將原有地丁改名爲上期田賦，原有抵補金改名爲下期田賦。所有各項附稅，仍照原率帶徵。於是從前折算手續，得以免除。徵輸雙方，均感便利。茲列表于後：

乙　歷年抵補金及下期田賦收入統計表（以元爲單位）：

民國元年度	一,二一五	民國十二年度	二,九五八
二年度	二,四九三	十三年度	二,九八〇
三年度	三,五九二	十四年度	二,七五一
四年度	三,九六一	十五年度	二,六四一
五年度	三,三一七	十六年度	二,八四四
六年度	三,三三三	十七年度	二,六三七
七年度	三,三四八	十八年度	二,五四四
八年度	三,三五一	十九年度	三,三一七
九年度	三,三四八	二十年度	二,〇〇三
十年度	二,八二五	二十一年度	二,五七一
十一年度	三,〇三〇		

甲　歷年地丁及上期田賦收入統計表（以元爲單位）：

民國元年度	五六,七七四	民國十二年度	五五,六一一
二年度	五五,七〇六	十三年度	五七,二六九
三年度	四〇,四〇三	十四年度	五五,二六九
四年度	五六,七一一	十五年度	五三,二六九
五年度	五四,四四六	十六年度	五九,九〇〇
六年度	五九,五一四	十七年度	五三,四〇八
七年度	五七,三六二	十八年度	五〇,〇九八
八年度	五七,〇九六	十九年度	五四,〇五六
九年度	五七,二四九	二十年度	四六,九二三
十年度	五七,〇〇四	二十一年度	一四,六三七
十一年度	五二,六九一		

本縣田、地、山、蕩每畝應徵田賦銀數一覽表（本表依據《浙江省情》）：

甲　田類　每畝應徵數（民國二十二年）

稅　目	等　級	正稅稅率	帶徵附加稅	正附稅併計	畝　額
官職田	一〇	〇·四九四	一·四五二	一·九四六	三,五六〇畝
歸附田	二五	〇·二九二	〇·八五八	一·一五〇	二,四三一畝
僧道田	二七	〇·二七六	〇·八一一	一·〇八七	五,六一六畝
義莊田	三三	〇·二一八	〇·六四一	〇·八五九	七,八七二畝
學院田	三六	〇·一八四	〇·五四〇	〇·七二四	九七九畝
新沒田	三七	〇·一七八	〇·五二三	〇·七〇一	三,四九〇畝
民　田	四〇	〇·一四五	〇·四二六	〇·五七一	三九八,二四二畝
廢寺田	四三	〇·一一六	〇·三四一	〇·四五七	一六五畝

乙　地類　每畝應徵數（民國二十二年）：

稅　目	等　級	正稅稅率	帶徵附加稅	正附稅併計	畝　額
白　地	九	〇·三七四	一·〇九八	一·四七二	一畝
秋租地	三八	〇·〇四五	〇·一三三	〇·一七八	八〇八畝
民　地	三八	〇·〇四三	〇·一二七	〇·一七〇	五八,八四六畝
廢寺地	三九	〇·〇三〇	〇·〇八九	〇·一一九	七七畝
學院地	四〇	〇·〇二八	〇·〇八三	〇·一一一	三〇六畝
沙基地	四〇	〇·〇二五	〇·〇七四	〇·〇九九	二二二畝
新沒地	四〇	〇·〇二三	〇·〇六八	〇·〇九一	六九三畝

丙　山類　每畝應徵數（民國二十二年）：

稅　目	等　級	正稅稅率	帶徵附加稅	正附稅併計	畝　額
新沒山	九	〇・〇二三	〇・〇六八	〇・〇九一	一,六七五畝
秋租山	一〇	〇・〇一七	〇・〇五〇	〇・〇六七	一,三八三畝
民　山	一〇	〇・〇一二	〇・〇三五	〇・〇四七	一三七,一〇七畝

丁　蕩類　每畝應徵數（民國二十二年）：

稅　目	等　級	正稅稅率	帶徵附加稅	正附稅併計	畝　額
歸新塘	二五	〇・〇二〇	〇・〇五九	〇・〇九七	九九六畝
學院塘	二六	〇・〇一八	〇・〇五三	〇・〇七一	六三三畝
秋租塘	二六	〇・〇一四	〇・〇四一	〇・〇五五	五四四畝
民　塘	二七	〇・〇〇九	〇・〇二六	〇・〇三五	四三,五二一畝

本縣田賦項下每元帶徵附加稅細目一覽表（據二十四年《浙江省情》）：

稅　目	期　別	
	上	下
建設特捐	〇・五五三	〇・三〇三
建設附捐	〇・〇八三	〇・〇九一
特　捐	〇・三三九	〇・一五二
自治附捐	〇・一六七	
農民銀行基金	〇・〇八四	〇・〇九一
教育附捐	〇・二五〇	〇・一八二
治蟲經費	〇・〇四〇	〇・〇三〇

續　表

稅　目	期　別	
	上	下
徵收公費	〇·〇九〇	〇·〇三七
農民飛機捐	〇·〇二〇	〇·〇二〇
其　他	一·三六六	〇·八九七
合　計	二·九九五	一·八〇三

二、營業稅

本縣營業稅，自整頓後，即將原有營業稅性質之牙、屠宰等稅捐，亦改爲營業稅。茲據《浙江省情》廿三年七月調查之近三年度實收數統計于後：

稅　目	年　度	實收數
普通營業稅	二十年度	三,二二〇,三七五元
	二十一年度	八,三八七,九三三元
	二十二年度	四,七七九,〇〇〇元
屠宰營業稅	二十年度	五,二四〇,二八〇元
	二十一年度	六,六五〇,〇〇〇元
	二十二年度	四,五一八,〇〇〇元
牙行營業稅	二十年度	一,〇四五,五三一元
	二十一年度	七一五,七三七元
	二十二年度	四〇四,〇〇〇元

民國永康縣新志卷五

寧海干人俊纂

物產（一）
農　產
全縣農產表

| 米 | 麥 | 豆 | 花生 | 甘藷 | 油菜子 | 芝麻 | 玉蜀黍 | 茶 | 蔴 | 白术 | 李子 | 枇杷 |
| 甘蔗 | 桃子 | 白菜 | 筍 | 蘿蔔 | 油菜 | 黃芽菜 | | | | | | |

一、米

稻爲本縣最重之作物。其栽培之廣，生產之多，與夫需求之殷，皆超出其他作物之上。全縣所產之稻，大別可分粳、秈、糯三種。茲將其種植狀況、面積、產量分述于後：

1. 種植狀況

播　種　期			收　穫　期			每畝收穫量（擔）		
粳	秈	糯	粳	秈	糯	粳	秈	糯
五月中旬			八月中或下旬			三		

2. 稻田面積

稻田面積歷年不同。茲將二十一年實業部國際貿易局所調查之全縣稻田統計列表于後：

粳稻畝數	秈稻畝數	糯稻畝數	稻田總畝數
三二〇,〇〇〇畝		七〇,〇〇〇畝	三九〇,〇〇〇畝

3. 稻米產量

本縣產米,除受天災外,一般尚屬經常。全縣常年產稻(即穀子)一一八五〇〇〇擔。以稻一石出米五斗或稻一擔(一百斤)出米七十斤計,則全縣常年產米爲八二九五〇〇擔。因人口增加,災害頻仍,常年尚不足數一六四八九九擔。

茲將全縣稻產數量表列下(以擔爲單位。每擔一百斤):

粳稻產量		糯稻產量		秈稻產量		總產量	
常年	二十一年	常年	二十一年	常年	二十一年	常年	二十一年
九六〇,〇〇〇	一,一二〇,〇〇〇	二二五,〇〇〇	二二五,〇〇〇			一,一八五,〇〇〇	一,三四五,〇〇〇

二、麥

麥爲本縣第二重要農作物。農戶所種者,以大麥、小麥爲最多。茲將麥類種植狀況、面積、產量列表于後:

1. 種植狀況

播種期		收穫期		每畝收穫量(斤)				種植土壤		輪種方法	
				常 年		二十一年					
大麥	小麥	大麥	小麥	大麥	小麥	大麥	小麥	大麥	小麥	大麥	小麥
十一月上旬	十一月上旬	五月中旬	五月下旬	一二〇	一二〇	一二〇	一二五	粘土或壤土	沙土	大麥收後接種晚稻以後如此輪種。	小麥收後種甘蔗或晚稻。以後如此輪種。

2. 麥田面積(以舊畝爲單位)

本縣麥田面積,據實業部二十二年調查,總計六四〇〇〇畝,其中大麥田爲四九〇〇〇畝,小麥田爲一五〇〇〇畝。

3. 產量

全縣麥類產量,據二十二年實業部調查,常年總產量七六,八〇〇擔。二十一年總產量爲七七,五五〇擔。茲列表于後:(以擔一百斤爲單位)

大麥產量		小麥產量		總產量	
常 年	二十一年	常 年	二十一年	常 年	二十一年
五八,八〇〇	五八,八〇〇	一八,〇〇〇	一八,七五〇	七六,八〇〇	七七,五五〇

三、豆

1. 種植狀況

豆之種類極多。有大豆(黃豆)、毛豆、蠶豆、綠豆、赤豆、豇豆等。其種植時間亦有不同。茲將本縣大豆之種植狀況列表于後:

大豆種植狀況表

播種期	收穫期	每畝收穫量		種植土壤	輪種方法
七八月	十一月	常年	二十一年	壤土	
		七〇	六〇		

2. 面積

本縣豆類種植面積共二九〇〇畝,內大豆面積最廣,計二六〇〇畝;綠豆二〇〇畝;赤豆一〇〇畝;蠶豆失載。

3. 產量

本縣豆類產量常年計產一八九五擔。廿一年計產一六三二擔。茲列表于後(以擔爲單位):

大 豆		蠶 豆		綠 豆		赤 豆		總產量	
常年	廿一年	常年	廿一年	常年	廿一年	常年	廿一年	常年	廿一年
一,八二〇	一,五六〇			六〇	六〇	一五	一二	一,八九五	一,六三二

四、花生

浙省年產花生僅二十餘萬擔，尚不及山東二十分之一。花生有洋種與土種之別：洋種粒大，富脂肪；土種粒小，脂肪較少。茲將其狀況列表如下：

播種期	收穫期	每畝收穫量（斤）		種植土壤	種植面積	年 產 量	
		常年	廿一年			常年	廿一年
四月	十一月	五五斤	五五斤	砂土	一，〇〇〇畝	五五〇擔	五五〇擔

五、雜糧

本縣農民所種雜糧有甘藷、油菜子、高粱、玉蜀黍、芝麻五種。茲將其種植面積產量及總值列表如下：

類　　別	種植面積（畝）	總產量（擔）	總產值（元）
甘　藷	三，五〇〇	一〇，五〇〇	二一，〇〇〇
油菜子	二，〇〇〇	四〇〇	六，四〇〇
芝　麻	一〇〇	二〇	二四〇
玉蜀黍	九八，〇〇〇	一四八，〇〇〇	五一八，〇〇〇

六、茶

本縣茶園面積共一三五〇畝，年產八六四擔。茲列表如下：

茶園面積	總產量（擔）			總產值（元）		
	紅茶	綠茶	共計	紅茶	綠茶	共計
一，三五〇畝	一九八	六六六	八六四	七，九二〇	三三，三〇〇	四一，二二〇

七、蔴

據《浙江省情統計》，本縣年產一一二六擔。蔴之出產，金華舊府屬僅永康一縣,較湖州、寧波各府屬總和爲多。

八、白朮

白朮爲三年收穫之植物,其功用頗廣,主治風寒濕、死肌、痙疸等症,久服輕身延年。本縣種植面積計二一三畝,年產量計四二五擔,每擔價值爲三〇元,全縣年產總值共一二七五〇元。

九、水果

永康水果有李子、枇杷、橘子、甘蔗、桃子等。茲將其產量價值列表如下:

類別	產量(擔)	價值(元)	縣內銷量(擔)	縣外銷量(擔)	縣外銷地
甘蔗	一二,〇〇〇	七,二〇〇	一〇,〇〇〇	二,〇〇〇	鄰縣
桃子	六,〇〇〇	三〇,〇〇〇	六,〇〇〇		本縣
橘子	五,〇〇〇	三〇,〇〇〇	五,〇〇〇		全銷縣內
枇杷	三,六〇〇	一八,〇〇〇	二,一〇〇	一,〇〇〇	義烏及東陽等縣
李子	四五,〇〇〇	一八〇,〇〇〇	四五,〇〇〇		

十、蔬菜

本縣蔬菜,種植極多。舉其要者,有白菜、筍、蘿蔔、芋艿、油菜、茭白、黃芽菜、芥菜等。茲將其種植面積產量及價值列下:

類別	種植面積(畝)	每畝產量(擔)	總產量(擔)	每擔價值(元)	總價值(元)	行銷地點
白菜	二,〇〇〇	二〇	四〇,〇〇〇	一	四〇,〇〇〇	全銷縣內
筍	一,五〇〇	〇·九	一,三五〇	五	六,七五〇	東陽等縣
蘿蔔	三,五〇〇	二〇	七〇,〇〇〇	〇·八〇	五六,〇〇〇	全銷縣內
油菜	三三,〇〇〇		一九,六五〇			
黃芽菜	六,〇〇〇	六,〇〇〇	六,〇〇〇			

畜　產

一、牛

本縣之養牛，目的全在力役。據二十二年中國實業部統計全縣飼養牛數爲八八〇〇只，每只平均價格爲五十元。茲將飼養及運銷表列下：

飼養牛數	每只平均價	總價值	縣內銷量	縣外銷量	縣外行銷地點
八,八〇〇只	五〇元	四四〇,〇〇〇元	八,四〇〇只	四〇〇只	義烏、金華、無錫

二、猪

本縣所畜之猪，毛色多全白或間花白，其四爪皆白色，耳小，頗清潔，飼料多用豆、麥，故其肉肥嫩可口。以之醃製火腿，味勝各地。茲將其產量及運銷表列下：

每年飼養數	每只平均價格	總　值	縣內銷量	縣外銷量	行銷地點
六〇,〇〇〇只	二〇/只	一,二〇〇,〇〇〇	四五,〇〇〇只	一五,〇〇〇只	紹興、諸暨、蘭溪、武義

三、家禽

本縣農家，以養鷄爲最普遍，幾乎每家皆有。鷄、鴨每年合計產九萬只，價值五萬二千元。茲將其分類產量銷路表列下：

類別	產　量	總　值	內　銷	外　銷	備　注
鷄	八〇,〇〇〇只	四八,〇〇〇元	八〇,〇〇〇只		
鴨	一〇,〇〇〇只	四,〇〇〇元	四,五〇〇只	五,五〇〇只	銷武義、金華

四、蛋

本縣所產之蛋，以鷄蛋、鴨蛋爲大宗。全縣年可產蛋一九〇〇〇〇〇只,總值三七四〇〇元。茲將分類產量總值列表於下：

類別	產量 只	總值 元	內　銷	外銷 元	外銷地點
雞蛋	一,六〇〇,〇〇〇	三二,〇〇〇	一,一〇〇,〇〇〇	五〇〇	紹興、金華、蘭溪等縣
鴨蛋	三〇〇,〇〇〇	五,四〇〇	一〇〇,〇〇〇	二〇〇	金華、武義等處

民國永康縣新志卷六

寧海干人俊纂

物產(二)

林　產

本縣四境環山，人民多賴森林爲生活。其中大部爲松，其次爲杉。現全省劃分林區凡四，本縣屬第二林區（舊金華道）。茲將光緒志中木屬、竹屬、果屬、花屬（木類）列表錄出，並爲之分科如下：

木　屬

松	松杉科	樟	樟科
杉	松杉科	梧桐	梧桐科
柏	松杉科	櫧	殼斗科
楓		油梧	大戟科
樟	樟科	楮（亦名榖）	
槐	荳科	檀	荳科
榆	榆科	櫸	
柳	楊柳科	楝	楝科
杞		冬青	冬青科
桑	桑科	棕櫚	棕櫚科
柘	桑科	桕	大戟科
椿	楝科		

竹 屬

毛竹	禾本科	筀竹	禾本科
斑竹	禾本科	紫竹	禾本科
篁竹	禾本科	桃絲竹	禾本科

果 屬

棗	鼠李科	梨	薔薇科
柿	柿樹科	栗	殼斗科
橘	芸香科	楊梅	楊梅科
梅	薔薇科	枇杷	薔薇科
杏	薔薇科	銀杏	公孫樹科
桃	薔薇科	櫻桃	薔薇科
李		石榴	
檎			

花 屬

臘梅	臘梅科	山茶	山茶科
迎春		木槿	錦葵科
辛夷		繡球	
木芙蓉	錦葵科		

　　本縣爲擴充林木，亦設有縣立苗圃，係十七年七月成立，地點在神農壇，育苗畝數爲十畝。

　　中山林原爲紀念孫總理而植，于每年三月十二日總理逝世紀念日行之。本縣現有中山林所在地點：民國十七年在東嶽宮山西津橋官荒山地，計一〇畝。十八年在龍虎山救濟院後、西津橋下山地，畝數爲三四畝。十九年在天壇水公山溪旁淞石亭山地,畝數爲四〇畝。十七年造林畝數爲一〇畝。十八年造林畝數爲三四畝。十九年造林畝數爲四〇畝。樹種以松、柏、桐、柏、白楊爲多。

附一　林中鳥獸(參録光緒邑志)

鳥　類

鵲	斑鳩	白鷳	白頭翁
鴉	鷓鴣	黃鶯	食蛇雀
雉	鸚鵒	畫眉	
瓦雀	百舌	黃頭兒	
竹雞	鶺鴒(亦名雪姑)	百勞	

獸　類

虎	鹿	麂	豪豬
野豬	狸	野兔	獾
麐	田鼠	松鼠	

附二　林中特產(參録《浙江通志》)

茉莉　有木、藤二種,又名抹麗,謂其能掩衆花也。

千葉桃花　山中有一種千葉桃花,以酒浸飲之,除百病,名桃花酒。

茯苓　松根枯朽,則生茯苓。自生者佳。土人以法種之,五年始掘。

松脂　深山老松,多生松脂。

香薷　產山中。一名香菜。暑月可作蔬。

香附子　一名地久薑,古謂之雀頭香。魏文帝遣使於吳,求雀頭香,即此。

天門冬　金勝山少竹木,惟產天門冬最良。

山羊　永康民有以山羊獻于縣。問所從來,則曰:羊與虎鬭,不勝,匿于隘巷,獲之。縣令縱之。其羊有大力,身牛、犀蹄,頭則羊也。血能療創。

松化石　婺州永康縣山亭中,有枯松樹,因斷之,誤墮水中,化爲石。取未化者試于水,隨亦化焉。其所化者枝幹及皮,與松無異。

礦　產

本縣礦產自宋代銅山開采銅礦後,迄今未見紀載。茲據《光緒志》及近人調查列後:

銅　銅產距縣五十五里銅山。宋元祐中置場錢王、窠心二坑,課銅一十二萬八千觔。宣和中,以課不及額,廢。紹興中復置,課銅二千三百五十五觔。又以苗脉微渺,采亦無獲,廢。

硴石　一、本縣西花街附近皇尖山,藏量甚富,礦脉由武義而來。一、在永康武義邊境楊家,藏量亦富,礦脉亦來自武義。

民國永康縣新志卷七

寧海干人俊纂

物產(三)

工 業

一、針織業

永康針織業,尚稱發達,共計八家(其他尚有小廠十家)。資本一二二〇〇元。工人七三人。茲據二十二年中國實業局調查所得,分述如下:

廠　名	資　本	工　人	地　點
利華襪廠	九,〇〇〇元	三四人	白粉場外
惠群襪廠	二,〇〇〇元	二二人	山川壇
陳茂昌	五〇〇元	五人	工街
周椿記	三〇〇元	四人	大橋碑
益興和	一〇〇元	二人	大橋碑
傅恒豐	一〇〇元	二人	永寧坊
孔錦大	一〇〇元	二人	永寧坊
陳賢維	一〇〇元	二人	山川壇

其他十家,資本合計不過五百元,故從略。

永康針織原料,以棉紗居多,全年需用一五〇件。次為紗綫,年

需三〇件。其主要出口爲襪類,年可出產一二二〇〇打以上。茲將各家常年出口額列後:

利華襪廠	一〇,〇〇〇打	益興和	二〇〇打
惠群襪廠	四,〇〇〇打	傅恒豐	二〇〇打
陳茂昌	五,〇〇〇打	孔錦大	二〇〇打
周椿記	五〇〇打	陳賢維	二〇〇打
合　計	一二,二〇〇打		

二、碾米業

永康碾米廠,共有五家,資本總數一五四〇〇元,每廠平均數爲三〇八二元。機器總數,有柴油引擎五部,碾米機九部。工人總數二六人。營業額一一八七〇元。內有一家兼營電燈公司。茲將各廠名地址列下:

廠　名	地　址
永康	大司巷(兼營電燈公司)
裕民	河東
永豐	西門
華記	華溪沼
振新	桃花溪畔

三、製茶業

浙省產茶地點範圍極廣,幾無縣無之。永康全縣年產量爲八六四擔。其製造由鮮茶葉采下,即由茶戶製造粗茶,由茶棧收買後,再行烘製裝箱,輸出國外與國內。

四、製糖業

浙省南部產甘蔗與糖梗較多。本縣之第三區如象珠、唐先等鄉鎮，尤以產糖梗著。本縣年產糖梗九〇〇〇〇擔。

製糖程序，于每年十一月上旬，將老熟之甘蔗或糖梗，去其根葉，繼榨蔗車榨取汁後，好蒸發而製糖。茲將本縣製糖家數及產量列下：

種類	製造家數	產量	價格（每擔）	行銷地點
紅砂糖	三〇	一,二〇〇擔	一二元	武義、東陽等縣

五、火腿業

永康所產之火腿，亦曰金華腿。腿之來源，全恃養豕。本縣養豕戶有二〇〇〇〇家，每戶平均養豬三只，每年產豕六〇〇〇〇只。因飼料多用豆、麥及米湯等，比較清潔，長成之豕，肉極脆嫩。

製腿時期，多于冬季及初春行之。冬季制曰冬腿，質佳，可耐久藏。初春製曰春腿，質差易壞。本縣除腿棧製腿及風肉外，畜豕農戶多自行醃製。全縣醃戶約百數十家。茲將本縣近二年產量列表于後：

民國二十年

火腿（只）	價格（元）	風肉（擔）	價格（元）
二二,〇〇〇	七七,〇〇〇	五五,〇〇〇	一九,二五〇

民國二十一年

火腿（只）	價格（元）	風肉（擔）	價格（元）
二四,〇〇〇	八四,〇〇〇	六〇,〇〇〇	二一,〇〇〇

六、手工造紙業

本縣所造之紙，名金屏及中方。全縣有槽戶十六家。茲列表于後：

表一

槽戶數	槽數	資本	工人	產價
一六家	三二	一九,六四七元	二四〇人	八五,一九四元

表二

紙名稱	產量	價值	類別
金屏	二五,六二〇塊	八四,五四六元	竹
中方	七二〇塊	六四八元	草

七、製皂業

浙省製皂廠，據二十二年實業局調查，共有三十家。本縣僅利生廠一家。茲列表于次：

表一

廠名	資本	組織	設立年月	工人	地點
利生廠	六〇〇元	合資	民國二十一年六月	一	永康城內學前

表二

廠名	產量	總價	商標
利生廠	二五〇箱	一,三五〇元	

八、製繩綫業

浙省為產絲之區。絲綫製造，所在多有，惟以本縣與杭州、東陽、浦江等縣為最。王同泰、胡裕大、孔錦大、徐同美、同昌升五家，均為本縣著名絲綫號店，共計資本約一萬元，專向本縣之各家婦女收買絲綫。全縣每年可產絲綫六百斤，每斤十一元五角二分，總值七千元。土絲由富陽、蘭溪、義烏等縣購來，出口行銷于本縣及縉雲。

九、電氣業

浙省七十五縣，有電燈廠設立者，凡五十八縣，其中一廠者有三十縣，永康亦其一也。茲將其情況列表于下：

廠名	地址	設立年月	組織性質	資本額	發電容量 kW	原動機種類	電流種類	電壓種類	營業種類	用電戶數
永康電燈公司	永康	民國十一年	商辦	一〇,〇〇〇元	四〇	油機	直流	二二〇	燈、碾米	一六〇戶

十、釀造業

全省七十五縣，除昌化外，七十四縣無不出產。本縣以黃酒最多，年產二八七〇〇〇分。茲據《浙江省情》列表如下：

黃酒產額　單位分	行銷區域	旺淡時期
二八七,〇〇〇	本縣境	春、冬旺，夏季淡。

民國永康縣新志卷八

寧海干人俊纂

交　通
公　路

一、永縉路

永縉路爲永康通縉雲之幹道。全路長三十四公里，寬七公尺，在永康境內長十六公里，經過前倉鎮、石柱鎮，入縉雲境內。運輸之貨物，以火腿、布疋、洋貨、食鹽等項較多。

名稱	起迄地點	全路長	經過本縣重要市鎮	在永里數	寬度
永縉路	永康城至縉雲城	三四公里	永康城、前倉鎮、石柱鎮	一六公里	七公尺

二、金武永路

本路由金華縣經過武義東北隅，入永康境，至縣城。另有支路，通武義縣。幹路長四十八公里，支路長十五公里。支路由武義境至內白鎮，聯貫幹路。

名　稱	起迄點	全路長	經過本縣重要市鎮	寬度
金武永路	金華至永康	四八公里		七公尺

三、東永路

本路由東陽縣至永康縣，經過南馬、世雅，至永康城。另有支路，由世雅通方巖。幹路長□□公里，支路長□□公里。

四、永仙路

由永康石柱，經縉雲北隅壺鎮，至仙居。全路長□□公里，寬七公尺。在永康境內長□□公里。

水　道

永康縣境內之重要河港，為永康港。有一段名華溪。連華溪，共長三六八六公里，通武義、金華。沿岸經過之重要地點，為永康縣城及桐琴鎮。沙灘甚多，通行民船竹筏。通航時期以春、夏二季較久。來往之貨物以火油、白糖、布疋、油、火腿、肥田粉、松樹等最多。

河港名稱	在本縣境內長度	深度(公尺)			寬度(公尺)	水流情形	通行船隻
		水漲	水落	普通			
永康港	三六·八六公里	一·五二	〇·一五	〇·四五	三〇·四	沙灘甚多	民船竹筏

郵　政

永康縣郵局為二等局，主要代辦所，有唐先、桐琴、芝英、古山四處，信櫃□□具。茲將局所及功能列表于後：

永康縣局	二匯輪
唐先	代匯(三)
桐琴	代匯(三)
芝英	代匯(三)
古山	代匯(三)

（附注）本表為簡省字數起見，一切均用簡寫。
二：二等郵局。
代：郵寄代辦所。
匯：匯兌局（開發及兌付之數以二百元為限）。
匯(三)：能通小款匯兌之郵寄代辦所。
輪：輪軌通運局。

電 政

一、電報

據二十年之調查,永康電報局爲支局。

二、長途電話

永康長途電話成于二十一年五月,綫路名稱爲金永分綫。兹列表如下:

完成日期	綫路名稱	段　別	綫質	對數	里數
廿一年五月	金永分綫	金華、武義、永康	十二號鐵綫	一	一四〇

民國永康縣新志卷九

寧海干人俊纂

商　業

一、概況

本縣縣城商業,除通常交易外,例定陰曆一、六兩日爲市日。每值市日,各户人民紛紛進城,或賣或買,分段營業,凡平日無從購買者,市日均可購取。市日係整日爲市,無早、夜之分。又各地市鎮,或定二、七、三、八,四、九,五、十等日爲市,其貿易情形與縣城相同。兹將本縣進出口貿易商品表列後:

進口表

最　　多		次　多		再　　次	
名　稱	數　量	名　稱	數　量	名　稱	數　量
白糖	二萬擔	肥田粉	五千袋	扣布	二百件
洋布	一萬疋	棉花	一千包	紅花草子	二千擔
煤油	五萬听	酥餅	五千筒	石膏	四千擔
香烟	一千四百箱	紗	五百箱		

出口表

最　　多		次　多	
名　稱	數　量	名　稱	數　量
白米	十萬擔	玄胡	二百擔
火腿	一千五百件	芍藥	三百擔

续 表

最 多		次 多	
名 稱	數 量	名 稱	數 量
紗袜	一萬二千五百打		
生姜	三千擔		

二、轉運業

本縣轉運業尚發達。全縣有五家，資本爲五〇〇〇元，營業額爲八〇〇〇元。兹將轉運業表列後：

名 稱	設立年月	主要業務	資本額	營業額
呂中和		運輸貨物	一,〇〇〇元	一,六〇〇元
應廣裕		仝上	一,〇〇〇元	一,六〇〇元
協 和		仝上	一,〇〇〇元	一,六〇〇元
萬 通		仝上	一,〇〇〇元	一,六〇〇元
裕 通		仝上	一,〇〇〇元	一,六〇〇元

三、牙行

本縣牙行，總數有十九家，大都代客買賣，收取牙傭。兹將其種類列表如下：

名 稱	家 數	營業額	備 注
紙貨行	四	一八,一〇〇元	
山貨行	四	一二,六〇〇元	
木 行	五	二四,七〇〇元	
米 行	二	一九,〇〇〇元	
牲畜行	四	二三一,八〇〇元	

金 融

本縣無銀行、錢莊、典當之設。金融機關,僅農民借貸所一處。茲列表如下(據《浙江省情》):

名　稱	資本數額	資本來源	成立年月	備注
永康農民借貸所	九,〇〇〇,〇〇〇元	田賦項下帶徵	二十二年十月	

民國永康縣新志卷十

寧海干人俊纂

教 育

一、初等教育

本縣初等教育，較鄰縣仙居、縉雲、義烏、武義均發達。全縣二十一年度，共有小學校三百三十一所。學齡兒童就學者，男有一八三一人，女有六八七六人，合計二五二五七人。失學者，男有一四四六二人，女有一六九一四人，合計三一三七六人。

二、中等教育

1. 永康縣立中學　在城內
2. 培建初級中學　在城內
3. 永康縣立師範　在芝英
4. 日新初級中學　在古山

三、社會教育

本縣社教機關，據《浙江省情》二十一年度，全縣有民眾教育館一所，民眾學校五十六所。

衛 生

本縣截至二十三年止，其已成立醫院二所，醫師數共四人，每月診病人數七〇〇人，能收容病人數三〇人，每月藥品材料費一八〇元。

民國永康縣新志卷十一

寧海干人俊纂

防　衛

一、保衛團

二十四年四月，中央修正《縣保衛團法》公布後，本縣即設置總團部，以縣長兼總團長，區設區團部，由區長兼區團長，分別成立縣區基幹隊、常備隊。

至二十二年度，本縣保衛團第一期第一後備隊，抽編名額為四七三人，官佐計總團長、副總團長、督察長、軍事訓練員各一人，分隊長五人，正副區團長各八人，訓練助理七人，及其他等，合計四五人，開支浩大，經費年需六六，一七四元。茲將二十三年本縣保衛團收入經費表等列後：

表一

名　稱	捐　率	全年收入數	合計	年　限	用　途
田賦附捐	上期每元帶徵三角八分九釐	一七，七〇〇元		以一年為限	保衛團經費
畝捐	地每畝四分五釐，民田一角六分八釐，官田五角一分三釐。上期每元帶徵九角七分六釐五毫，下期每元帶徵八角九分六釐	四六，三一四元	六六，一七四元	未定	仝上
商店捐	自行派定月繳一百八十元	二，一六〇元		未定	仝上

本縣保衛團槍械數量,據二十二年度統計,有步槍、馬槍、手槍等三六一枝。茲分別列表如下:

表二

類　別	造　別	數量(枝)	合　計
步槍	德、俄、意、漢、奧、滬等造	二二四	三六一枝
	土造	六一	
馬槍	德造	一二	
手槍	自來德	四五	
	白郎林	一二	
	其他	七	

二、公安局

本縣公安局創于光緒三十二年至三十四年間,先後由地方士紳仿省會之制,自行集歀籌設巡警局。宣統末年,巡警局改爲警務長公所。辛亥鼎革,始稱警察所。民國二十一年,爲提高縣長職權,改爲縣公安局。據二十一年度統計,本縣公安局警官及警察共七五人。警官有局長及分局長各一人,局員六人,巡官一人,警察六六人。經費年需一四一九〇元。

救　濟

本縣救濟事業,向由地方團體或私人團體辦理。自十七年份内政部頒發各地方救濟院規則後,始有救濟院之籌備。至二十一年度,全省各縣除景寧外,均先後完成。據《浙江省情》所載,二十一年度本縣救濟院經費爲四八三三元。

民國永康縣新志卷十二

寧海干人俊纂

古　蹟

永康自三國立縣以來，上下幾千百年，其間城郭、樓臺、園池、亭榭，莫不使後人登臨緬懷。爰將《光緒志》未見者補續之：

唐麗州治　唐武德四年，即縣地置麗州，而徙縣治于城之北。（《浙江通志》）

憩堂　在縣西。大觀初，令徐嘉言建。（《浙江通志》）

道愛堂　在縣治。宋紹興十九年，令宋授建，尹穡爲記。（《浙江通志》）

飛虹亭　在方巖頂。兩石對豎，俗呼峰門，下有飛虹亭。（《浙江通志》）

屏風閣　方巖之頂，有洞，深二丈，即洞爲閣，在佑順祠后。（《浙江通志》）

呂皓宅　縣東北桃巖，有洞可容數百人，宋時呂雲溪皓隱居于此。（《浙江通志》）

胡則宅　則，永康人，家於方巖，後立爲祠。（《浙江通志》）

鶴鳴畈　在永康縣東北三十里。俗傳梁時石翁山鑿石，有雙白鶴飛出。（《浙江通志》）

佚老庵　橫山吳君泯，治別室之西偏，榜以佚老庵。（《浙江通志》）

花錦地　永康縣西三十里，有石廣數丈，文采如錦。（《浙江通志》）

抱膝齋　光緒邑志作抱膝亭，宋陳龍川亮築，葉適有《陳同甫抱

膝齋》詩。(《浙江通志》)

韓循仁宅　岡谷嶺口,爲寓賢韓退齋循仁故居。(《光緒志·山川》)

程文德宅　橙尖山東爲獨松坑,明侍郎程松溪文德居第在焉。(《光緒志·山川》)

林大中別墅　石龜潭之涯,爲宋林樞密別墅故址。(《光緒志·山川》)

普明寺　在龍窟西北,宋陳龍川少長時遊息地。(《龍川文集·普明寺置田記》)

宋陳亮宅　縣東北五十里龍窟,宋陳龍川亮故居。(《龍川文集》卷十六)

恕齋　在龍窟,宋陳同甫讀書之室。(《龍川文集》卷十五)

內省堂、冰心廳　均在縣治道愛堂後。康熙間知縣沈藻等修建。(《永康記》)

稽古樓、觀德廳　均在縣治內省堂後,亦康熙間知縣沈藻等修建。(《永康記》)

戒石亭　在縣治大堂前,康熙間修建。(《永康記》)

射圃　在縣治東。(《永康記》)

縣城池　舊城吳赤烏八年築,後圮。明崇禎十二年,知縣朱露創建東、西二門,疊石爲樓,東曰在德,西曰多助。(《永康記》)

縣儒學　在縣治西,宋崇寧間創建,後旋毀旋建。(《永康記》)

龍川書院　在縣東六十里,宋朱文公、呂成公、陳龍川舊遊之地。嘉靖初,邑人應典爲祠,以祀三賢。知縣洪垣更書院。(《永康記》)

綠野書院　在縣東門外。康熙二十一年知縣謝從雲允士民請,爲總督武定李文襄公建。(《永康記》)

江公堰　在二都長潭口。明邑令江公作。民德之,稱爲江公堰。康熙二十年,知縣謝從雲復加修濬,改稱曰謝公堰。(《永康記》)

行春驛、拱辰驛　均宋驛名。行春在縣東南李溪，拱辰在縣東北尚書塘。(《永康記》)

　　延賓驛　爲元驛名，在縣治西。(《永康記》)

　　宋胡邦直宅　在龍山。(《永康雜錄》)

　　宋應材宅　在靈巖山北。(仝上)

　　宋何子舉宅　在清渭。(仝上)

　　宋何逢年宅　亦在清渭。(仝上)

　　宋李恃宅　在莘野。(仝上)

　　明周文光宅　在城東。(仝上)

　　明應典宅　在芝英。(仝上)

　　明應廷育宅　亦在芝英。(仝上)

　　明徐師張宅　在花園。(仝上)

　　明牟倫宅　在六都。(仝上)

　　明李寧宅　在染塘。(仝上)

　　明童信宅　有十二都。(仝上)

　　明李鴻宅　在厚仁。(仝上)

　　明金銈宅　在桐琴。(仝上)

民國永康縣新志卷十三

寧海干人俊纂

藝文(一) 書錄

清 胡鳳丹,本邑人。

《金華叢書》 二百七十五冊 浙江圖書館木印本。分連史、賽連二種。

經部

《古周易》一卷(附《音訓》) 宋呂祖謙編,一冊。

《禹貢集解》二卷 宋傅寅撰,二冊。

《書説》三十五卷 宋呂祖謙撰,時瀾增修,八冊。

《書疑》九卷 宋王柏撰,二冊。

《尚書表注》二卷 宋金履祥撰,一冊。

《讀書叢説》六卷 元許謙撰,二冊。

《呂氏家塾讀詩記》三十二卷 宋呂祖謙撰,十二冊。

《詩疑》二卷 宋王柏撰,一冊。

《詩集傳名物鈔》八卷 元許謙撰,八冊。

《春秋左氏傳説》二十卷 宋呂祖謙撰,四冊。

《東萊左氏博議》二十五卷 宋呂祖謙撰,六冊。

《大學疏義》一卷 宋金履祥撰,一冊。

《論語集注考證》十卷 仝上,一冊。

《孟子集注考證》七卷 仝上,一冊。

《讀四書叢説》四卷 元許謙撰,六冊。

史部

《大事記》十二卷,《通釋》三卷,《解題》十二卷　宋呂祖謙撰,十三册。

《西漢年紀》三十卷　宋王益之撰,十册。

《青溪寇軌》一卷　宋方勺撰。

《西征道里記》一卷　宋鄭剛中撰。

《涉史隨筆》二卷　宋葛洪撰。

《洪武聖政記》二卷　明宋濂撰。

《明初事蹟》一卷　明劉辰撰,一册。

《旌義編》二卷　元鄭濤撰。

《浦陽人物記》二卷　明宋濂撰,一册。

《蜀碑記》十卷目一卷(附《考異》)　宋王象之撰。

《唐鑑》二十四卷　宋呂祖謙注,四册。

子部

《少儀外傳》二卷　宋呂祖謙撰。

《研几圖》一卷　宋王柏撰。

《楓山語錄》一卷(附《考異》)　明章懋撰。

《日損齋筆記》一卷　元黃溍撰。

《青巖叢錄》一卷　明王禕撰。

《華川巵辭》一卷　仝上。

《帝王經世圖譜》十六卷　宋唐仲友撰,六册。

《詩律武庫前後集》三十卷　宋呂祖謙撰,四册。

《泊宅編》十三卷　宋方勺撰,一册。

《玄真子》三卷　唐張志和撰。

《臥遊錄》一卷　宋呂祖謙撰。

《螢雪叢說》二卷　宋俞成撰。

《龍門子凝道記》三卷　明宋濂撰。

集部

《駱丞集》四卷(附《辨偽》《考異》)　唐駱賓王撰,二册。

《禪月集》十二卷　唐釋貫休撰,二册。

《宗忠簡集》七卷(附《考異》)　宋宗澤撰,二册。

《北山集》三十卷　宋鄭剛中撰,八册。

《香溪集》二十卷　宋范浚撰,四册。

《東萊集》二十卷　宋呂祖謙撰,十册。

《龍川文集》三十卷(附《辨偽》《考異》)　宋陳亮撰,十册。

《何北山遺集》四卷　宋何基撰,二册。

《魯齋集》十卷　宋王柏撰,四册。

《仁山集》五卷　宋金履祥撰,二册。

《白雲集》四卷　元許謙撰,二册。

《淵穎集》十二卷　元吳萊撰,四册。

《黃文獻集》十卷,《補遺》一卷,《附錄》一卷　元黃溍撰,十二册。

《純白齋類稿》二十卷,《附錄》二卷　元胡助撰,四册。

《鹿皮子集》四卷　元陳樵撰,二册。

《青邨遺稿》一卷,《附錄》一卷　元金涓撰。

《九靈山房集》三十卷,《補編》二卷　元戴良撰,三種合訂十册。

《九靈山房遺稿》四卷　元戴良撰。

《宋學士全集》三十二卷,《補遺》八卷,《附錄》二卷　明宋濂撰,四十册。

《王忠文公集》二十卷　明王禕撰,十册。

《蘇平仲集》十六卷　明蘇伯衡撰,八册。

《胡仲子集》十卷　明胡翰撰,四册。

《楓山集》九卷,《附錄》十卷　明章懋撰,十二册。

《漁石集》四卷　明唐龍撰,四册。

《古文關鍵》二卷　宋呂祖謙撰,二册。

《月泉吟社詩》三卷　宋吳渭編。

《濂洛風雅》六卷　宋金履祥編，二冊。

《石洞遺芳》　明郭鐵編。

《退補齋詩鈔》二十卷　光緒間家刊本，五冊，《蟬隱廬舊本書目》著錄。

民國　胡宗懋，本邑人。

《夢選樓詩鈔》二卷一冊　寫刻本。《天一閣書目》著錄。

《東萊呂太師文集考異》四卷　民國十三年永康胡氏夢選樓刊本。

《倪石陵書考異》一卷　仝上。

《魯齋王文憲公文集考異》一卷　仝上。

《淵穎吳先生集考異》一卷　仝上。

《續金華叢書》一百二十冊　浙江圖書館木印本，分連史、賽連二種。

經部

《周易窺餘》十五卷　宋鄭剛中撰，四冊。

《書集傳或問》二卷　宋陳大猷撰，二冊。

《鄭氏家儀》　元鄭泳撰。

《春秋左氏傳續説》　宋呂祖謙撰，三冊。

《春秋經傳辨疑》一卷　明童品撰。

史部

《孫威敏征南錄》一卷　宋滕元發撰。

《敬鄉錄》十四卷　元吳師道撰，三冊。

《金華賢達傳》十二卷　明鄭柏撰，二冊。

《金華先民傳》十卷　明應廷育撰，三冊。

《義烏人物記》二卷　明金江撰。

《金華赤松山志》一卷　宋倪守約撰。

《職源》　宋王益之編，一冊。

子部

《麗澤論説集錄》十卷　宋呂喬年編，四冊。

《格致餘説》一卷　元朱震亨撰。
《局方發揮》一卷　仝上。　三種合訂二册。
《金匱鉤玄》三卷　仝上。
《重修革象新書》二卷　元趙有欽。
《地理葬書集注》一卷　晉郭璞。
《欒城遺言》一卷　宋蘇籀。
《野服考》一卷　宋方鳳。
《物異考》一卷　仝上。
《歷代制度詳説》十五卷　宋呂祖謙，二册。
《齊諧記》一卷　宋旡疑。
《傅大士語録》四卷　北齊傅翕。
《周易參同契通真義》三卷　後蜀彭曉。

集部
《絳守居園池記注》一卷　唐樊宗師。
《默成文集》四卷　宋潘良貴。
《東萊呂太史文集》十五卷，《別集》十六卷，《外集》五卷，《附録》三卷，《補遺》一卷　宋呂祖謙撰，十册。
《金華唐氏遺書》十四卷　宋唐仲友，四册。
《香山集》十六卷　宋喻良能，二册。
《倪石陵書》一卷　宋倪樸。
《癖齋小集》一卷　宋杜旃。
《靈巖集》十卷　宋唐士耻。
《雲溪稿》一卷　宋呂皓。
《敏齋稿》一卷　宋呂殊。
《魯齋王文獻公文集》二十卷　宋王柏，六册。
《學詩初稿》一卷　宋王同祖。
《史詠詩集》二卷　宋徐鈞。

《存雅堂遺稿》五卷　宋方鳳。一册。

《紫巖詩選》三卷　宋于石。

《竹溪稿》二卷　宋吕浦。

《淵穎吴先生集》十二卷　元吴萊,四册。

《金華黄先生文集》四十三卷,附《行狀》一卷　元黄溍,十二册。

《柳待制集》二十卷,《附録》一卷　元柳貫,六册。

《吴禮部集》二十卷,《附録》一卷　元吴師道,六册。

《屏巖小稿》一卷　元張觀光。

《藥房樵唱》三卷,《附録》一卷　元吴景奎。

《樵雲獨唱》六卷　元葉顒。

《白石山房逸稿》二卷　明張孟兼。

《尚絅詩集》五卷　明童冀。

《繼志齋集》二卷,附《瞶齋稿》一卷,《齊山稿》一卷　明王紳。

《竹澗集》八卷　明潘希曾。

《竹澗奏議》四卷　仝上。

《少室山房類稿》一百二十卷　明胡應麟,十六册。

《庚溪詩話》二卷　宋陳巖肖。

《吴禮部詩話》一卷　元吴師道。

《龍川詞》一卷　宋陳亮。

《竹齋詩餘》一卷　宋黄機。

《燕喜詞》一卷　宋曹冠。

朱泳沂,本邑人。

《我國度量衡標準之商榷》　見《民國名人圖鑑》本傳。

盧紹稷,本邑人。

《中國現代教育》　見《民國名人圖鑑》本傳。

《教育社會學》　仝上。

《史學概要》　仝上。

《中國近百年史》 仝上。

《鄉村教育概論》 仝上。

《禮儀作法大綱》 仝上。

程長原，本邑人。

《古今圖書集成索引》 見《民國名人圖鑑》本傳。

《縣政府檔案管理法》 見《民國名人圖鑑》本傳。

徐酉三，奉化人。

《永康方巖指南》 《盤溪草堂浙江書目》十四年鉛印本。

郁達夫，富陽人。

《方巖遊記》 是書由《浙東景物紀略》中錄出，有抄本。

陳萬里

《方巖二記》 是書由《浙東景物紀略》中錄出，有抄本。

嵇光華

《方巖探勝記》 是書由《浙東景物紀略》中錄出，有抄本。

干人俊，寧海人。

《永康記》四卷

《方巖山志》二卷

《胡公祠墓錄》一卷

《永康雜錄》二卷

《方巖紀詠》二卷

永康縣志乘考略

嘉泰《永康縣志》

宋知縣陳昌年纂修。

嘉泰間修。刊本久佚。見雍正《浙江通志》。

延祐《永康縣志》

元永康陳安可纂修。

延祐間修。刊本久佚。見《元史·藝文志補》、雍正《浙江通志》。

正統《永康縣志》

纂者未詳。

修於明代正統以前。見文淵閣目《永樂大典》。

成化《永康縣志》

明分宜歐陽汶修，泰和尹士達纂。

成化間修。刊本已佚。見雍正《浙江通志》。

正德《永康縣志》八卷

明知縣廬陵吳宣濟等修，蘭溪章懋、永康陳泗等纂，永嘉葉式序。

正德九年修。嘉靖三年刊本。寧波天一閣有藏本。

嘉靖《永康縣志》八卷

明知縣婺源洪垣纂修。

嘉靖間修刊本。北京大學圖書館藏。

萬曆《永康縣志》一〇卷

明知縣長沙吳安國修，永康應廷育纂。

萬曆九年修。未見傳本。雍正《浙江通志》著錄。

康熙《永康縣志》一〇卷

清知縣華亭徐同倫修，楚人尚登岸、永康俞有斐等纂。

康熙十年修。次年刊本。日本內閣文庫藏。

康熙《永康縣志》一六卷

清知縣華亭沈藻修，吳郡朱謹，永康王同廱、徐琮等纂。

康熙三十七年修。刊本。故宮圖書館藏。

道光《永康縣志》一二卷　卷首一卷

清知縣廖重機、陳希俊、彭元海先後主修。永康應曙霞、潘國詔纂。

道光十五年創修，十七年修成。刊本。浙江圖書館藏。

《丁酉永康縣志考補》

清永康潘樹棠纂。

同治間纂。金華胡氏夢選樓藏有抄本。

光緒《永康縣志》一六卷　卷首一卷

清知縣李汝爲、郭文翹先後主修,永康潘樹棠、陳憲超、陳汝平纂。

光緒十七年修,次年告成。浙江圖書館藏。

《永康記》四卷

民國干人俊纂,有稿本。

右郡縣。

《永康方巖指南》

民國徐酉三輯。十四年鉛印本。《盤溪草堂浙江書目》著錄。

《方巖遊記》

民國郁達夫撰,編入《浙東景物紀略》中。

《方巖紀略》《方巖遊記》

民國陳萬里撰,俱編入《浙東景物紀略》中。

《方巖探勝記》

民國嵇光華撰,編入《浙東景物紀略》中。

《方巖山志》二卷

民國干人俊輯。鈔本。

右山川。

《五峰書院志》八卷

清程尚斐輯。

乾隆四十六年刊本。浙江圖書館藏。

《方巖胡公廟錄》一卷

民國干人俊輯。有稿本。

右學校祠廟。

《永康雜錄》二卷

民國干人俊撰。有稿本。

右雜記。

《永康題記詩詠》十二卷

不知作者。《宋史·藝文志》著錄。

《方巖記詠》二卷

民國干人俊輯,有鈔本。

右題詠。

民國永康縣新志卷十四

寧海干人俊纂

藝文(二)

凡民國來述作而與本縣掌故有關者錄之。

甲、文　編

方巖遊記　　民國郁達夫　富陽人
(錄《浙東景物紀略》中《方巖》一節)

　　方巖在永康縣東北五十里。自金華至永康的百餘里，有公共汽車可坐。從永康至方巖，就非坐轎或步行不可。我們去的那天，因為天陰欲雨，所以在永康下公共汽車後，就都坐了轎子，向東前進。十五里過金山村，又十五里到芝英，是一大鎮，居民約有千户，多應姓者。停轎少息，雨愈下愈大了，就買了些油紙之類作防雨具。再行十餘里，兩旁就有山起來了，峰巖奇特，老樹縱橫，在微雨裏望去，形狀不一。轎夫一一指示説"這是公婆巖，那是老虎巖、老鼠梯"等等，説了一大串，又數里，就到了巖下街，已經是在方巖的脚下了。凡到過金華的人，總該有這樣的一個經驗：在旅館裏住下後，每會有些着青布長衫、文質彬彬的鄉下老先生，來盤問你："是否去方巖燒香的？這是第幾次來進香了？從前住過那一家？"你若回答他説是第一次去方巖，那他就會拿出一張名片來，請你上方巖去後，到這一家去住宿。這些都是巖下街的房頭，像旅店而又略異的接客者。遠在數百里外，就有這些派出代理人來兜攬生意，一則也可以想見一年到頭方巖香市之盛，一則也可以推想巖下街四五百家人家，競爭的激烈。巖下街的所謂房頭，經營旅店業而專靠胡公廟吃飯者，總有三五千人，大半係程、應二姓，文風極盛，財產也各可觀，房子都係三層樓。大抵的情形，下層係建築在谷裏，中層沿街，上層爲樓，房間一家總有三五十間，香市盛的時候，聽説每家都患人滿。香客之自紹興、處州、杭州及近縣來者，爲數固已不少，最遠且有自福建來的。從巖下街起，曲折再行三五里，就上山。山上的石級是數不清的，密而且峻，盤旋環繞，要走一個鐘頭，才走到胡公廟的峰門。胡公名則，字子正，永康人，宋兵部侍郎，嘗奏免衢、婺二州民丁錢，所以百姓感德，立廟祀之。胡公少時，曾在方巖讀過書，故而廟在方巖者爲老牌真貨，且時顯靈異，最著的有下列數則：宋徽宗時，寇略永康，鄉民避寇於方巖。巖有千人坑，大藤懸挂。寇至，緣藤而上，忽見赤蛇噛藤斷，寇都墜死。盜起清溪，盤踞方巖。首魁夜夢神飲馬於巖之池，平明池涸，其徒驚潰。洪、楊事起，近鄉近林多遭劫，獨方巖得無恙。民國三年，嵊縣鄉民，慕胡公之靈異，造廟祀之，乘昏夜來方巖，盜胡公頭去，欲以之造像。公夢示知事及近鄉農民，屬捉盜神像頭者，盜盡就逮。是年冬，聞嵊縣一鄉大火，凡預聞盜公頭者皆燒失。翌年八月，該鄉民又有二人來進香，各斃于路上。類似這樣的奇蹟靈異，還數不勝數。所以一年四季，方巖香火不絕，而尤以春、秋爲盛。朝山進香者，絡繹於四方數百里的途上。金華人之遠旅他鄉者，各就其地建胡公廟以祀公。雖然説是迷信，但感化威力之廣大，實在也出乎我們的意料之外。這是就方巖的盛名所以能遠播各地的一近因而説的話。至於我們的不遠千里，必欲至方巖一看的原因，却在它的山水的幽静靈秀，完全與別種山峰有不同地方。方巖附近的山，都是絶壁陡起，高二三百丈，面積周圍三五里至六七里不等。而峰頂與峰脚，面積無大差異，形狀或方或圓，絶似碩大的撑天圓柱。峰巖頂上，又都是平地，林木叢叢，簇生如髪。峰的腰際，祇是一層一層的砂石巖壁，可望而不可登。間有瀑布直流,奇樹突現,自朝至暮,因日光風雨之移易,形狀景象,也千變萬化,捉摸不定。山之偉觀,到此大約是可以說得已竟極頂了吧。從前看中國畫裏的奇巖絕壁,皴法皺疊,蒼勁雄偉到不可思議的地步,現在到了方巖,向各山略一舉目,才知道南宗北派的畫山點石,都還有未到之處。在學校裏初學英文的時候,讀到那一位美國清教作家何桑的《大石面》一篇短篇,頗生異想。身到方巖,方知年幼時的少見多怪,像那篇小說裏所寫的大石面,在這附近真不知有多多少少。我不曾到埃及,不知沙漠中的 sphinx,比起這些巖面來,又該是誰兄誰弟。尤其是天造地設,清幽岑寂,到令人毛髮悚然的一區境界,是方巖北面相去約二三里地的壽山下,五峰書院所在的地方。北面數峰,遠近環拱,至西面而南偏,絕壁千丈,成了一條上突下縮的倒覆危牆。危牆腰下離地約二三丈的地方,墻腳忽而不見,形成大洞,似巨怪之張口,口腔上下,都是石壁。五峰書院、麗澤祠、學易齋,就建築在這巨口的上下顎之間,不施椽瓦,而風雨莫及;冬暖夏涼,而紅塵不到。更奇峭者,就是這絕壁的忽而向東南的一折,遞進而突起了固厚、瀑布、桃花、覆釜、雞鳴的五個奇峰。峰峰都高大似方巖,而形狀顏色,各不相同。立在五峰書院的樓上,只聽得見四圍飛瀑的清音,仰視天小,鳥飛不渡。對視五峰,青紫無言。向東展望,略見白雲遠樹,浮漾在楔形闊處的空中。一種幽靜、清新、偉大的感覺,自然而然地襲向人來。朱晦翁、呂東萊、陳龍川諸道學先生的必擇此地來講學,以及一般宋儒的每喜利用山洞或風景幽麗的地方作講堂,推其本意,大約總也在想借了自然的威力來壓制人欲的緣故。不看金華的山水,這種宋儒的苦心,是猜不出來的。初到方巖的一天,就在微雨裏遊盡了這五峰書院的周圍與胡公廟的全部。廟在巖頂,規模頗大。前前後後,也有兩條街,許多房頭在蒙胡公的福蔭,一人成佛,雞犬都仙,原是中國的舊例。胡公神像,是一位赤面長鬚的柔和長者。前殿後殿,各有一尊,相貌裝飾,兩都一樣,大約一尊是預備着出會時用的。我們去的那日，大約剛逢着了廢曆的十月初一，廟中前殿戲臺上在演社戲敬神，臺前簇擁着許多男女老幼，各流着些被感動了的隨喜之淚。而戲中之情節説詞，我們竟一點兒也不懂。問問立在我們身旁的一位象本地出身、能説普通話的中老紳士，方知戲班是本地班，所演的爲殺狗勸妻一類的孝義雜劇。從胡公廟下山，回到了宿處的程××店中，則客堂上早已經點起了兩大枝紅燭，擺上了許多大肉大鷄的酒菜，在候我們吃晚飯了。菜蔬豐盛到了極點，但無魚，少海味，所以味也不甚適口。第二天破曉起來，仍坐原轎繞靈巖的福善寺回永康。路上的風景，也很清異。第一，靈巖也係同方巖一樣的一枝突起的奇峰。峰的半空，有一穿心大洞，長約二三十丈，廣可五六丈左右，所謂福善寺者，就係建築在這大山洞裏的。我們由東首上山，進洞的後面，通過一條從洞裏隔出來的長街，出南面洞口而至寺内，居然也有天王殿、韋馱殿、觀音堂等設置，山洞的大，也可想見了。南面四山環繞，紅葉青枝，照耀得可愛之至。因爲天晴了，所以空氣澄鮮。一道下山去的曲折石級，自上面瞭望下去，更覺得幽深到不能見底。下靈巖後，向西北的繞道回去，一路上儘是些低昂的山嶺與旋繞的清溪。經過園内有兩株數百年古柏的周氏祠廟，將至俗名耳朵嶺的五木嶺口的中間，一段溪光山影，景色真象是在畫裏。西南處州各地的遠山呼之欲來，回頭四望，清人肺腑。過五木嶺，就是一大平原，北山隱隱，已經看得橫空的一綫。十五里到永康，坐公共汽車回金華，還是午後三四點鐘的光景。(《浙東景物記》)

遊方巖紀略　民國陳萬里

(録《杭江瑣記》中《方巖》一節)

永康方巖，祀宋胡公則。秋間香汛極熱鬧，因是金、紹各屬，提起方巖二字，幾乎婦孺皆知。第一次我去方巖時，還没有到香汛，巖前街一帶，境象非常沉寂。此番去，熱鬧的日期已過，但是還有點餘波，從此可以推想到香汛時之繁盛。芝英爲自永康往方巖時必經之市鎮,吾儕在此休息,我與靜山購炒米以開水冲之爲乾餐,達夫先生就一小酒肆數兩加皮、一包花生,自得其樂,各人尋找各人所可以果腹者,憧憧往來于一條市街上,誠一趣事也。到巖前街,仍宿程仁昌客店,大約以此處爲最乾净。另有新開一家,似名新隆昌,布置大都相同,下層住轎夫,樓上居香客。香汛時,各家派出夥友,往金華、永康、東陽、義烏各處招接香客。我去金華交通旅館及永康汽車站,均遇見過。如決定寓某一家時,某一家之夥友即給一黃布條以爲標識。此種客店蓋兼有普陀及三天竺之所謂房頭性質,不稱住店,名之曰落房。頭餐時,紅燭高燒,菜有滿桌,有大塊肥肉,有甲魚,有仿佛上供用之白煮鷄。我與靜山要鷄子炒飯,極好,勝於京滬及滬杭車中。旅行至此者,可嘗試也。臨行時,店主人出火腿餉客。客均不受,微微稱謝而已,慣例如此。客店中有歌女三四,香汛時來趕會者餐時嬲客人點戲,揮之亦不肯去。據聞最熱鬧時,咿呀小調之聲,徹夜不絕。因此我意遊方巖者,如其不欲一看香汛時之形形色色,則以避去香汛爲佳,否則種種俗厭,可敗遊山清興。五峰離巖前街最近,過一溪澗進山就是。五峰統名爲壽山,在方巖北約二里許,峰峰都從平地拔起。在五峰書院側,有麗澤祠,祀朱、陳、呂三先生。瀑布峰的瀑,以久旱,僅有細雨樣的飛落幾點。回想到我第一次遊五峰時,沿着瀑布峰的巖脚走到五峰書院去的時候,飛瀑就在你的前面,仿佛挂了一幅珠簾似的,復從此珠簾裏可以看出對面一瀑布。這是一種什麽境界!因爲當時我曾乞靈於我之攝影器,以眼前珠簾樣的飛瀑爲前景,在此細雨迷濛裏,眼綫直穿過去,赫然一條匹練,是一龍湫也爲遠景,構成這樣一幅畫圖。可惜是陰雨天,照得不滿意,想以彌此缺陷,期諸今番者,又值水竭無瀑,兼之微雨依然,不無悵惘。我想暑期在此最勝。安得有此閑功夫,作山中十日,勾留於暢觀五峰瀑所特具形態之餘,實我畫幅,使不能身歷其境的知有這樣一個境界。我不能不期望於異日第三次之遊五峰也。方巖,志稱高二百丈,周六里,頂上爲平地,胡公廟在焉。自南面上山者，歷石級，盤曲而上。將至頂時，設一柵，曰透關。吾儕去時，適有廟戲，道白唱句，均不可解，大概是本地班。小攤裏儘多東洋貨的玩具，真可痛心。山上極骯髒，不是香汛時自然要清靜而整潔得多。一路盤道上，蓆棚很多，盡係丐居。有出其潰爛之下肢于棚外，有則惡聲乞討。此一排一排之連營寨，可憐無告者爲多，此實一社會救濟問題。社會幸福事業日見猛進於歐西者，在吾國漠然視之，使此山明水秀之區，俵儴着此種令人感到不快之污點，是亦香汛遊山時一大缺憾也。方巖四周山峰，宛如巨石層疊相成，中多橫裂，遂成各種大小不同之山洞。峰多圓搏而壁立，殆爲水溜衝洗所致。此不僅在浙東爲奇景，凡我遊蹤所及，均不曾發見是種形態。靈巖之所以成爲如此巨大之石洞者，其故亦在此，與尋常山洞之有石鍾乳者迥異。由靈巖回永康，不經芝英。途中過大溪一山村，錯落相望，固一桃源也。有周姓宗祠，古柏扶疏出墻外。伯惠告我爲宋代所植。余僅能見及影片，不獲一證。伯惠言我，意伯惠不我欺也。後之遊靈巖者，可取道于此，一證實之。越李溪，過劉度嶺（俗名，疑即五封嶺）時望隔溪石室山上，有新建築，殆爲洪福寺舊址，志稱其附近有西巖飛瀑瀉出石壁間，又云巖上有石洞，洞中並有一石柱。惜匆匆經過，不克一登臨之。嶺上松嶺極密。過嶺，有窪地方，是名上溪塘，卿人於此可釣魚蝦。自此約十餘里，即與自永康往芝英之大路合。大概遊方巖者，順便一遊靈巖以後，仍由原道回永康。我兩次遊山，均非舊路。第一次由永康進山，出來徑往東陽。此番則進山以後，由靈巖下山，回至永康。遊山者可以采取我第二次遊山途徑。設有餘暇，沿李溪之筆架山、石室山、絕塵山（石室之南五里餘），均可順道一遊，如此較爲酣暢。《浙東景物紀》）

　　方巖遊記　民國陳萬里

（節錄《浙東遊記》中《永康方巖》一節）

　　民國十七年八月二十六日，星期日。飯後起程，出永康東門，往東北,經金山、蘆頭後,由此即分路,斜向東北,是往東陽,向東即係往方巖的大道。到芝英鎮警察分所,晤徐分所長。因爲轎夫有點不舒服,吃了些痧藥,所裏有一個人給他挑了幾針,遂別了分所長,往方巖。因起程在離芝英約八里的兩頭門地方,略略休息,遠看山裏正在大雨,而轎夫催行,不得已聽之。距巖前街約三四里地方,竟遇大雨,衣服盡濕,兩里内不得凉亭,趕到一家祠堂里避雨,稍停復走,到巖前街宿程仁昌客店。行李安置訖,又大雨。自永康到芝英,計三十里,屬遊仙鄉,爲縣東一大市鎮,人家約有百餘户。今年此處有十二分的年成,米價每元十五斤左右,係足三十兩秤。棉花一路過來很壞,所以價亦昂貴。芝英到巖前街十六里,巖前街到方巖胡公廟約有四里,共五十里。永康到金山、蘆頭途中,兩旁盡是松林,跟昨天過清渭街後所經過的相同。十年以後,樹木都長高了。假使汽車路築成,就仿佛如武康道中。芝英一鎮,全是姓應的。別姓搬進來以後,說是不能發跡,所以祇有應家一族得獨霸一方。此種風氣,較之別的地方如天台之山頭龐、殿前陳、張思村等,更進一步。因爲山頭龐雖説十之六九是姓龐,但是別的姓究竟還有。聽説巖前街都是姓程,不過我在轎裏看到有周家宗祠,恐怕不能如芝英那樣清一色可是客店却都姓程的,並且都用一昌字,如程隆昌、程順昌、程仁昌、程成昌。如此取名的,竟有十餘家,其中有好幾家是三層樓,我所住的那程仁昌,大約有五十個房間,每間四張床鋪,可容二百人左右。其他的客店,大略也相同。香汛自八月初十後到八月底爲第一期,九月初十後到九月底爲第二期,最熱鬧的一天要算是八月十三這一天,叫做打胡公老爺的日子。向來的傳説,胡公爺是管遠不管近的,所以近村的人民,到這一天都要來到廟裏,問他一個不管近的罪名,給他一種懲罰。據説大家拿了許多利器,向着胡公爺作示威運動,在胡公爺面前耀武揚威的指點着,這就算是打了。這一天胡公爺是要逃到諸暨去的,因此諸暨長山山頂上的胡公廟,亦于那一天特別的人多。其實諸暨所供的是明將胡大海,並非宋朝的侍郎胡則。八月十三那天還有一種情形,據說附近各村每一個村子都有一個小的胡公爺,計有一百另八個,每村都背着胡公爺到方巖來,隨從的本村裏人拿着土槍刀刃護駕。你想單單是一百另八村應該要有多少人,所以那一天足有數萬人。聽說賭博是不能禁的,有一次一位縣長親來禁賭,幾幾乎被鄉民圍住,幸虧腿長,趕快就跑,免于窮辱。此處燒香,叫做拜胡公。仙居、天台、縉雲、處州並寧、紹各屬甚至而于杭州以及江蘇、上海各地,來得很多。香汛時的盛況,恐怕要勝過妙峰山呢。夜間大雨,不悉明日能否可以天晴。

二十七日,星期一。七時起,八時由一轎夫引導往遊方巖。經過許多客店,轉向西折北,遠望巖上有房子了,這就是往方巖胡公廟的大道。約有兩三里,有一亭子,此處差不多上嶺,已有三分之二。由此再上,破舊房屋很多,現在都關閉着,想係香汛時的臨時市場。又一里許,到胡公祠。廟宇不大,並且很破壞,據說香汛時所進益的錢,都是一家姓程的收去。這也是一種產業嗎?半嶺有長生庵,說是大羅漢洞,頗肖赤城的中巖。吾們順着一條沿巖邊的小道往南,一面是翠竹。遠望巖街,歷歷在目,並且可以望到四路口。約一里下嶺,迎面一峰,孤聳穿起,轎夫說是公婆巖,當然是個俗稱,從兩頭門方面可以上去。由此一直往東南,經過了兩個村莊,過一個叉口,往南是處州,偏東是壺鎮。靈巖是走南的一股道。途中有一涼亭,橫匾題"靈巖"二字,遂折西,約里許,上山進寺門,是一條極長的衖堂,上面是巖石,穿過去轉灣,即係大殿,供觀音,號福善寺。前有亭園,後有層樓,偏南一門,這才是寺的大門。全部寺屋,除了由前門進來時所見到的山門及二層樓外,其餘都就巖洞建築。大殿不用說,由大殿經過一小衖進去,另有一殿,這在上山所看見的。此外僧房、厨房,都在巖洞裏。此處巖洞之大,在我遊程中,確是第一次。在此休息約一小時,仍由原道回。經村莊里街,看見許多客店,都是姓應,如應成昌之類,跟程成昌、程仁昌是一樣的用意，好像我蘇的稻香村、杭州的張小泉、張少泉，免不了隱射二字，這都是南方人的慣技。要是從北老兒的口音讀起來，順成仁固然區別得很清楚，隱射的技倆那能售呢？不過話又說回來了，北平汪麻子、王麻子又是怎樣解釋？以汪、王，不但北老兒讀音顯然各別，就是吾們南方又何曾一樣？這不是北老兒也免不了隱射嗎？我以為這其間略略有些區別，"順"之與"成"，是讀音上的隱射，可以說是欺矇人們的聽覺。"汪"與"王"原來是哄騙不識字的鄉下人。正是有了張小泉，才有張小湶，加上一個三滴水，使得看的人容易馬虎過去。要是忽略了一邊的邊旁，那就售了計了。所以這種隱射可以說是欺矇人們的視覺，各有各的用意，歸根結底總是騙人，總是希望人家上他的圈套。回來時候，完全依着大路走，所以不必再經方巖南面的小道。稍稍上了嶺，下來就是巖前街。其時西南方黑雲起來，已有小雨。及至寓所，果然大雨傾盆，沒有淋着，真僥倖。此處的山，顯然跟別處不同，就是到處可以見到同赤城一樣的結構，並且很多，像雁蕩的天柱峰，所以與其說是峰，不如說是巒。雁蕩的峰多奇峭，此處的巒多圓潤，一個一個突起着，好似婦女們的乳房。方巖部分極肖石門的鼓巖，所以更可以說與其稱他是方，不如稱他為圓。向東的一部，淺赭色同茶黑色的石質相間，不見有什麼草皮。而在靈巖方面，全部作深黑色，一層一層的草皮，沿着巖石的缺處生長，形成一放綫狀的狀態，就仿佛一個西瓜黑色的表面上見有深綠的花紋一般。而兩個巒間所顯出的一條白痕，這是雨後的水道。總之方巖附近（包括靈巖在內）山巒是可愛的，惜乎沒有瀑布。自靈巖往縉雲七十里，往縉雲之壺鎮祇有三十里。因壺鎮，不能不想到仙都。因仙都，即不能不連想到當時攝影的大失敗。寫到此處，忽然想起下雨之後，山水暴注入溪，亦極可觀。即至三樓，果見方巖水溜有兩處，即携攝影機往屋後空地攝影。店主人跑來告訴我說："這算什麼五峰瀑布？今天才大呢！"我當時因為他這一句話，受到很大的感動，以為方巖本來是沒有瀑布的，今竟聽到"五峰瀑"三字，轉一句文説，不禁爲之神往。當時我就停了那扳機的工作，隨着店主人回寓，穿上套鞋，披上雨衣，就挽程君爲導。他也欣然願往，于是乎出門往北。本來由屋後跨過溪，祇有三里路。現因溪水大，非繞道過橋不可，就有四里多。其時山間雲氣瀺然，細雨迷濛，似無晴意。過橋後往南折西，先見二峰，再轉過去，五峰才完全見到。一路穿行松林中，極幽深之致，瀑布數處，時從松枝隙裏看過去，自峰頂直瀉下來。程君説：這都不是瀑。所稱爲瀑布的，祇有瀑布峰一處。晴時水較小，大雨後極可觀。揣其高度，不亞於雁蕩之大龍湫。到中部，懸空飛灑，其狀尤異。尋常可以沿着巖壁在瀑布的後面走過，直達五峰書院。院屋有樓，依巖建築。現爲農民居住，骯髒不堪，殊爲此勝區減色。書院之西，又有水溜兩處：其一正在兩峰中間，又似小龍湫；一則純屬懸空，人過其下，點點灑落，宛如細雨。五峰書院之峰，即名瀑布峰。其東爲固厚峰。"固厚"二字，明明是形容峰的闊大。峰有巖洞一，中建胡公家廟，祀胡公。對面在桃花峰與覆釜峰之間，亦有一瀑。桃花峰下巖石，色如桃花，故名。覆釜純係像形。進山第一個峰，名鷄鳴，因爲這在東面日出時第一見到日光，所以命名鷄鳴，是叫人會意的味兒。此處有森林，有飛瀑，有幽壑，有敞巖，真是絕好地方。就風景言，遠在靈巖上。然而來方巖的靈巖尚不去，何况五峰？書院爲朱晦翁、呂東萊、陳龍川讀書處，在胡公家廟巖石上有"兜率台"三大字摩崖，還是晦翁所書，現在字跡雖模糊，還能辨識。壁間近人題句中，有"迎面峰巒如伏虎，回頭人海不聞鷄"一聯，頗可誦。回路見方巖後面，亦有水溜數處極壯。回頭五峰飛瀑，大有戀戀不捨之意。山水之移情竟如此。憶余自四月間開始旅行以來，所謂浙東之瀑，石門、雁蕩、石梁都先後到過，此番五洩、五峰，均在無意中得之。遊五洩的必窮其源，然後可以見他的險。五峰妙在懸空，人能自瀑後穿過，可以當得一奇字。雁蕩波瀾壯闊，惜地處偏促，賴有剪刀諸峰，點綴左右，益見勝場。石梁之擅勝處，全在左右兩溪水會合後，自梁下穿過，然後直瀉而下。至於石門，則尋常一瀑布而已。此外天台之珠簾，水亦頗不弱，惜爲石梁所掩。浙東瀑布，恐怕盡在于此。我於數月間竟能一一遊過，深幸山水有緣。頡剛聞之，不知作何感想。

二十八日，星期二。早五時餘起，六時起程。先時有霧，頗陰，後見晴明，出山口時，遠望五峰，似有低徊戀惜之意。此處實有整理必要。就五峰書院及胡公廟兩處原地改建房屋，溪邊剗去雜樹蔓草，除保護原有松林外，復廣事添種，固一絕好避暑處。可惜現在交通還不方便。四十里四路口，過此就是東陽地界。在此四十里中，曾經過九個村鎮，街道狹窄，房屋破舊，一種惡濁空氣，令人不敢下轎。我對于永康的感想，本不甚佳，小小縣城裏沒有一處可以使我發生一種較好的感情，尤其是縣前街一帶，最令人不敢逼視。這是最初到永康時所得的印象。此次重來，亦復如是。悦來店一號房間已有電燈，當較可住，但臨街窗户，用兩塊木板關閉了，太黑暗。開放後，蒼蠅多得不得了，並有臭氣，因此夜間亦不敢開。然而關閉以後，悶熱異常，至不耐。床帳成灰色，且有臭蟲。第二日祇得加緊工作，趕赴巖前街。料想當較永康悦來爲清潔，到後果然。轎夫在葛府午飯，此處離東陽尚有四十里，自巖前街到東陽合計百里，但路不大，實際上祇有九十里。四時進城，仍寓三美，即到警察所及縣政府得見最近滬報。

二十九日，星期三。昨夜三美住客頗多。起初時飲酒猜拳，入後談天甚劇，令人不能安睡。今早四時即起。五時起程，稍有曙光。出城到接官亭，天才大亮。後轉北，這才跟往義烏一條路分叉。渡東陽江，路遇許多梨擔，因爲今天東陽是市集。二十三里，在二十三里略停，此處距義烏二十三，東陽亦二十三，故名。頗有市面，街道上居然看到剪髮的女子。二十七里，蘇溪，適逢市集，熱鬧異常，梨、棗極多，有人專收鮮棗，是做南棗同蜜棗的。八里，到八里橋頭。二十二里，牌頭，時正三點十五分，即換乘人力車。四十里，到諸暨，已五時，復换车，往□王。中途在曹家埠，车夫自己更换，赶到轮船埠，时正七点四十分，官舱已无余位，仍在船篷上，跟人家合一舱位。八时开船，月色极好。翌晨五点半，到江边，雇车回寓。（《旅行杂志》）

方岩探胜记　民国　嵇光华

（录《杭州铁路沿线探胜记》中《方岩》一节）

八时一刻，抵苏溪站，下榻于站南之大同旅馆。周君曾任本站站长，渠谓站南初祗一荒地，通车后起造旅馆数家，兼供饮食，俨然成小市焉。卸罢行装，邀旅馆主询游方岩途径。适逢渠曾亦诣彼指，告颇详，谓离此百五十里，道出东阳县。代步除肩舆外，舟车皆不通。肩舆须二日行，以来回五日计，每乘来回需银七枚，途中膳食归舆人自理（按现在金武永公路已驶行汽车，后之往游方岩者可由杭江路直达金华，换乘汽车至永康前往）。予称内地工资廉。渠复告曰：彼此旅店例，凡舆人引客到店，除供给舆人食宿外，每乘更给银一枚。设乘客复赏酒资一枚，二人五天中有九元收入，生涯尚不恶也。遂央旅馆主人明日代唤三乘。承渠更给函致彼处旅馆介绍，以厚招呼。廿四日，晨起，舆人已候。七时三十分登舆出发。向南行，坡陀起伏，沿路新培松林，童松数尺，千株万株，苍翠袭人。坡陀尽处，田畴相望，田中禾稻荞麦之外，多植粟谷，叶似蔗，棕黄之穗例垂，意即小米子。据云用之酿酒，并和糖制饧饼。行二小时，抵廿三里镇。自苏溪至此，人力车可通。过此，路狭不容轮矣。自此达苏溪、义乌、东阳，皆相去廿三里，遂以廿三里为名镇。越镇街，复行十里，抵一大溪，宽可数十丈，联舟十余，架板其上，为浮桥，以通行人，中间置活板，便启闭以通舟楫。所云舟楫，大抵系竹簿，盖水浅竹簿，载货轻捷也。沙白水碧，风景可人。远望桥南，有山如云，想即大盆山。经山之东南，行十余里，遥见醮楼高耸，抵驰名产火腿之东阳县矣。由西门入，达县府南街，息于四层楼之福兴旅馆，时正十一时半，计行四十六里。阅者必以地有四层楼之旅馆，其阛阓必极繁盛，事实不然。东阳实一腹地小邑，市肆平庸，房屋樸陋，福興旅館乃唯一之高廈，其建築亦非西式，旅館兼營菜館，其生涯似在供應香客，蓋東陽當往來方巖之孔道。方巖以山景著，亦以胡公廟祈禱靈應，聞四方來進香膜拜者踵相接，香市極盛，中途食宿，遂有多量房舍之需，初非有大幫商旅投宿也。予儕以爲時尚早，尚可再行一程，遂單于此午膳。飯罷，命輿人稍候，聊遊觀街市。一時半，復登輿出南門，向南行。經數里，有嶺橫亘。度嶺，曰南午嶺。嶺之兩側，有雙峰對峙，曰東觀峰。迂迴又數里，復度嶺，曰官清嶺，皆林泉秀美。過此，路復平坦。四時抵下徐。東陽至此，又三十里矣。日將晡，乃息程于王大興旅店。下徐係一村集，殊荒落，有旅店數家，大抵供香客寄寓。晚餐恐肴饌不適口，乃命宰雞。陸君躬自指揮烹飪，不圖陸君更具良庖才也。村釀甘冽，微酣就寢。屋臥溪，枕上泉聲喧然。廿五日，晨起，詢店主食宿費，答："隨客意。"審知此去一帶，旅店襲寺院欵式，例無定值，由客自行發願，遂酌賞之。六時四十分，復登程。曉風拂面，曙色照人。行十七里，復抵一大溪。溪上無橋，設有義渡。溪殊寬闊，水淺，太半沙磧，水色澄綠，鮮豔無可比擬。溪水自東來，聞爲金華婺江源流之一，鷺鷥成群，遙立沙際，見舟子過，衝烟飛去。西望跨溪，有石橋長林帶之，景殊妍麗，橋端有鎮市，曰南馬。渡溪行，抵四路口，亦一鎮市。輿人于焉果腹，予儕亦購糕餌點飢。略息，復前進，數經村集。途中續續見男婦老幼香衆，提筐負裹，鵝行鴨步，或來或往，知去方巖不遠矣。及抵山口，有旅店接客，遙相争攬。予儕以有蘇溪旅館主人介紹信，乃囑輿人徑達所介紹之程仁昌旅店。迢遞行三里，始到達。閱時計正午後一時，店當方巖山下。臥室既定，飢腸已鳴。旅店照例先欵以茶點，須臾，酒肴雜陳，羅列滿桌。把酒大嚼，各頗暢適。店前之街，曰巖下街，綿延二三里，村舍叢集，大半屬旅店，供香客寓所，間有售販粗陋雜貨，供鄉曲所需。此間來者，殆皆香客。若予儕以訪景來者，殊僅有也。香市盛時，香客盈千累萬，本鎮不能容納，常分納附近村鎮。

此時香市已淡，香客集中數家。程仁昌有樓三層，中層與街齊，分列房舍若干，供上等賓客棲止。下層在街下面，以宿輿人。上層設備較簡，但有卧榻，不施帳幔，供普通香客寄寓。此時尚寓香客數百人。胡公廟在山上。午膳後，擬上山瞻覽胡公廟貌。店主人子謂爲時已晚，上山來回過促，不如先遊五峰，山路較近，願任嚮導。予僭然之，遂隨其行。繞方巖山北麓，轉向其西隅，便見奇峰列峙。導者指即五峰山。攷原名壽山，以有五峰，故俗名五峰山。其布列如馬蹄鐵狀，南、西、北三面圍合，向東開有缺口。自缺口入峰，壁皆峭立，如入城郭。自北廻環數起，首曰固厚峰，次曰瀑布峰，又次曰桃花峰，又其次曰覆釜峰，末曰鷄鳴峰。有小徑通缺口内，夾徑蒼松如幄，境頗清幽。抵固厚峰下，有大石洞。緣石級而上，高敞軒豁，可容千人，其中爲佛刹，舊爲壽山寺，即洞支木建樓，依覆石爲頂，不施椽瓦，頗擅登覽之勝。巖上有硃書"兜率台"三大字，相傳爲朱文公筆，字跡年久剥蝕，非有人指點而不可辨。其西瀑布峰下，復有石洞，視前略小，亦即洞建樓，額曰五峰書院，始建於明時，爲講學之所。其西旁闢室，曰麗澤祠，祀朱晦庵、呂東萊諸賢。瀑布峰上有龍湫，水從十餘丈濺灑而下，懸空若水簾，四時不竭。桃花峰以石色淺絳有似桃花。覆釜峰頂如覆釜。鷄鳴峰猶如金鷄啼日。審視一帶諸山，石質絶無純粹，巨石皆渾圓石塊及沙土結成。想係水成巖，風雨侵蝕，裂爲平行之石紋，有類倪雲林畫中之"折帶皺"，望之更似酒饌中之千層糕。觀覽罷，日已西下桃花峰矣。歸旅舍，入山香客均已歸集，喧嘩熙攘，如入五都之市。入暮，室中不用油燈，而用燭臺。晚膳，上等客按幫各別開席，普通香客則統開數席，任人雜座。一時紅燭高燒，笑語聲、猜拳聲大作，復有遊行音樂團，四五人爲一組，俟客晚餐鼓吹，索取秋封，並有歌妓，二三其伍，泥客點劇唱歌，管弦嗷嘈，臀簞悠揚，大類喜慶人家之集宴。迄中宵始徹，復繼之以鄉婦誦經，宣佛聲喧囂達旦，不能成寐。旅店中更設有香壇，時見香衆叩首禮拜。予意既千百里來此禮佛，寺廟既在邇，何必更於此作贅舉？解之者曰：初到于此，焚香所以報到也。進香畢於此，焚香所以辭行也。晚間街頭賭攤林立，輿夫走卒相與聚賭，可怪撮爾一處，集五方之人，恆千百成群，既不駐軍，復未設警，未聞不安之象。夜間微聞雨。一宵既過，天復晴朗，早餐後，旅店主人之子復相伴入山。方巖山四面巉峭，從平地拔起，高可二百丈，頂矗立，作立方形。南通一徑，至山腰而絶，更疊爲石磴，崚嶒如梯，曰"百步磴"。磴上沿巖架石如棧道，曰"飛橋"。將至頂，有兩石對峙，中建門闕，曰"天門"。初自下望上，只見小屋一二所，詎知入天門後，屋宇櫛比，綿延里許，地面平曠而深藏，中有池，可畝許。池北有寺，曰廣慈，如來、觀音諸佛外，胡公神像在焉。寺規模宏壯，計前後三殿，第三殿連附於山洞口中，供胡公雕像，左右列晦神、夢神、文昌、財神諸像。攷胡公係宋侍郎胡則，字子正，永康人。少時讀書此山，既仕，嘗奏免丁錢。後人德之，因其澤豹之地，立廟祀焉。廟與廣慈寺，並年久而圮，以公像遷寺中，公像遂與西方諸聖相共矣。寺之上有廣原一片，約數百畝。四周斬削而頂平夷，是此山之特異處也。東望有峰，屹立如坐獅，曰獅子峰。復有峰，尖峭高聳，曰芙蓉峰。西望奇峰列峙，即五峰也。其他錯落尚多，不及一一推考。徘徊有時，定更尋遊靈巖山，仍由店主人子爲導，下百步磴後，有一徑直向南行，復向上爲嶺。由嶺而下，向西行。屈曲行十五里，始抵靈巖。一峰聳起，壁立千仞。初見巖腰，僅小屋數椽，以爲不過爾爾。緣石級而上，抵小屋前，其側穿巖，有門。入門，如走長街，計行六十四步，豁然開朗，別有天地。屋宇參差，梵宮整潔，方知巖腰小屋有聯曰"靈峰削拔疑無路，巖谷幽深別有天"，洵屬寫實。予儕所由，係巖之後徑，巖前另有他徑可出。前有山門，額曰"福善禪寺"。門內爲金剛殿。大殿係就山洞布置，山洞係穿巖南北，乃隔爲前後二大室，另於西偏砌墻分爲走街，即予儕所經之長街也。前室供觀音，其內部甚黝黑，疑盡於此，乃摸索進小門，又復明朗發現。後室顏曰"正學書院"，爲昔時朱文公諸賢講學之所，現供地藏。昔賢講學，每擇名山勝處，宜乎胸襟偉廓，不同凡俗矣。後室洞簷，有石圓而赤，色像日。復有石，圓而白，色像月。相傳發光，曰日月石。前室之南右側有樓，額曰"古清虛閣"，正事修葺，未詳攷。俯仰有頃，相與讚嘆。小憩賦歸，取道石鼓嶺。歸旅店，已下午二時，飢腸轆轆矣。

明日（廿七日），微雨，命輿人回蘇溪店。主人更以茶葉、藕粉、火腿、雨傘等品相贈，均遜辭。酌以金酬食宿費，店主人謙而後受。七時一刻，登輿。主人見予儕一物不領，復將火腿剖其一臠，納諸轎中，堅囑納之，蓋亦通例。予儕早於蘇溪旅店主人處悉聞其慣例矣。肩輿順原道返。下午四時，抵東陽，宿於福興旅館。此則一如普通旅館，開帳付值。

廿八日，仍微雨。七時半，出發。迄十一時半，抵蘇溪，定搭車赴金華。（《浙東景物記》）

　　遊方巖記　應傑人　本邑人

方巖去吾村僅廿里許，與壽山、靈巖、石翁巖相距甚近，又皆為邑中名勝，故士人的往遊者，恒絡繹於途。余少時亦曾涉足其地，而山水之趣，未知領略。及長橐筆四方，回憶昔遊，不復仿佛。今以暑假由甬歸，得重遊焉。出紫霄觀，過桐嶺頭，至雙門，少息。復前行，則巖下街在望矣。及至其地，見人煙稠密，旅店如櫛比然。再行四五里，有巉巖高矗，壁立千尋，遂由石磴拾級而上，俗所謂百步峻者則是。迂曲凡數百丈，抵飛橋。橋以沿巖架石而成。更上為透關。站此俯仰視察，懔然有登高臨深之感，奇險也。自是至大殿，一路平坦，如履康莊。約有數百畝，中有一池，廣畝許。面池有廟，曰赫靈，則胡公舊祀所。並廟有寺，為廣慈寺。壬戌，邑人募捐重修，榱桷椽梁，施以朱漆，今已煥然一新。至其規模宏大，就余足跡所及，捨杭之靈隱、甬之育王、與夫天目、普陀而外，實罕覯。寺中位胡公像，聞由赫靈遷移於此。寺後有巖洞，深二丈許，即洞為閣，曰屏風閣，俗呼後殿，幽雅絕倫。洞之東偏，兩石懸空聳拔，高約百丈，中僅一綫，爲千人坑。世俗相傳，宋代睦賊臘寇，鄉人避居巖上，若干寇緣藤而升，將至，忽見赤蛇嚙藤中斷，寇皆墜死，因以命名也。坑西爲聽泉樓，昔時邑大夫嘗吟詠於此，今已頹廢，爲憑弔者久之。過聽泉樓、百步巖，腰有小洞，相傳爲胡公讀書堂，人跡罕至，蓋荒圮亦久矣。坐憩有頃，則尋原路歸。濡筆記此。

方巖指南叙　徐　靈　奉化人

宗子酉三以其近著曰《方巖指南》者示余。余讀之竟，則敬告曰：君之書有二善，而指陳名勝、嚮導旅人之功不與焉。方巖之神胡公，以功德爲民所祀，非梵宇仙觀之比也。顧今之僕僕奔走手香花而跪且拜者，類茫然不知神之生平，徒欣慕其靈嚮，群焉以干庇佑，邀福利爲的，於設廟之初意背矣！自君書之出，使來遊者知神之所以爲神，而因以動其感羨，則效之念相率而趨于醇懿。此一善也。今之自名新學者常好言闢迷信，視偶像若仇讎。然彼於郡邑祀典之所記，曾未嘗一探索，悍然出其狂論，以爲盡國中之神宇皆淫祠也。讀君之書，乃知神之所以廟食一方，蓋自有其高風偉烈使民念之不可自已者在。擎牲薦醴，歲時饗祭之儀，所以示吾民之好好德、端崇仰，若起古人而爲之表率，不得概以迷信斥之。此二善也。禹甸之大，勝地之若方巖者，殆不可摟指計數。山水清幽之境，又往往有古賢享殿如胡公祠者，閱時長久，常不免五髭須、杜十姨之訛，即生長斯土者或不能舉其故實，客游之輩更無論矣！愚夫愚婦，頂禮雖謹，其用意若媚竈然。襢衷淺識者，遂從而搖其口舌，皆載籍不詳之所致也。安得如吾酉三者，以簡雅之筆，詳稽而類記之，爲他日考掌故、采風土者之一助乎！民國十四年四月，奉化徐靈叙。

方巖指南自序　徐酉三　奉化人

吾友無生之言曰：宇甸之大，勝地之若方巖者，殆不可摟指計數。吾以爲天下名勝載籍所不及記之若方巖者，亦不可摟指計數。論者皆謂萬物之顯諱，固有數在。豈知山水之勝，往往以僻處一隅，尋幽覽勝之徒，足跡所罕至，卒至淹沒而不聞。予奔走十餘年，遊蹤所到，向稱爲大名山、大叢林者，亦不過吾永之方巖若。而不處於通都大會，則處於江江濱海，其所以紀諸載籍而能名於天下也，固宜。然吾永之方巖，雖不能與大名山、大叢林相拮抗，而獨能燔灸於浙東、叩諸三尺童子未有不知方巖者，蓋胡公神之靈感人之深，而方巖亦遂得以神名也。每當秋、冬，遠近之來奉神者，殆千萬計，但祇知有神之靈，而不知神之所以爲神。至若方巖名勝之變遷、古賢之遺跡，又苦無一書足爲遊覽之資助。是書之編，意在此耳。顧今交通日臻便利，吾知數十年後方巖之勝，自能名於天下，固無待於吾書也。民國乙丑孟夏，編者自序。

民國永康縣新志卷十五

寧海干人俊纂

藝文(三)

乙、詩　編

遊永康方巖二首　余紹宋，龍游人。

胡侯廟

峨峨仰方巖，肅肅祀胡侯。胡侯去已久，惠澤猶長留。巖高且方正，洵與盛德侔。石門豁其巔，夷曠同平疇。瞻彼讀書堂，泉石饒清幽。修養信有素，成功非無由。陡絕千人坑，自昔棲亡流。《永康志》載：昔時民避寇於此，侯迭著靈異。靈異且勿論，世變良可憂。大府亦避地，冠蓋滿林丘。今省府移駐此巖下之五峰書院。為政在得人，治理宜勤求。如侯信可法，允與山同休。珠玉粲在前，毋使貽神羞。

壽山（舊五峰書院在此，今為省政府）

永康諸山中，五峰最奇闢。橫疊若累帛，直削成絕壁。諸巖皆水成，歷歷見冲積。想當太古時，巨浸常激盪。水落巖始成，精靈現剞劂。一徑通幽深，萬松弄寒碧。石室訔然開，寬敞資游息。名賢樂冲夷，於焉敷教澤。遂令此山名，千載猶赫奕。昔來仰遺徽，巖阿悅靜寂。今日復來遊，風雲倏變色。林巒走旗蓋，洞穴森榮戟。撫時增感喟，山靈亦悽惻。羨彼山巔羊，徜徉獨自適。巖巔人跡不到處，時見羊成群。聞人言昔有亡羊者，久之，遂孳息於巖穴間，自生自滅云。

于役永康書懷（時應臨時省參議員之選）　　　　余紹宋

山澤不見遺，蒲輪驚殊遇。白首為議郎，幸未忘故步。出處亦何常，抱義期不污。應徵寧本懷，睠睠國多故。物望謬傾心，安敢辭衰暮。所愧成濫竽，徒勞依借箸。大敵尚當前，我圉何由固。災區與流亡，撫綏孰急務。民生方殿屎，疾苦誰與訴。政理紛萬端，更僕難悉數。治絲貴挈綱，去疾宜鍼錮。吾雖無能為，勉竭涓涘助。仗馬吾所羞，覆車吾所懼。其濟諸君靈，不濟謁告去。敢希末路榮，終慕滄洲趣。

黃梅鄧冶歐往見予《題萬年少為顧亭林畫秋江別思圖》古詩，甚加稱許，形諸篇章。己卯夏，予于役永康，僦居高園村舍。冶歐特自方巖來訪。因與訂交。予示以《書懷》篇，冶歐遂依韻作賀詩見贈，因疊前韻答之　　　　　　　　　　　　　　　余紹宋

孟子戒熱中，獲禽憎詭遇。荀卿鞭駑鈍，致遠積跬步。體行慚未能，出處每虞污。寧堪作賀詞，毋乃囿世故。荒村枉車塵，相見嗟遲暮。高唱聲如雷，展誦幾失箸。結交緣故歡，媒介已貞固。顧萬跡雖遙，執義同所務。悠悠號蒼天，望古欲上訴。戎禍今為烈，疇雲關氣散。視息既猶存，烟霞忍成錮。寧貽馮婦笑，冀博愚公助。非無桑榆悲，共此棟橈懼。邦族終我復，相期賦歸去。此意君必知，樂道有真趣。

永康高園村舍　　　　　　　　　　　　　　　余紹宋

瓮牖桑樞絕往還，莓苔蔓草且夷刪。滿村雞鶩容爭食，一室弦歌自閉關。教澤已漓驚俗敝，農功未盡恤時艱。安茲僻陋聊隨遇，懶看溪南濯濯山。

方巖讌集被酒對雨次韻和查寬之見贈用黃仲則太白樓詩韻之作
　　　　　　　　　　　　　　　　　　　　　余紹宋

嗟我奚事人間來，遣愁無那金樽開。杜林醉語真快絕，儒術於我何有哉！而況寇氛近咫尺，那許從容作詞伯。酒酣耳熱不自持，四顧茫茫驚作客。作客方巖朗抱開，論交得君尤展眉。君雖斷飲懼亂性，懸知一日腸九廻。登臨勝集意飛舞，江山何處非吾土。縱教胡馬滿

乾坤,安能撓我神明主。詩情忽寄大江濱,哀思豪語驚衆賓。自傷才拙難爲和,磯頭燕子空招魂。湔愁滌慮亦賴此,此懷耿耿吾與爾。爾能成佛我托仙,解脫未容君擅美。快哉風雨打巖頭,飛泉百道鳴林丘。散珠戛玉同撫掌,可以詞源三峽流。

中秋（時寓居永康高園村舍） 余紹宋

去年團欒月,照我沐塵居。今年羈旅人,待月荒村墟。久待月不出,清樽設徒虛。翹首怨浮雲,奚爲慘不舒。天公憐我癡,好風爲驅除。破空忽一現,慰我情躊躇。既開還復合,好景惜須臾。雨來竟無蹤,霡霂沾衣裙。衣沾豈足惜,旅懷且暫攄。團欒本難久,好景亦易徂。慰情既勝無,還歸臥蓬廬。清夢到沐塵,覺來猶遽遽。

和陶公九日閑居僭次其韻 己卯九月客永康作　　余紹宋

重陽鬱重陰,涼飈暄暄生。佳節乃不樂,奚以副其名。靡靡歲漸寒,慨焉懷淵明。持醪竟靡由,如聞太息聲。我今猶抗髒,傷秋惜餘齡。思親不能已,有酒難爲傾。即事不能高,有菊任自榮。登高怯兵氣,動我羈旅情。棲遲亦何娛?淹留更無成。

于役永康,與朱郁堂共事。郁堂年七十,余亦將六十矣。臨別攝影留念。郁堂信佛,持戒甚嚴。來書謂將籍是影以共葆歲寒,要予題詩其上　　　　　　　　　　　　　　　余紹宋

何期垂暮得追隨,共此巖光照亂離。劫裏重逢難盡意,老來歡聚反增悲。苟全但冀能常住,守道還須善護持。色相未空仍健倔,相看毋負歲寒姿。

寓永康下園朱村培園感舊 有序　　　　　余紹宋

園爲徐思培所築,屋舍精潔,去秋始落成。予時在永康,暇輒往訪,恆同坐草地,賞四圍桑楓之美,臨別攝影留念。不圖今夏,恩培遭炸殉職,園遂歸他人所有。頃復來永康,即借寓斯園,觸目皆可傷也。因有此作。

華屋生存嘆幾時,西風又送我來玆。興懷怕詠山樞什,赴難欣符

白馬辭。芳草如茵啼鴂盡，霜楓罷畫去鴻疑。那堪觸目皆遺物，豈僅黃壚一霎悲。

  八月朔過永康下塔寺朱守梅故居慈竹堂感賦   余紹宋

  閑尋縞紵已堪傷，況復重經舊草堂。慈竹垂陰空瑟索，守梅事其後母至孝，故以慈竹名其堂。老梅無生培淒涼。守梅平生愛梅，卒之日，猶出堂觀看，返寢即逝。冲懷至行原難及，公義私交豈遽忘。簷斷塵凝感今昔，丹暉爲我慘無光。是日日全食。據天文家言，三百九十餘年僅一見云。

附楹聯

  杭州胡公墓 墓在杭州龍井。公諱則，官杭守，晉侍郎。永康人。有德政，歿封顯應侯。

  龍井隱佳城，蕩寇平潮昭顯應；
  獅峰復古廟，祈年報社薦馨香。

  剛毅木訥近仁，生原無忝；
  聰明正直而一，沒則爲神。

  進以功退以壽，冠冕歷三朝，不獨虎林懷舊德；
  赫夫聲濯夫靈，恩膏流萬姓，永依龍井護佳城。

  歷中外者四十年，本忠孝以籌邊，垂武穆直追乃武；
  壽馨香兮八百載，進公侯而稱帝，范文正曾撰其文。

  墓對獅峰，來看石磴千尋，足與方巖增衆望；
  祠當龍井，願借清泉一勺，好爲正史洗公冤。

              應寶時撰書。

  宿望壓群英，政繼大蘇，銘傳小范，復得潁濱、海嶽，摹繪山靈，悉數皆爲公後輩；

孤墳欣有偶,林家和靖,岳氏精忠,傍乃菊澗、梅川,經營湖上,相依都屬宋名流。　　　　　　　　　　　　仁和吳超撰。

政績炳日星,鄂褒事業,李杜才思,魁擔今古儒臣,佳氣獨鍾龍井秀；

享祀虔霜露,呵護一朝,馨香千秋,聿佐湖山聖界,盛名永鎮虎宋庥。

　　　　　　　　　　　　　　　　　　何光儀撰書。

生垂惠政澤斯民,賦可寬,苛可除,事業聿昭麟史；

陰助王師殲厥寇,聲之赫,靈之濯,廟貌重建獅峰。

　　　　　　　　　　　　　　　　　孔昭藥題并書。

方嚴胡公廟

德業自能超汗簡,

神靈原不藉名山。

　　　　　　　　　　　　　　　　　十八都村民合助。

義氣干霄,近指白雲開覺路；

威聲走海,遙憑赤手挽洪流。

　　　　　　鄞縣姜山頭、侯才揚、周公宅、陳順生敬獻。

崇德報功,勝境千秋隆廟祀；

聞風嚮往,殊方萬姓仰神庥。

　　　　　　　吳煒庭、茅慶珍、謝國禎、茅伯安敬刊。

極龍學士,法馬將軍,德並乾坤乃大,憶昔持六節,知十州,事三朝,方策早銘勳,侍郎還應封碧落；

錫佑順侯,晉安定公,名與天地同休,迄今閣觀音,龕如來,堂羅漢,巖阿偕立廟,玉皇尤是捧紅雲。

　　　　　　　　　　　　古越宋德樹、懋、校同獻。

昔公典六路七州,膏澤涵濡,湮聲東浙；

此地有崇山峻嶺,烟雲供養,媲我南明。
嚴州建德縣儒學教諭新昌俞觀旭敬撰,
候選訓導新昌陳洪疇敬書。

宋史著賢聲,州閭頌德;
方巖留聖蹟,甌括蒙庥。
甌郡陳福齡、金學武、曾慶烻、高玉槐、
周國榮、李桂卿、朱漢津、高育槐敬酬。

蕩寇仰神威,聽父老謳歌,早共傳白馬飲池,赤蛇斷峽;
報功崇祀典,看士民瞻拜,令我意全呼萬歲,月照千秋。
紹興李廷撰并書。

壽山五峰書院
桃花萬樹春風裏,
瀑布一簾化雨中。
兩浙督學使者彭元瑞撰并書。

夫子何爲,萬類陶成歸覆釜;
誰人繼作,千秋夢覺聽鳴鷄。
後學東澗呂瑗謹撰。

靈巖福善寺
靈巖削拔疑無路,
巖谷幽深別有天。
知浦江縣事、分知永康縣、調署夾浦、長興,
分縣署孝豐縣知縣桐城吳廷康題。

附　錄

本編所集,雖無關地方掌故,但作者文不多見,因附錄之,以備他日編文徵者之采焉。

清故奉政大夫浙江慶元縣知縣曹公鶴儕墓誌銘　　陳其蔚 邑人

世皆以黃老之學清靜無爲，詆爲廢事功、隳志氣，殊不知能得其真詮，則如曹參、汲黯之徒，以之治國而國治，以之治郡而郡治。彼固史稱習黃老者，而其治功若是，故其學說雖歷千百載，任諸儒家者流掊擊毀斥，終不能遏止之使不行於世，且其書之流傳直與六經爲終始。苟昧乎道真，用其緒餘，以爲立身處世、居家治官之準則，有時且勝夫儒術。嗚呼！斯理也，吾於曹公見之。公諱緣皋，字鶴儕，江蘇武進人。自其伯祖愷堂典籍移硯於浙東兵備署，公從之，遂家於鄞。祖諱秉智，毀家抒難，積有陰德。父諱福端，宦浙數十年，清介自持，以廉吏聞於時，識者知其後必有達人。公之生，會值粵亂，其家輾轉避難於如皋，故以此命名。生性穎異，讀書能貫澈要旨。因體弱，恒寧靜自懾，輒於課餘，兼究心黃老學，然於文譽，亦自斐然。清光緒間，福茨吳方伯分巡浙東，課同鄉子弟於官廨，獨愛公才，特加清睞，以大器期之。年弱冠，入碧春段軍門幕。適法兵犯蛟門，運籌決勝，公力居多，由是才名益譟。會湘文宗觀察來守寧郡，觀察，公大父秉智明府受業士也，聞其賢，亟薦之於浙海關掌文案。時甬北原設有西捕及工程局，原轄於英領事署。公言於大吏，以領事爲外國官吏，未便兼任吾國之行政及司法事。大吏以爲然，因命公往還交涉，卒移轄於浙海關。繼以郵局初創，一切法制皆於海關總其成，公分別部居，考訂章程，事無鉅細，罔不釐然就治。浙撫誠果泉中丞知公能，委辦寧波洋務局差。寧爲五口通商之□，華洋雜處，奸黠細民，每恃教爲護符，橫行市井，勢張甚，當局少外交才，事多棘手。公辦理交涉，遇案必援據公法，毋少阿撓，教歛爲一戢。當公任內，會象山與紹興兩大案出。象山案係新舊教徒爭渡械鬥。紹興案係西教士爲及建設教堂侵占車家壩。勢俱鴟張，官紳莫能制止。大府檄公往勘其事。公至，引約章，判其曲直，曉以利害，民、教折服，渡爭息而壩址亦收回。士論嘉其多折衝才。旋以資勞薦，擢爲大嵩場使，並歷知慈溪、慶元等縣事，與吏民守法畫一，所至有聲。任慶元較久，治績尤著。慶故巖邑，少行商，民缺食則向邑之富户告糴，縣官爲定其值。囤積居奇者例以賂通於官，故昂其價，以售其利。官商緣結爲奸，民益困。公燭其弊，有告者拒勿納，民得賤糴，積困乃蘇。慶俗健訟，案積累載不結。公日坐堂皇，鈎稽剖決，悉協於情。不數月，政簡刑清，至今稱爲易治。自解組歸。督浙關者以公熟權務，仍聘襄其事，歷任皆倚如左右手，先後凡三十餘年，勞勩甚著，民國九年間，徐大總統特策嘉禾勳章以獎之。公生性孝友，侍母沈太恭人疾，至刲臂和藥以進，遂獲痊。有弟諱緣蘇，未娶，早卒。公哭之痛，歸其喪於武進，而以次嗣承其後。武俗尚族葬，坏土累累，類無碑誌，歷年久，至封樹莫辨。公爲護其邱封，咸樹表繪圖以誌，自曾祖諱繼昌公而下，旁及族支之未安葬者，悉爲正厥首邱。又令長嗣編輯家乘，以重世系，其仁孝類如此。公精岐黄，工竹石，詩出入香山，著有《石倉山館詩集》若干卷。晚年信道益篤，以《易》理通玄學，並精研《周易》，嘗與江西葉祖香、諸同玄募建吕金仙祠於杭之韜光，又與慈湖費冕卿明經合建白雲壇於鄞之報德觀，一時諸名士如奉化孫玉仙、紹興陶心雲、鄞縣鄒鹿賓輩皆相與闡發玄風，引諸信徒，開化人天，功非淺焉。公生於清同治元年五月初二日，卒於民國十一年夏正五月廿九日，享年六十有一。配屠恭人，清故諸暨縣學博諱繼美公長女，有賢德，能助公以有家者。子二：長善修，清分浙以知縣用，精法學，充滬寧律師；次善治，能詩工畫，出爲公弟後。女二：長適陳，次適鄭。孫四：慶耀、慶輝、慶臨、慶賢，皆幼。讀公殁遺命，以岳冠道服殮，蓋終其身不忘道云。以其年之某月日卜葬於武進祖塋旁。長君善修囑予敘其事於麗牲之石。予維黄帝之道尚矣，至老氏之旨，以無爲而爲、上德不德爲要歸。苟時成凋弊，法其道以與民休息，亦可以臻上理如漢文、景，其庶幾者也。當清季世，法令滋彰，朝政紛更，迹公生平，凡立身處世、居家治官，莫不法守道玄。其辦洋務也，不屈不撓，非深合於老氏塞兑閉門、挫鋭解紛之理歟！治縣一以寧静爲主，又所謂其政悶悶、其民淳淳者也。嗟乎！今世變亦亟矣，紛亂相尋，争侵不息，使有人焉出而宗老氏之學，清静以爲天下正，則大盜庶可少止矣。而公能於數十年前，獨契玄理，思救近弊，殆知幾其神乎！

銘曰：無爲而爲，是曰玄德。君子法之，有典有則。孤詣超超，造神乎極。政以清醇，民以寧息。利物不争，通仁於塞。其行昭昭，其形默默。知盈守虛，爲天下式。先密其藏，後豐厥植。炯炯元精，群邪莫賊。雲護碑螭，不剥不蝕。於萬斯年，祥發靈域。共和十有一年壬戌冬月四等文虎章陸軍少將寧台鎮守使署參謀長永康陳其蔚謹撰。

民國永康縣新志卷十六

寧海干人俊纂

雜 記

光緒《永康縣志》十六卷，清光緒十七年修，翌年告成，十九年刻本。李汝爲、郭文翹先後主修，潘樹棠、陳憲超、陳汝平等纂。自後未見有續本。爰於光緒二十一年、三十三年、三十四年《大清縉紳全書》中職官錄出，以供他日修志者參攷。

光緒	知　縣	縣　丞	典　史
	楊家賢　貴州定番州人。舉人。十八年五月選。	謝文海　江蘇上海人。十八年六月復任。	潘顯曾　安徽涇縣人。十九年四月補。
	曹鴻澤　安徽青陽人。三十一年三月選。	崔耀章　河南輝縣人。三十三年六月補。	尹光廷　四川人。三十一年十二月補。
	崔　釗　廣東。舉人。三十三年選。	崔耀章　仝上。	尹光廷　三十四年仍任。
光緒	教　諭	訓　導	
	戴穗孫　杭州人。優貢。十五年正月選，廿一年仍任。	王德玉　衢州人。歲貢。二十一年二月選。	
	馮保奭　寧波人。附貢。三十一年八月選。	王德玉　三十三年仍任。	
	馮保奭　三十四年仍任。	王德玉　三十四年仍任。	

《金華叢書》二百七十五册，清邑人胡鳳丹編，浙江省立圖書館木印，分連史、賽連二種，連史九十元，賽連六十五元。鳳丹號月樵，咸豐初由諸生授光祿寺署正，升兵部武選司員外郎。庚申，内大臣保舉補用道加鹽運使銜，賞戴花翎，署湖北督糧道。傳見《光緒志·儒林》。書藏浙江圖書館等處。

《叢書百部提要》云：《金華叢書》六十七種，七百三十卷，又附胡鳳丹小傳，簡潔厄要。鳳丹字月樵，浙江永康人。官湖北道員，領官書局。致仕還鄉，嘗以金華一郡撰述最盛，疊遭兵燹，鄉賢遺著，散佚殆盡，因就《四庫》，采錄自唐以來一百六十五種，釐爲經、史、子、集，撰《金華文萃書目提要》八卷。先取所藏，設退補齋書局於杭州，以次開雕，僅成經部十五種、史部十一種、子部十三種、集部二十八種，名曰《金華叢書》，尚不及《文萃書目》所載之半。至刊成之歲，則在同治八年云。

寧波天一閣藏嘉靖《永康縣志》八卷，與北京圖書館藏嘉靖《永康縣志》八卷，各書所載不同。前者云纂修人爲胡楷，後者云纂修人爲洪垣。

本縣名宿胡宗楙，字季樵。有《津門洪水嘆》，絕佳。詩云："天以洪水禍神畿，千百年來無此奇。左亘漙沱右渤澥，前有蜚廉後雨師。旬日未見晴曦出，空中但聞雷電馳。在昔龍門導積石，一朝蟻穴潰藩籬。直如三峽橫流倒，誰障百川使轉移。北大關以北，西營門而西，上泝勝芳鎮，下迄海河湄。遠近逶迤數百里，茆檐華厦齊傾欹。鬼蜮射人月光黑，爺娘喚女風聲嘶。行沒髁，車陷蹠，老幼街頭宿，貨財夾道遺。珠襦玉盌龍宮去，秦樓楚館鮫人棲。有時濯足在城堞，有時停橈向路歧。宛似故鄉攬風景，六橋三竺柳千絲。又似洞庭木葉下，澧蘭沅芷遊九嶷。隆準碧瞳好身手，至此亦覺計難施。水晶爲牖，牡蠣爲墀。珠宮貝闕迷離千萬秋，欻忽盡成世界碧琉璃。何物士夫貢奇策，百官輿儓奔命疲。河干郎奏迎神曲，靈旂紛集大王祠。小者珧，大者幬，博而頸者虺，長而狹者蠡。氤氳香火一時盛，曼衍魚龍連隊嬉。坑仍滿坑如滿谷，進何其銳退何遲。噫吁嘻！君不見夏王胼足治水患，楚相傾資築芍陂。自古有備乃無患，隄防澮洫有專司。今乃闢作殖民地，鬼斧神工無已時。又聞雕墻垂明訓，物極必反理有之。蜀道燎原成焦土，湘水殺人似血糜。不加殘屠但漂泊，北陲尚感彼蒼慈。作善降祥自天祐，還淳返樸其庶幾。"

方巖有胡公廟，祀宋胡則。則字子正，婺州永康人。性至孝，篤友誼，少而倜儻負氣格，讀書方巖，咀經咬史，孳孳不倦。宋端拱二年登進士第，歷官至兵部侍郎。至道中，西寇侵邊，公督隨軍糧事，奏陳邊事如指掌，受天子知遇。其雄才偉略大底如此。凡八典藩郡，七按錢穀，興革便民，名垂青史。如省河北冗役十萬餘人，去潯州虎患，以及恤遭風番舶，按宣州獄活大辟者九人，功績綦多，不可勝紀。嘗奏免衢、婺二州民丁錢。衆銜其德，歿後廟方巖而祀之。公享年七十有七，墓在今之杭州南山履泰鄉龍井源。宋范文正公爲之誌銘。

方巖神話，多記胡公之靈異。如民國三年，嵊縣長牛莊慕胡公之靈顯，將立廟祀之。或謂須取方巖胡公首而立像，庶乎有靈。村人惑之，乃遣五人往方巖，寓巖下街仁昌客棧。每入夜，托言宿夢，登巖宿於後殿。嘗謂棧主曰："今夜無夢。明日仍當寓此。若得夢，則徑由嶺頂返嵊矣。"以殿中常住人衆，苦無間隙。至第七夜三鼓，始將神首鋸下囊之去。時當六月，久旱不雨，有澤麓村農夫一人，天未明，到田望水，遙見一燈明滅，聞空中大呼"捉賊"，知有異，燈漸近，見有五人來，知爲賊。自度一人不能敵，潛尾至三角店。適有農夫數人，臥於橋上，乃大聲呼曰："速捉賊。"五人知勢不佳，棄囊而逃。農夫啓視，始知爲胡公首，即馳巖下街告於紳董，遂遣人追捕，追者以東、永交界葛府村爲入嵊必由之地，遂取捷小路。比至葛府，會二人來，神色愴惶。追者出而截阻，詳細盤詰，果爲賊。當夜拘回方巖。是夜永康知事吳公，夢赤面長鬚者相告曰："賊取吾首級去。汝爲我報。"晨起異之，詢諸邑紳，僉謂赤面長鬚者爲胡公神。乃飭法警四人，馳往巖下街，而賊固先獲矣。即將二賊帶縣羈押。嵊人知事敗露，會集二十餘人,星馳到永,挽永之士紳,出而排解,罰帑八十金,釋二賊歸。是年冬間,嵊邑長牛莊火患,延燒房屋八十餘間,皆與聞盜首之家也。翌年八月,二賊來巖進香,返至洗脚塘背,一賊暴卒,其一至上新屋復暴卒。胡公之靈於是益著。

方巖廣慈寺,昔有僧衆五百餘人,分八房:曰天房,曰裏地房,曰外地房,曰人房,曰乾房,曰財房,曰寶房,曰致房。戒律森嚴,有條不紊,實爲邑中名刹。先時香客皆寄寓巖頂,後僧房侵衰,洎清光緒間,寺僧相率而去,自是香客皆寄寓巖下街,不復宿僧房矣。

方巖巖頂,商店頗多。每屆八月,香客雲集,營業尤盛。玆將其商店調查如下:

店號	性質	地點	店號	性質	地點
酈元一	京貨	殿前明堂	千金樓	旅店	方峰公祠前
程廣順	京貨	殿前明堂	三星店	旅店	方峰公祠前
程贊同	京貨	大殿前廳	三面樓	旅店	方峰公祠前
程廣興	京貨	殿前明堂	程公一昌	京貨	大殿前廳
程贊台	京貨	殿前明堂	程正德	京貨	前廳外
程乾和	京貨	大殿前廳	酈榮昌	京貨	前廳外
程文興	京貨	大殿前廳	玉華樓	旅店	方峰公祠前
十櫃頭	竹木用器、兒童玩具。	大殿前廳	胡蘆招牌	旅店	方峰公祠前
酈裕來	京貨	前廳外	三門樓	旅店	方峰公祠前
日新書社	發行《方巖指南》各種圖書。	方峰公祠前			

臨時商店十餘間。每屆八月開始營業,至次年三月停止。售京廣雜貨、鐵器、木器、兒童玩具、木梳等物,均在前街路。

食物攤

類別	地點	類別	地點
牛肉	天門頭空基	餛飩	前街路。
油條	天門頭空基	豆腐花	廣慈寺內左首。
豆腐圓	天門頭空基	籤詩櫃	在後殿東西兩廊,每張銅元二枚。
豆腐圓	方峰公祠前	解籤詩攤	二十餘攤,在殿後及觀音堂,每張銅元二枚。
麥餅	毛竹園脚	香紙燭錠攤	十餘攤,在前後殿。
茶	前街路		

方巖巖下街,去巖脚約五里,皆程姓聚族而居,約二百餘家,商業亦盛。茲將其商店調查如下:

店號	性質	店號	性質	店號	性質
程正偉	雜貨	程仁昌	旅店	程大昌	旅店
程大昌	雜貨	程振興	旅店	程義豐	
程寶興	雜貨	程同昌	旅店	程義豐 雅記	
程智興	雜貨	程成昌	旅店	程永成 潮記	
呂協昌	雜貨	程隆昌	旅店	老隆興	
程美利	京貨	程乾昌	旅店	程寶元 孝記	
程振昌	京貨	程洪昌	旅店	程寶元 仁記	
樓盛昌	京貨	程寶昌	旅店	程永全	
程新昌	雨傘	程順昌 信記	旅店	程隆興 賢記	
程盛興	雨傘	程順興	旅店		
項大順	木梳	程信昌	旅店		

永俗：每當八九月間，各村鄉民擇少壯者，聚集成會，技擊揭旗，衣綵吹唱以奉胡公，曰迎案。約期會齋，上巖進香，頗極一時之盛。茲列表如下：

村名	上巖日期	村名	上巖日期	村名	上巖日期
在城六堡	八月九日	橋頭周	八月十三日	橫陽三堡	九月初九日
裏溪謝	八月九日	西山	八月十三日	搭兒頭	九月初九日
大武平	八月十日	石江	八月十三日	十八堡	九月初九日
金坑	八月十日	青山口	八月十三日	三堡	九月初九日
溪田	八月十日	黃溪攤	八月十三日	洪塘	九月初九日
前流	八月十日	白巖	八月十三日	上下桐塘	九月初九日
桐坑	八月十日	芝英	八月十三日	古山	九月初九日
大園	八月十日	寺後	八月十三日	金畈	九月初九日
四十都沿口	八月十一日	溪干	八月十三日	橋下	八月十三日
大井頭	八月十一日	呂南宅	八月十三日	張嶺口	八月十三日
仙林	八月十一日	後塘街	八月十三日	後宅	八月十三日
後酈	八月十二日	俞溪頭	八月十三日	後錦巖	八月十三日
溪邊巖	八月十二日	獨松	八月十四日	下宅口	八月十三日
太平四十三都	八月十二日	石鼓塘	八月十四日	靈塘	八月十三日
馬溪	八月十二日	東南湖	八月十四日	裏麻車	八月十三日
靈山	八月十二日	街頭馬方	八月十五日	胡塘下	八月十三日
魚父里	八月十三日	馬上橋	九月初一日	寺口	八月十三日
後莊胡	八月十三日	白竹	九月初四日	家塘下	九月初十日
青塘下	八月十三日	在城八堡	九月初八日	石鼓嶺下	九月十四日
下朱	八月十三日	小武平	九月初八日		

每届香期，程大宗祠、周氏宗祠、修遠宗祠、上店祠堂、萬里公祠等祠宇内，遍設攤肆，專售食物及玩具，進香者往往市歸以餉兒童。

胡則嘗奏免衢、婺二州民丁錢，民德之，因於其方巖讀書處立廟祀焉。胡有《奏免衢婺丁錢》詩，讀之心目爲之感動。詩云："六十年來見弊由，仰蒙龍敕降南州。丁錢永免無拘束，苗米常宜有限收。青嶂瀑泉呼萬歲，碧天星月照千秋。臣今未恨生身晚，長喜王民紹見休。"

胡則與范仲淹甚契。范有《答侍郎胡則》七律及七絶各一首。七律云："都督再臨橫海鎮，集仙遥綴内朝班。清風又振東南美，好夢多親咫尺顏。坐笑樓臺凌皓月，行聽鼓吹入青山。太平天子尊耆舊，八十王祥未賜閑。"七絶云："千年風采逢明主，一片靈襟慕昔賢。待看朝廷興禮樂，天衢何敢鬪先鞭。"

應材，邑之靈巖山北人。宋紹興二十七年丁丑進士，事略詳邑志名臣傳。應有《方巖羅漢洞》詩，清俊可愛："石磴巍峨促膝行，行時不覺看時驚。縱教良匠描難就，自是天工造化成。"

胡則嘗讀書方巖，有《夜坐聞竹聲示佺》詩，頗雅潔。詩云："室明窗有燈，夜暗天無月。趺坐依蒲團，竹聲助清絶。初疑小雨至，蕭蕭俄復歇。忽然變軒昂，風湍散巖穴。聽從耳根静，萬慮皆瑩徹。塵凡不待掃，境妙心自潔。奇哉不二門，欲倩維摩説。"